류재준의
인생독서

삶을 위한 북큐레이션 101

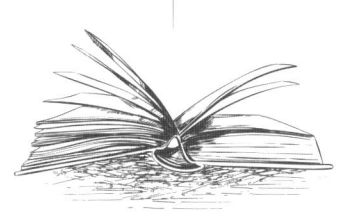

인생독서 (삶을 위한 북큐레이션 101)

초판 1쇄 인쇄 2018년 2월 20일
초판 1쇄 발행 2018년 3월 02일

초판 2쇄 인쇄 2018년 3월 28일
초판 2쇄 발행 2018년 4월 02일

글 류재준
펴낸이 가현정
총괄기획 오병철
디자인 라현아(mystic3852@naver.com)

펴낸곳 가현정북스
출판등록 2015년 7월 8일(제 2015-000151호)
주소 서울 서초구 잠원동 8-2 (2층)
연락처 010-9261-0575
· E-mail_ gana0504@naver.com
ISBN 979-11-88494-01-9-03810

*잘못된 책은 바꿔드립니다.
*값은 뒤표지에 있습니다.
*지은이와 협의하여 인지를 생략합니다.

ⓒ류재준, 2018. Printed in Seoul, Korea
저작권법에 의해 보호를 받는 저작물이므로 무단전재와 복제를 금합니다.

류재준의 인생독서

삶을 위한 북큐레이션 101

류재준 지음

가현정북스

목 차

| 프롤로그 | 한 권에 담긴 인생 책 100권 ··· 10

| 1장 | 내가 누구인가를 생각하게 돕는 책읽기

　　무진기행 | 인생은 부끄러움 속에서 내 삶의 그림자를 보는 것이다 ··· 17
　　이방인 | 인간은 나약한 이방인이다 ··· 21
　　호밀밭의 파수꾼 | 삐딱한 시선이 새로운 세상을 만든다 ··· 24
　　갈매기의 꿈 | 꿈꾸는 사람은 길들여지지 않는다 ··· 27
　　연금술사 | 간절히 원하고 뜨겁게 행동하라 ··· 30

　　에티카 | 이해하라, 그리고 긍정적으로 감정을 표현하라 ··· 33
　　데미안 | 자아를 찾기 위해서 투쟁하다 ··· 36
　　어두운 상점들의 거리 | 나는 아무것도 아니다 ··· 39
　　뿌리 이야기 | 내가 왜 여기에 있는가 ··· 42
　　나는 누구인가 | 무너지는 나를 일으켜 세우다 ··· 45

　　항상 나를 가로막는 나에게 | 문제는 나로부터 시작된다 ··· 48
　　모모 | 빼앗긴 시간의 편린 ··· 51
　　인간의 마음 | 선과 악의 갈림길에 선 인간 ··· 54
　　모리와 함께한 화요일 | 삶과 죽음 그리고 인생의 의미 ··· 57
　　채식주의자 | 나무가 되고 싶은 여자 ··· 60

　　태평천하 | 나만 빼고 다 망해라 ··· 63
　　멋진 신세계 | 넘치는 쾌락과 안락, 무뎌진 인간 ··· 66
　　눈먼 자들의 도시 | 어둠 속에 갇힌 인간의 이성 ··· 69
　　라쇼몽 | 인간은 믿고 싶은 대로 기억한다 ··· 72
　　술 취한 코끼리 길들이기 | 세상에서 가장 큰 것은 마음 ··· 75

| 2장 | 두렵거나 막막할 때 함께 해주는 책읽기

크눌프 | 인생은 속도가 아니라 방향이다 … 79

금오신화 | 절망 속에서 희망을 염원하다 … 82

고도를 기다리며 | 인생은 희망을 기다리는 여정이다 … 85

죽음의 수용소에서 | 삶의 가치를 아는 사람은 어떤 상황도 견뎌낸다 … 88

아Q정전 | 생각하는 대로 살지 않으면, 사는 대로 생각하게 된다 … 91

유배지에서 보낸 편지 | 절망은 희망의 또 다른 이름이다 … 94

누가 내 치즈를 옮겼을까? | 변화를 두려워하면 성장할 수 없다 … 97

농담 | 삐뚤어진 세상과 비극적 농담 … 100

죄와 벌 | 인간의 길, 구원의 길 … 103

파우스트 | 인간은 노력하는 한 방황한다 … 106

돈키호테 | 거친 세상에 용기 있게 맞서다 … 109

이반 데니소비치, 수용소의 하루 | 자유와 생존을 향한 몸부림 … 112

참을 수 없는 존재의 가벼움 | 인생의 가벼운 것과 무거운 것 … 115

창가의 토토 | 꿈을 보듬고 키워준 스승 … 118

구토 | 인간은 불안한 자유인이다 … 121

노인과 바다 | 멈출 수 없는 삶 … 124

절제의 성공학 | 삼가는 사람이 귀한 사람이다 … 127

그래도 계속 가라 | 그만두고 싶을 때, 딱 한 걸음만 더 … 130

가르시아 장군에게 보내는 편지 | 자기 주도적인 삶 … 133

감옥으로부터의 사색 | 사람은 저마다의 걸음걸이로 인생을 걷는다 … 136

3장 | 책을 펼치면 누리는 참된 쉼과 회복

세계 최고의 여행기 열하일기 | 여행은 또 다른 인생을 만든다 ··· 140

그 많던 싱아는 누가 다 먹었을까 | 지난 추억은 그립고
　　　　　　　　　　　　　　　가슴 아프고 아련하다 ··· 143

인생수업 | 현재 이 순간에 충실하라 ··· 146

좁은 문 | 상처받은 영혼의 치유를 위하여 ··· 149

수레바퀴 아래서 | 억눌린 소년의 죽음 ··· 152

더 리더 | 누구나 감추고 싶은 아픔이 있다 ··· 155

그리스인 조르바 | 인간은 자유다 ··· 158

어린 왕자 | 모든 사람은 별들을 가지고 있다 ··· 161

주홍글자 | 개인의 자유와 사회적 억압 ··· 164

날개 | 한 번만 더 날아보자꾸나 ··· 167

달과 6펜스 | 이상과 현실 그리고 예술혼 ··· 170

사흘만 볼 수 있다면 | 맑은 영혼으로 세상을 보다 ··· 173

인간 실격 | 부끄럼 많은 생애를 보냈습니다 ··· 176

파리대왕 | 인간 욕망의 두 얼굴 ··· 179

무소유 | 비워야 울림이 있다 ··· 182

도덕경 | 고요한 것은 조급한 것의 주인 ··· 185

장자 | 생각의 크기가 곧 세상의 크기 ··· 188

월든 | 깨어 있는 정신, 검소한 삶 ··· 190

꾸뻬 씨의 행복 여행 | 행복은 내 안에 있다 ··· 193

몰입의 즐거움 | 당당하게 삶을 즐겨라 ··· 196

|4장| 온전한 관계와 사랑을 가꾸는 독서

사랑의 기술 | 사랑은 인식이 아니라 배움과 실천이다 ··· 200

지하생활자의 수기 | 타인과의 교감은 삶을 풍요롭게 한다 ··· 203

변신 | 고통을 함께 나누는 것 ··· 206

당신들의 천국 | 우리들을 위한 천국은 없다 ··· 209

베니스의 상인 | 선택하면 다 내놓고 위험을 감수해야 한다 ··· 212

설국 | 사랑과 이별은 또 다른 성장이다 ··· 215

생의 한가운데 | 사랑과 죽음은 또 다른 생의 의미이다 ··· 219

엄마를 부탁해 | 사랑할 수 있는 한 사랑하라 ··· 222

상실의 시대 | 사랑은 이유가 없다 ··· 225

위대한 개츠비 | 사랑과 욕망, 그 쓸쓸함에 대하여 ··· 228

표해록 | 우리 시대가 요구하는 '최부 리더십' ··· 231

허삼관 매혈기 | 그렇게 아버지가 된다 ··· 234

세일즈맨의 죽음 | 우리 시대 아버지의 꿈과 좌절 ··· 237

독일인의 사랑 | 순수한 사랑은 생명이다 ··· 240

이기적인 유전자 | 유전자의 전략적 선택 ··· 243

오만과 편견 | 남과 여, 결혼의 조건 ··· 246

탁류 | 식민지 국가와 여인의 수난사 ··· 249

자기 앞의 생 | 사람은 사랑할 사람 없이는 살 수 없다 ··· 252

무탄트 메시지 | 지구에 사는 모든 생명은 하나다 ··· 255

젊은 베르테르의 슬픔 | 영원한 사랑을 꿈꾸다 ··· 258

| 5장 | 진정한 배움에 이르는 지혜의 책읽기

    남한산성 | 역사는 현재와 과거의 끊임없는 대화이다 ··· 262
    군주론 | 인간의 마음을 읽는 지혜가 필요하다 ··· 265
    1984 | 절대 권력은 절대적으로 부패한다 ··· 268
    국화와 칼 | 일본, 아는 만큼 보인다 ··· 271
    국가론 | 나를 위한 국가는 없다 ··· 274

    짜라투스트라는 이렇게 말했다 | 신과 인간 그리고 초인 ··· 277
    깨진 유리창·법칙 | 사소한 실수가 빚어낸 치명적 결과 ··· 280
    난장이가 쏘아올린 작은 공 | 자본의 어두운 얼굴 ··· 283
    동물농장 | 사람 사는 세상을 꿈꾸다 ··· 286
    고리오 영감 | 물질만능주의와 슬픈 부성애 ··· 289

    징비록 | 핏빛 산하, 눈물로 기록하다 ··· 292
    소크라테스의 변명 | 너 자신의 무지함을 자각하라 ··· 295
    앵무새 죽이기 | 편견은 진실을 죽인다 ··· 298
    역사란 무엇인가 | 과거의 사실과 현재 역사가의 대화 ··· 301
    역사의 연구 | 도전과 응전 ··· 304

    삼국지 경영학 | 조조, 유비, 손권의 CEO 리더십 ··· 307
    맹자평전 | 천하에 인의를 당할 것이 없다 ··· 310
    정의란 무엇인가 | 정의는 더 이상 정의롭지 않다 ··· 313
    자유론 | 진정한 자유의 의미 ··· 315
    퇴계와 고봉, 편지를 쓰다 | 덕을 높이고 생각을 깊게 ··· 318

| 출판후기 | 인생독서를 독서하다 ··· 321

* 색인 | 책 제목으로 찾아보기 ··· 323
　　　　작가 이름으로 찾아보기 ··· 327

101 Right Books For Your Life

소중한 _____의 삶을 위한

북큐레이션

한 권에 담긴
인생 책 100권

어느 중년 여성이 소설가 무라카미 하루키에게 물었다. "책을 자주 읽는 사람과 책을 거의 읽지 않는 사람이 있습니다. 어느 쪽의 인생이 더 행복할까요? 전반적으로 책을 읽지 않는 사람이 더 낙천적이고 인생을 즐기는 느낌인데요. 어떻게 생각하시는 지요?" 무라카미 하루키는 "설령 좀 불행하다 해도, 다른 사람들에게 미움 좀 받는다 해도 책을 읽지 않는 것보다는 책을 읽는 인생이 훨씬 좋습니다. 그건 너무 당연한 이야기잖아요"라고 대답했다.

분주함이 가득한 일상에서 우리 삶은 온통 잿빛이다. 주위를 살펴볼 따사로움은 이미 가슴에서 사라지고 밤하늘의 별빛은 아득한 오늘날, 독서와 사색은 사치가 되었다. 신영복 선생은 "독서는 실천이 아니며 다리가 되어주지 않는다. 그것은 역시 '한발(외발)' 걸음이다"라고 했다. 즉 책을 읽는다는 것은 다른 사람의 경험과 사유를 목발삼아 저마다의 걸음으로 인생을 살아가야 한다는 의미를 가지고 있다. 나에게 독서는 실천의 결핍을 견디며 이상과 무기력에 다가서는 고단한 여행이었다. 삶에 진실하지 못한 비겁한 태도를 숨기고 적막함을 달래기 위해 닥치는 대로 책을 읽었다. 때론 눈물을 흘리고 상처받은 속마음을 드러내기도 했지만, 단지 그뿐이었다.

독서가 행복을 보장하지는 못하더라도 인생의 나침반 역할과 삶을 풍요롭게 해주는 중요한 요소임을 경험한 사람들이 많다. 나는 젊은 시절 너무나 힘들고 막막했다. 변변치 못한 직장생활을 거친 후 시작한 사업도 생각보다 험난했다. 흔들리는 마음 탓에 몸도 수시로 아팠다. 결국 자포자기 상태에서 허름한 집에 틀어박혀 매일 술에 취해 지냈다. 시름이 깊어지면 몸과 마음이 약해져 병이 되는 것처럼 어느 순간부터 밖으로 나가는 것 자체가 공포였다. 사람을 만나는 것도, 심지어 근처 가게에 물건을 사러 가는 것조차 힘들었다.

아침부터 술에 잔뜩 취해 있던 어느 날 집 안 한쪽 구석에 있던 '세계문학전집'이 눈에 띄었다. 뭔가에 홀린 듯 루쉰의 《아Q정전》을 집어 들었다. 그리고 단숨에 읽었다. 몇 번을 읽고 또 읽었다. 나도 모르게 눈물이 났다. 주인공 아Q는 또 다른 나였기 때문이다. 그날 이후 변명 가득한 삶에서 벗어나 주체적으로 나답게 살고 싶다는 강한 의지가 생겼다. 사람들도 많이 만나고 본격적으로 책을 읽기 시작했다. 또한 열심히 참여한 독서클럽 활동은 단편적인 독서에서 벗어나 폭넓은 독서를 할 수 있는 계기가 되었다. 어느덧 독서는 나에게 삶의 일부분이 되었다. 무기력해지고 생의 의욕을 상실했을 때마다 나를 일으켜 세워준 것은 언제나 책읽기였다.

2014년 어느 봄날에 신문사에서 근무하는 지인으로부터 정기적으로 글을 쓰면 어떻겠냐는 제의가 들어왔다. 딱히 정해둔 주제나 방향은 없었지만 며칠 고민 끝에 '책으로 세상읽기'를 하고 싶다고 했다. 그전에 취미삼아 서평 책자를 만들기도 했고, 독서 작품집을 만든 경험도 있었기 때문이다. 하지만 어떤 책을 선정해서 글을 써야 할지 고민이 되었다. 내가 읽은 책 중에서 남에게 추천하고 싶은 책과 감명 깊게 읽었던 책을 중심으로 목록을 만들었지만 몇 권에 불과했다. 그동안 책 선정 방식이 체계적이지 못하고 베스트셀러와 역사, 자기계발서 등 특정 분야에 치중해서 읽었던 탓이 컸다.

　《인생독서》에 수록된 도서 100권은 4년간 신문에 연재했던 '책으로 세상읽기'에서 다루었던 책들을 중심으로 내용을 보완하거나 새롭게 추가했다. 주로 고전과 인문학 중심으로 구성했고, 독자의 요구나 사회적 이슈를 반영하기 위해 베스트셀러나 자기계발서도 일부 수록했다. 또한 작가의 시대정신이 깃들어 있는 대표적인 작품들을 담았다.

　우리는 왜 책을 읽는가? 그에 대한 대답으로 '나를 찾기 위해, 성장하기 위해, 행복해지기 위해, 인간다운 삶을 위해, 성공하기 위해서'라고 한다. 결국 그 어떤 이유와 목적이건 자기 자신을 위해 읽는다는 것이다. 그렇다면 어떤 책을 읽어야 할까? 그 해답을 제시한 것은 아니지만, 서평을 쓰면서 염두에 둔 것이 있다. 책을 통해서 우리가 처한 현실을 투영하고, 세상의 흐름을 반영하고자 했다. 의미와 사상이 단지 책 속에 머물기보다는 머리에서 가슴으로 가슴에서 손과 발까지 온몸에 전달되도록 하고 싶었다.

현실을 직시하자! 세상에 나오는 수많은 책들을 다 읽을 수는 없다. 일주일에 한 권씩 읽는다 해도 1년 동안 고작 52권 남짓이다. 평생 동안 열심히 독서한다 한들 겨우 2천 권에서 3천 권 읽는 것에 그친다. 현실이 그렇다보니 구입해둔 책도 다 못 읽고 놓아두기만 한 경우가 허다하다. 제한된 시간에 해야 하는 독서에서는 도서 선정이 가장 중요하다. 자신이 좋아하는 분야를 중심으로 하고 이해 수준을 고려해야겠지만, 읽고 싶은 책과 꼭 읽어야 할 책을 골고루 읽을 필요가 있다. 단순히 책의 권수에 집착하거나, 읽기에만 몰두해서는 안 된다. 정독하는 자세로 눈으로 쓰고, 손으로 읽어야 한다. 눈으로 대충 훑어 읽기가 아니다. 눈으로 쓰고 손으로 읽으라는 의미는 손으로 글을 써서 옮기듯 정확하게 읽어야 함을 뜻한다.

이외수 작가는 책을 기준으로 본다면, 세상에는 네 종류의 사람이 존재한다고 했다. 첫째는 책을 쓰기도 하고 읽기도 하는 사람, 둘째는 책을 읽기만 하고 쓰지는 않는 사람, 셋째는 책을 쓰지도 않고 읽지도 않는 사람, 넷째는 책이 세상에 있는지도 모르는 사람이다.

독서를 통해서 영감을 얻기 위해서는 깊이 있는 사유를 해야 한다. 책을 읽을 때 밑줄을 긋거나 중요한 구절을 별도 메모할 필요가 있다. 책을 읽고 나서 독서노트 쓰기를 추천한다. 줄거리 요약이나 느낌을 정리하기 어렵다면, 의미 있는 문장을 따로 추려서 적어 두는 것만으로도 충분하다. 또한 읽은 후의 감상이나 생각이 주어진 환경이나 세월에 따라 달라지기 때문에 시차를 두고 여러 번 반복해서 읽는 것이 좋다.

일본 작가 야하기 세이치로는 《크리에이티브 메모》에서 기록을 하지 않을 경우 발생하는 세 가지 손해를 지적한다. 망각의 손해(잊어버리기 쉽고), 착각의 손해(혼동하기 쉬우며), 단편적인 사고의 손해(상세한 내용을 알 수 없다)를 감수해야 한다고 강조한다.

《인생독서》는 인생을 살아가는 데 필요한 100권의 책을 담은 또 한 권의 책이다. 독서 경력에 따라 제목이 익숙한 책도 생소한 책도 있을 것이다. 또한 쉬운 책도 어려운 책도 있겠지만 독서를 이제 막 시작했거나 오랜 독서 경력에도 뭔가 아쉬움을 느끼고 있는 사람들한테 유용한 자료가 되었으면 좋겠다.

철부지 시절에는 책을 통해서 무언가를 얻고자 하는 세속적 욕망이 강렬했다. 이제는 그것이 헛된 망상임을 깨달았다. 아무리 책을 많이 읽는다 한들 인생의 긍정적 변화와 실천이 없으면 무슨 소용이 있을까? 채우려면 먼저 비워야 한다는 평범한 진리는 책읽기에도 적용된다. 지금은 좋은 책을 만나면 천천히 뜻을 새기며 읽는 습관이 생겼다. 인생의 시간이 한정되어 있다는 생각에 늘 쫓기듯 살거나, 의미 있게 살아야 한다는 강박관념에 사로잡히기도 한다. 그럴수록 잠시 뒤로 물러나 책과 함께 하는 시간을 갖기를 권한다.

반드시 《인생독서》에 나온 순서대로 책을 읽을 필요는 없다. 읽고 싶은 부분을 먼저 읽어도 되고, 읽다가 건너뛰어도 된다. 이 책은 반드시 지켜야 할 독서에 관한 지침서가 아니라, 소중한 당신의 삶을 위한 북큐레이션이기 때문이다. 내가 읽고 싶은 책 두 권을 먼저 정하고, 내가 꼭 봐야 할 것 같은 책 두 권을 더해 총 네 권을 한 달 동안 읽는 것을 목표로 삼아보는 것도 좋다. 사색과 성찰로 자신을 알아가는 데 《인생독서》가 작은 도움이 된다면 글쓴이로서는 큰 기쁨이겠다.

2018년 봄
인내와 성찰의 삶 속에서
류재준

1

내가 누구인가를
생각하게 돕는 책읽기

내가 누구인가에 대하여 설명하기란 쉽지 않음을,
삶의 편린이 쌓일수록 더욱더 대답하기 어려운 질문임을 깨닫게 된다.
어쩌면 내가 누구인가를 알아가는 과정 그 자체가 인생일지도 모른다.
나 자신을 알기 위해 다른 사람에게서 해답을 구하는 것이야말로
가장 어리석은 행동이며 전혀 엉뚱한 방향으로 어긋나는 길이다.
질문 그 자체에 답이 있음을, 나 자신에게서 찾아야함을
알게 하며 도와주는 것으로 단연코 책읽기를 권한다.
나를 알기 위해선 무엇보다 나의 시간이 필요하다.
오롯이 나 자신을 위한 시간이 주어졌을 때,
사색과 성찰을 통해 자신을 알아가는 데
책읽기만큼 도움이 되는 방법도 많지 않기 때문이다.

무진기행 | 이방인 | 호밀밭의 파수꾼 | 갈매기의 꿈 | 연금술사 | 에티카 |
데미안 | 어두운 상점들의 거리 | 뿌리 이야기 | 나는 누구인가 |
항상 나를 가로막는 나에게 | 모모 | 인간의 마음 | 모리와 함께한 화요일 |
채식주의자 | 태평천하 | 멋진 신세계 | 눈먼 자들의 도시 |
라쇼몽 | 술 취한 코끼리 길들이기

인생은 부끄러움 속에서
내 삶의 그림자를 보는 것이다

무진기행 | 김승옥 지음, 민음사

'안개'가 주는 의미는 내일의 불확실한 삶이며, 현실과 이상 사이에 괴리된 커다란 벽이다. 한 치 앞을 분간할 수 없는 뿌옇고 희미한 물체 앞에서 인간들은 쉽게 길을 잃고 방황한다. 안개를 걷히게 하는 것은 잔잔한 바람과 따뜻한 햇볕뿐이다.

우리는 1950년에 시작된 전쟁으로 인한 극심한 피폐화와 인간성 상실, 가족 해체를 경험했다. 특히 한 민족 사이에 새긴 깊은 상처는 쉽게 치유할 수 없는 아픔이었다. 전쟁의 트라우마가 채 아물지 않는 상태에서 맞이한 1960년대는 산업화로 도시와 농촌에 급격한 변화가 일어났다. 이로 인해 물질만능주의와 속물주의가 만연하고, 신분으로 인한 권위는 엷어졌지만 자본이라는 또 다른 권위주의가 시작된 시점이다. 작가 김승옥은 이러한 시대적 배경에서 다양한 등장인물을 통해 헛된 욕망과 거짓된 삶을 보여주고 있다.

무진은 특색 없고 무색무취하다. 농촌이라고 할 수도 없고, 그렇다고 도시라고 불리기에는 너무나 작은 소도시에 불과하다. 무진이라는 지명은 가상의 도시이지만 작가가 성장했던 순천이 모티프가 된 것이라고 한다. 무진에 명산물이 없는 건 아니다. 그것은 안개다. 무진의 아침에 사람들이 만나는 안개, 사람들로 하여금 해를 간절히 원하게 하는 무진의 아침 안개이다.

무진을 둘러싸고 있던 산들도 안개에 의하여 보이지 않는 먼 곳으로 유배당해버리고 없었다. 안개는 마치 이승에 한이 있어서 매일 밤 찾아오는 여귀가 뿜어내는 입김과 같았다. 해가 떠오르고, 바람이 바다 쪽에서 방향을 바꾸어 불어오기 전에는 사람들의 힘으로써는 그것을 헤쳐 버릴 수가 없었다.

작품 속 화자('나')의 어린 시절 고향 무진에서의 기억은 어머니의 지극하나 왜곡된 사랑으로 인해 억압된 삶을 살 수밖에 없었던 날들뿐이다. '나는 세상과 단절된 채 골방에 갇혀서 수음으로 하루하루 보낸 자신의 그림자를 지우고 싶어 한다. 내가 나이 들어 무진을 다시 간 것은 몇 차례 되지 않았지만 서울에서 지내면서 실패하거나 도망쳐야 할 때이거나 무언가 새 출발이 필요할 때였다. 새 출발이 필요할 때 무진으로 가는 것은 결코 우연이 아니었다.

무진에 가면 매번 더러운 옷차림과 누런 얼굴로 허름한 골방 안에서 뒹굴었다. 그렇다고 무진에의 연상이 꼬리처럼 항상 따라다녔다는 것은 아니다. 어둡던 세월이 일단 지나가버린 지금은 거의 항상 무진을 잊고 싶어 한다. 그럼에도 여전히 무책임하게 우유부단한 태도로 삶을 영위할 수밖에 없음을 쓸쓸해하고, 부끄러워한다.

무진에서 여선생과의 만남은 또 다른 사랑을 꿈꾸게 했다. 인숙은 안타까운 음성으로 서울에 가고 싶다고 했다. 문득 나는 인숙을 껴안고 싶은 충동에 사로잡혔다. 내 심장에 남아 있는 것은 그것뿐이었다.

두 사람이 잡고 있는 손바닥과 손바닥 틈으로 희미한 바람이 새어 나가고 있었다.

나는 그 방에서 여자의 조바심을, 마치 칼을 들고 달려드는 사람으로부터, 누군가 자기 손에서 칼을 빼앗아주지 않으면 상대편을 찌르고 말듯 한 절망을 느끼는 사람으로부터 칼을 빼앗듯이 그 여자의 조바심을 빼앗아주었다.

아침에 눈을 떴을 때 아내로부터 급히 상경을 요구하는 전보 한 통이 전해져온다. 나는 전보의 눈을 피해서 인숙에게 편지를 썼다.

사랑하고 있습니다. 왜냐하면 당신은 제 자신이기 때문에, 적어도 제가 어렴풋이나마 사랑하고 있는 옛날의 저의 모습이기 때문입니다. 저는 옛날의 저를 오늘의 저로 끌어다놓기 위하여 갖은 노력을 다하였듯이 당신을 햇볕 속으로 끌어놓기 위하여 있는 힘을 다할 작정입니다. 믿어주십시오.

쓰고 나서 그 편지를 읽어봤다. 또 한 번 읽어봤다. 그리고 찢어버렸다. 결국 그는 여선생을 사랑한 것이 아니라 단순히 욕망의 대상으로 생각했는지 모른다. 그토록 무진을 떠나가고 싶어 하는 인숙을 남겨두고

홀연히 떠난다. 나는 그동안의 안정된 삶과 평안한 삶을 쉽게 포기할 수 없었기 때문이다. 나에게 사랑은 이미 박제된 표구에 불과했다.

덜컹거리며 달리는 버스 안에 앉아서 나는, 어디쯤에선가, 길가에 세워진 하얀 팻말을 보았다. 거기에는 선명한 검은 글씨로 '당신은 무진읍을 떠나고 있습니다. 안녕히 가십시오'라고 씌어 있었다. 나는 심한 부끄러움을 느꼈다. 내가 부끄러움을 느낀 것은 그동안 무진에서의 무책임했던 행위와 더불어 여전히 안갯속에 갇혀 있는 무기력한 자신의 삶에 대한 상실감의 표현이다.

인간은 나약한 이방인이다

이방인 | 알베르 카뮈 지음, 김화영 옮김, 민음사

인간은 '이방인'이다. 유럽에서 실존주의 소설이 등장하게 된 배경에는 제1·2차 세계대전, 스페인 내전 등을 치루면서 극심한 인간의 타락과 좌절을 경험한 데 있다. 이런 영향으로 인간의 한계와 더불어 신의 존재에 대한 근본적인 회의가 대두되었고, 사회 혼란이나 범죄에 대해서 기존의 관념적 도덕만으로는 해결하기 어려운 상황에 직면하게 되었다. 또한 죽음, 절망, 불안, 허무로 가득한 세계에서 인간 스스로 자유로운 삶을 영위하기 힘들다는 것을 깨달았다. 인간 존재 자체가 본질적으로 불합리하고, 무의미하더라도 이를 쉽게 포기할 수 없다.

참담한 삶을 극복하기 위해서는 부조리한 사회의 모순과 인간의 무기력함을 있는 그대로 인정하는 것이 우선이다. 그다음 가치 있는 삶을 살기 위해 새로이 시작해야 한다. 이러한 시대적 흐름 속에서 1942년 《이방인》이 나왔다. 엄마의 죽음을 알리는 전보 한 통으로부터 이야기가 시작된다. 주인공 뫼르소는 어머니의 장례를 치르기 위해서 이틀의 휴가를 요청하지만 사장은 이를 탐탁지 않아 한다. "그건 제 잘못이 아닙니다." 애써 변명하면서도 마음은 그다지 편치 않았다.

엄마의 시신을 성당으로 모시고 가는 길에 넘쳐흐르는 태양은 요동치면서 비인간적이고 위압적인 분위기를 만들고 있었다. 그는 엄마의 관 위로 뿌려지던 피처럼 붉은 흙더미, 그 속에 풀뿌리들의 흰 속살들을 보았다. 그다음 날 사무실에서 사장은 엄마의 나이를 알고 싶어 했다. 뫼르소는 "육십 정도"라고 말했는데, 사장은 안도하는 듯한 눈치였고, 그 문제는 끝났다고 여기는 것 같았다. 여기서 엄마의 나이가 왜 중요한가? 그것은 본질이 아니다. 죽음에 따른 고통을 느끼는 것은 뫼르소다. 하지만 사람들이 엄마의 나이를 궁금해 하는 것은 무관심한 눈으로 보기 때문이다.

《이방인》 등장인물 중 살라마노를 통해서 인간의 타락상을 엿볼 수 있다. 좁은 방 안에서 개와 단둘이서만 살아온 때문인지 살라마노 영감은 그 개를 닮아버렸다. 그들은 마치 동일종인 듯 보이면서도 서로를 미워했다. 오줌을 싸고 싶어도 영감은 그럴 시간을 주지 않고 끌어당기니까 스패니얼은 오줌 방울을 질금거리며 따라갈 수밖에 없었다. 그러다 방 안에서 오줌을 싸게 되면 또 매를 맞았다.

레몽의 옛 애인 때문에 촉발된 사소한 싸움이 잘 마무리되어가고 있는 시점에서 뫼르소가 아랍인에게 총을 쏜 이유에 대하여는 우발성과 정당방위 차원의 설명이 필요하다. 먼저, 우발적 측면에서 보면 사람의 이성을 마비시키고도 남을 그날의 찌는 듯한 더위와 강렬한 햇볕 때문이다. 그리고 엄마의 죽음이다. 뫼르소 의식 속에는 삶에 대한 깊은 허무함이 작용한 것으로 보인다. 그다음은 정당방위 차원이다. 아랍인이 가지고 있었던 타는 듯한 칼날 그리고 냉소와 침묵이다. 아랍인의 칼은 예전에 뫼르소의 친구 레몽을 다치게 했던 똑같은 칼이었다. 뫼르소가 다가오고 있음에도 불구하고 아랍인이 비웃는 듯한 얼굴을 보이자 더 이상 참을 수 없었다.

뫼르소는 죽음을 앞두고서 엄마를 생각했다. 엄마가 왜 말년에 약혼자를 갖게 되었는지, 왜 새로운 시작을 시도했는지 이해할 수 있을 것 같았다. 삶이 점차 희미해져가는 그곳 양로원에서도, 죽음에 인접해서야, 엄마는 해방감을 느끼고, 모든 것을 다시 살아볼 준비가 됐다고 느꼈음에 틀림없었다. 뫼르소 역시 모든 것을 다시 살아 볼 준비가 되었음을 느꼈다. 마치 이 거대한 분노가 악을 쫓아내고, 희망을 비워낸 것처럼, 그는 세계의 부드러운 무관심에 스스로를 열었다. 그의 유일한 소원은 사형당하여 죽을 때 많은 구경꾼들이 와서 증오의 함성으로 맞아주었으면 했다.

뫼르소는 은연중에 "그건 제 잘못이 아닙니다" "그건 내 탓이 아닙니다"라고 되뇐다. 이는 우리에게 또 다른 의미로 반문한다. 그럼 누구의 잘못인가? 누구의 탓인가? 이 모든 것은 누구의 잘못과 탓이 아니다. 원래 인간은 나약하기 때문이다.

삐딱한 시선이
새로운 세상을 만든다

호밀밭의 파수꾼 | 제롬 데이비드 샐린저 지음, 이덕형 옮김, 문예출판사

부조리한 삶 속에서 인간이 선택할 수 있는 길은 세 가지이다. 부딪칠 것인가 아니면 회피하면서 살 것인가, 이것도 아니면 순응하면서 살 것인가? 저항자의 시선으로 바라본 세상은 부딪치고 맞설 극복의 대상이다. 간혹 이들은 세상을 뒤엎는 혁명가가 되기도 하지만 대부분 고립되어 고된 삶에 절망한다. 회피한다는 것은 또 다른 소극적 극복의 방법이다. 실상은 참다운 삶의 실천이라고 할 수 있는데 결국 몽상가가 되거나 사회의 낙오자로 오인 받기 십상이다. 순응하면서 산다는 것은 현실을 수용한다는 뜻이다.

《호밀밭의 파수꾼》이 1951년 출간됐을 때, 독자들과 평론가의 반응은 그다지 우호적이지 않았다. 처음부터 끝까지 길게 이어지는 주인공의 난해한 독백으로 구성된 작품의 형식과 더불어 내용 속 거친 비속어, 혼전 성관계, 매춘 등이 논란이 되었다. 콜필드는 열여섯 살밖에 되지 않았지만 네 번째로 옮긴 학교에서 다섯 과목 중 네 과목 낙제로 또다시 퇴학당한다. 작품은 퇴학 통보가 그의 부모님에게 전달될 때까지 사흘간 뉴욕에서의 경험이 줄거리를 이루고 있다.

콜필드가 꿈꾸고 있는 것이 무엇인지 여동생 피비하고 나눈 대화를 통해서 엿볼 수 있다.

"나는 넓은 호밀밭에서 어린아이들이 어떤 놀이를 하고 있는 것을 눈에 그려본단다. 주위에 어른은 나밖에 없어. 내가 하는 일이란 누구든지 낭떠러지에서 떨어질 것 같으면 얼른 가서 잡아주는 것이야. 이를 테면 호밀밭의 파수꾼이 되는 거지. 내가 정말 하고 싶은 것은 그것밖에 없어. 바보 같은 짓인 줄 알고 있지만."

단순히 호밀밭의 파수꾼으로 살고 싶은 소년에게 세상은 온통 모순으로 가득 찬 세상이다. 그가 견고한 세상과 맞서는 방법은 유치하게 보여도 나름 정당한 이유가 존재한다.

겨우 열세 살이던 남동생 앨리의 죽음으로 인해서 그는 차고의 유리를 모조리 박살내고, 손은 형편없이 망가져버린다. 그의 행위를 이해 못하는 사람들에게 "당신들은 앨리를 모르니까 그래"라고 외친다. 이때부터 콜필드는 세상에 대한 가득한 분노와 더불어 신을 부정하기 시작한 것 같다. 다음은 그가 좋아했던 제인이라는 여자다. 그의 친구 스트라드레이터가 제인하고 데이트한 것 때문에 그는 질투와 자격지심을 느낀다. 결국에는 큰 소동을 일으키고 기숙사 친구들에게 "이 바보들아, 잘들 있어라!" 하면서 학교를 뛰쳐나온다.

교장은 콜필드에게 인생이란 게임과 같아서 누구든지 규칙을 잘 따라야 한다고 질책한다. 어른들은 사회제도나 규칙을 만들어놓고 잘 따르고 순응하라고 학생들에게 강요한다. 순응한다는 것은 또 다른 의미로 길들여진다는 의미이다. 하지만 콜필드는 어른들의 말을 따르지 않는다. 콜필드 내면의 감정을 지배하고 있었던 것은 죽음, 여자, 타락한 세상 그리고 순결하고 고귀한 피비의 영혼이다. 그의 여동생 피비는 구원의 대상이다. 크리스마스 용돈을 전부 주기도 하고, 순수하고 사랑스런 피비 때문에 그는 다시 집으로 돌아온다.

그가 경험한 타락한 세상은 창녀와의 만남과 어른들의 부당한 처사 그리고 여동생 피비가 다니는 초등학교의 벽과 계단, 박물관의 이집트 무덤에 쓰인 외설스러운 내용의 낙서들이다. 그는 병실에서 스트라드레이터, 애클리, 모리스 등 자신이 속물이라 여겼던 친구들을 보고 싶어 한다. 누구에게든 아무 말 하지 않는 것이 좋다. 말을 하면 모든 인간이 그리워지기 시작하니까. 결국 콜필드는 친구들을 너무나 사랑했고, 그 역시 아픔을 통해서 성장하고 있었다.

누구나 짙은 허무와 반항심에 사로 잡혔던 때가 있으리라. 《아프니까 청년이다》 책제목처럼 청춘은 아파해야 하는 존재가 아니라 고민하는 존재여야 한다. 고민은 끊임없는 자아성찰이며 성장의 과정이다. 콘크리트처럼 구조화된 세상 속에 살면서 어느새 우리 자신도 건물에 사용되는 네모난 벽돌 신세가 되었다. 그저 더 반듯한 벽돌이 되고자 끊임없이 노력하고 있을 뿐이다. 조금이라도 규격에 어긋나거나 이탈된 벽돌은 혐오의 대상이자 무가치한 신세로 전락되기 때문이다. 그럼에도 《호밀밭의 파수꾼》을 통해 선 안에 들어가 있는 인생보다 선 밖에서의 삶이 더 순수하며 자유로울 수 있음을 알게 된다.

꿈꾸는 사람은
길들여지지 않는다

갈매기의 꿈 | 리처드 바크 지음, 류시화 옮김, 현문미디어

인간의 삶 속에서 '꿈'이란 모래사막의 오아시스와 같은 생명수이자 활력소가 된다. 하지만 거친 세상 속에서 꿈과 신념을 지키고 산다는 것은 그리 쉬운 문제가 아니다. 고정관념, 오랜 관습, 이념 등 견고한 사회시스템에 맞서야 하기 때문이다. 새로운 길을 만들려면 희생과 고통을 이겨낼 만한 용기가 필요하다. 그래서 꿈을 꾸는 사람들은 외면당하거나 혼자 있는 시간을 견디며, 고독감을 익숙하게 다룰 줄 알아야만 한다.

주인공 조나단은 스스로 태생적 본성과 한계를 이겨내고 새로운 운명을 개척한다. 고기잡이배에서 물고기를 유인하기 위해 던진 한 조각의 먹이를 차지하려고 수천 마리의 갈매기들이 분주한 이른 새벽, 갈매기 조나단은 혼자서 나는 연습을 하고 있다. 그의 부모조차도 그런 모습을 보고는 걱정스러워한다. "왜 넌 다른 갈매기들처럼 되는 게 그리도 힘든 거니? 저공비행 따윈 펠리컨이나 앨버트로스에게 맡길 수 없니? 넌 왜 잘 먹지도 않니? 얘야, 넌 너무 말라서 뼈와 깃털뿐이구나!" 엄마의 다그침에 조나단은 "다만 공중에서 제가 무얼 할 수 있고, 무얼 할 수 없는가를 알고 싶을 뿐이에요. 그게 전부에요. 그냥 알고 싶을 뿐이에요"라고 대답한다. 다른 갈매기들은 먹이를 발견하고 그것을 얻기 위한 수단으로만 날개를 사용한다면 조나단은 나는 기쁨과 더불어

현실에 안주하지 않고 미래의 가능성을 위해서 노력한다.

　대부분 다른 갈매기들의 눈에는 무책임하고, 무모한 행동으로 보였다. 그러자 조나단은 이렇게 주장한다.

　"삶의 의미와 더 차원 높은 목적을 추구하고 따르는 자보다 더 책임 있는 갈매기가 대체 누구란 말입니까? 우리는 수천 년 동안 물고기 대가리나 찾아다녔습니다. 그러나 우리는 이제 삶의 이유를 갖게 되었습니다. 배우고, 발견하고, 자유로워지는 것! 저에게 한 번 기회를 주십시오. 제가 발견한 것을 여러분들에게 보여줄 수 있게 해주십시오."

　결국 그는 갈매기족의 존엄성과 전통을 파괴한 죄목으로 멀리 떨어진 절벽으로 추방당한다.

　동료들의 추방에도 좌절하지 않고 묵묵히 비행을 연습하면서 조나단은 지루함과 두려움이 갈매기의 삶을 짧게 만드는 원인이라는 것을 깨달았다. 자신의 삶의 목적이 더 높이, 더 멀리, 더 빠르게 나는 것이었다. 결국에는 보통의 갈매기들은 엄두에 내지 못할 만큼 날게 되었다. 점점 조나단에게 새로운 과정을 시작할 때가 다가오고 있었다. 비행 스승인 설리번은 다른 갈매기들은 우리가 떠나온 세계를 금방 잊어버리고 어디를 향해 가고 있는지 관심이 없고, 그냥 현재의 순간을 위해 살 뿐이라고 비판한다. 반면에 조나단에게는 한 번의 생 동안 아주 많은 배움을 얻었기 때문에 이곳까지 이르는 데 수천의 생을 거치지 않은 것이라고 말해준다.

모든 갈매기들의 리더인 치앙은 생명이 보이지 않는 완전한 원리를 이해하기 위한 노력과 배움과 수행을 중단하지 말라고 가르치고, 조나단에게 "사랑을 계속 배워나가라"고 당부했다. 그 후 조나단은 자기를 따르는 한 무리의 갈매기를 데리고 예전에 살던 곳으로 찾아왔지만 다른 갈매기로부터 환영을 받지 못한다. 한 달이 지난 후 날개를 움직일 수 없는 메이나드에게 자유는 모든 존재의 진정한 본질이라는 것, 그 자유를 구속하는 것은 무엇이든, 그것이 종교적인 의식이든 미신이든 어떤 형태의 제약이든 깨부수어야 한다고 가르친다.

플레처 역시 예전의 조나단같이 멀리 떨어진 절벽으로 추방당한 갈매기였다. 비행 연습 도중 절벽에 부딪혀 큰 부상을 입었다가 조나단의 도움으로 살아난 후 자신이 보는 것 그대로를 사랑하게 되었다. '한계가 없다고 했죠, 조나단?' 그는 생각했다. 그리고 미소를 지었다. 배움을 향한 그의 여행은 이미 시작되고 있었다.

삶에 직면하여 진정한 자아를 찾는 길은 스스로 운명을 개척하고 깨우치는 것이다. 지금의 고달픈 상황을 원망하거나 후회하는 것보다는 더 나은 내일을 위해 오늘의 아픔과 고난을 이겨내야 한다. 인생이란 무수한 어려움을 헤쳐 나가는 삶의 여정이기 때문이다. 또한 넓은 세상 속에서 자기중심적 생각이나 작은 소견에 머물지 말고, 현실과 오늘을 넘어서 자신만의 꿈을 이루기 위한 도전을 시작해야 한다. 단순히 먹고사는 것에 너무 안주하지 말자! 정해진 운명이나 인생의 한계 따윈 없다.

간절히 원하고
뜨겁게 행동하라

연금술사 | 파울로 코엘료 지음, 최정수 옮김, 문학동네

삶의 긍정적 변화를 이끌 연금술이 필요하다. 삶의 측면에서의 연금술은 질병의 아픔에서 치유로, 늙음에서 젊음으로 되돌리고, 절망에서 희망으로, 새로운 만남과 미지의 여행을 통해서 삶의 의미를 상기시키고자 하는 자아실현의 은유적인 표현이다. 《연금술사》는 나약한 인간의 마음이 주변 환경에 철저히 예속되어 참된 삶의 신호를 감지하지 못하고 무지한 삶을 살아가고 있는 것에 대한 깊은 성찰을 느끼게 하는 소설이다.

서문에서 수선화(나르키소스) 신화를 다루고 있지만 우리가 흔히 아는 결말이 아니다. 나르키소스가 호수에 비친 자신의 아름다움에 매혹되어 빠져 죽은 이후 숲의 요정 오레이아스들은 호수를 부러워했다. 왜냐하면 나르키소스의 아름다운 모습을 매번 봤을 것이라고 생각했기 때문이다. 하지만 호수는 나르키소스의 모습을 보지 못하고 단지 그의 눈 속에 비친 호수 자신의 아름다운 모습만 봤다. 이제는 그가 죽어서 자신의 모습을 볼 수 없는 상황을 못내 아쉬워하고 있다. 이는 각자의 입장에 따라서 차이가 있음을 알 수 있다. 상대방을 이해하려는 노력 없이 그 사람을 사랑할 수 없다. 사랑을 하기 위해서는 이해가 선행되어야 하기 때문이다.

주인공 산티아고의 부모님은 그가 신부(神父)가 되길 원했지만 그는 세상을 여행하고 싶어 했다. 그의 아버지는 금화 세 개를 주면서 양들을 사서 맘껏 돌아다니고 고향의 성(城)이 가장 가치 있고, 이곳의 여자들이 가장 아름답다는 것을 배우고 오라고 당부한다. 산티아고가 데리고 있는 양들은 매일 반복되는 일상 속에서 스스로 그 어떤 것도 결정하지 못한다. 그가 늘 옆에서 돌봐주고 제때에 물과 먹이를 먹여주는 것뿐이다. 이러한 수고의 대가로 양들은 그에게 양털과 심지어는 자신의 고기까지 내주고 있다. 그동안 양들은 그에게 길들여져서 그들만의 삶을 잊어버렸다.

산티아고는 실은 양치기의 삶을 살고 있지만 그 역시 양들처럼 길들여지고 있음을 자각하기 시작한다. 이후 살레의 왕(멜키세덱)이 찾아와서 정신과 의지를 단련시켜준다. 이 세상에는 위대한 진실이 하나 있어, 무언가를 온 마음을 다해 원한다면, 반드시 그렇게 된다고 믿었다. 산티아고는 아프리카 탕헤르에서 가진 돈을 모두 빼앗기고, 크리스털 상인, 영국인, 연금술사와의 만남과 사막의 오아시스에서 죽음의 고비 등을 넘기고 간신히 목적지 피라미드에 도착한다. 마침내 모래언덕에 올라섰을 때, 무릎을 꿇고 주저앉아 울음을 터뜨렸다. 풍뎅이 한 마리가 눈물이 떨어진 자리로 지나가는 것을 보았다. 이집트에서는 풍뎅이가 신의 상징이기 때문에 그것은 또 하나의 증표라고 생각하고 모래 속을 파기 시작했다.

이때 그는 부대에서 이탈한 한 무리 병사들에게 숱한 고초를 당한다. 병사 하나가 그를 구덩이에서 끌어내서는 마구 몸을 뒤졌다. 금 조각이 나오자 "구덩이 속에 금이 더 있을지 몰라" 하고 다른 병사가 소리쳤다. 그들은 그에게 땅을 더 파라고 위협했다. 그는 심하게 얻어맞고 죽음의 그림자를 느꼈다. 우두머리가 자리를 뜨면서 산티아고에게 말했다.

"걱정 마, 넌 죽지 않을 테니. 그리고 다시는 그렇게 바보처럼 살지 마. 꿈속에서 스페인의 어느 평원에 다 쓰러져가는 교회가 하나 있었어. 근처 양치기들이 양떼를 몰고 와서 종종 잠을 자던 곳이지. 그곳 성물 보관소에 무화과나무 한 그루가 서 있었지. 나무 아래를 파보니 보물이 숨겨져 있지 않겠어. 그런 꿈을 되풀이 꾸었다고 해서 사막을 건너는 바보는 없어."

산티아고는 간신히 몸을 일으켰다. 그리고는 다시 한 번 피라미드를 바라봤다. 피라미드는 그를 향해 조용히 미소 짓고 있었고, 그 역시 피라미드를 향해 미소를 보냈다. 이제 그는 자신의 보물이 어디에 있는지 온몸으로 느낀다. 그가 고향의 낡은 교회 앞에 다다랐을 때는 날이 저물고 있었다. 무화과나무는 여전히 성물 보관소 자리에서 자라고 있었다. 그는 빙그레 미소 짓고는 계속해서 땅을 팠다. 곧, 그의 앞에는 스페인 옛 금화가 가득 담긴 궤짝이 놓여 있었다. 인생에서 성공은 그리 쉽게 오는 것이 아니다. 오늘의 치열함과 지금의 작은 실천이 미래의 자아실현을 기약하는 것이기 때문이다.

이해하라, 그리고
긍정적으로 감정을 표현하라

에티카 | 베네딕트 데 스피노자 지음, 조현진 옮김, 책세상

신과 인간은 미묘한 관계다. 신이 인간을 위해서 만물을 창조했다고 하지만 역설적으로 신이 죽어야 인간 본연의 모습을 회복할 수 있다는 모순적 상황에 직면한다. 종교는 어떤 의미인가? 인간의 불완전성을 보완하는 순기능적 요소가 많음에도 불구하고, 전쟁과 타락의 역사 또한 장구하다. 종교 폐단의 책임은 이를 부당하게 활용하고, 사악한 이득을 보려고 하는 인간들의 탓이지 특정 종교만의 문제가 아니다.

네덜란드에서 태어난 스피노자(1632~77)의 삶은 그리 평탄하지 못했다. 그가 성장한 시기는 독일의 신교(프로테스탄트), 구교(가톨릭)의 논쟁에서 촉발된 30년 전쟁(1618~48)이 확산된 시점과 맞물려 있었다. 그는 신의 존재를 부정하고 있다는 이단자 취급을 당하면서 유대교로 부터 파문을 당하고, 헤이그에서 44세의 짧은 생을 마감한다. 17세기 유럽은 인간 본질의 의미를 육체보다는 정신적 측면을 중시하다 보니 인간은 자연(동물, 식물 등)과 다른 특별한 존재라 여겼다. 반면 스피노자는 인간의 본질은 이성보다는 욕망 때문이라고 생각했다.

1675년 완성된 《에티카》는 '윤리학'이라는 뜻을 가지고 있다. 이는 사회에서 인간과 인간의 관계를 규정하는 규범, 원리, 규칙을 연구하는

학문이다. 스피노자가 주장하는 윤리학의 기본 토대는 정신과 육체의 합일성과 일치성이다. 그는 신의 본질에 대한 의구심을 가지게 되면서 신의 실체의 불명확성과 성서에 영혼과 천사의 존재를 증명할 아무런 근거가 없다고 주장했다. 신의 존재와 관련한 편견에 대해서 사람들은 의지 작용들과 욕구를 의식하지만 이를 느끼게 하는 원인들에 무지하고 심지어는 꿈에서조차 생각하지 않기 때문에 자신들이 자유롭다고 믿었다.

모든 인간들은 목적 때문에, 즉 그들이 바라는 유용성 때문에 행동한다. 사물들을 수단으로 여기게 된 이후, 사물 자체를 스스로 만들 수는 없지만 자신들을 위해 제공된 수단들을 통해 만들어낼 수 있다고 믿게 됨으로써 인간적인 자유를 갖추고 있는 하나 혹은 몇몇의 자연 지배자들이 있어야 한다고 결론 내려야 했기 때문이다. 이런 자연의 지배자들은 모든 것을 인간을 위해 배려했고 모든 것을 인간에게 쓸모가 있도록 만들었다는 것이다. 그는 신의 존재의 필연성에 따른 편견과 인간중심적 사고에 대한 자기성찰이 필요함을 역설하고 있다.

스피노자는 정서를 제어하고 통제하는 데 있어서 인간의 무능력을 예속이라고 했다. 정서에 묶인 인간은 자신의 권한 아래 있지 않고 운명의 권한 아래 있다고 보았다. 운명의 지배 아래서 자신에게 더 좋은 것을 알고서도 더 나쁜 것을 따를 만큼 그렇게 항상 강제된 상태에 있다고 보았다. 동일한 사물이 동시에 선하기도 하고 악하기도 하며 또한 관심조차 줄 수 없다는 것이다. 예를 들어 음악은 우울한 이에게는 좋고 애도하는 이에게는 적절하지 않고, 귀머거리에게는 좋지도 나쁘지도 않다. 그는 마음이 동요하는 수많은 감정의 반응은 몸 상태와 연결되어 있는 것으로 간주했다. 감정에 너무 휘둘리는 것이 예속이다. 자신의 부정적 감정을 다스리지 못하면 삶은 불행해진다. 반면에 감정을 긍정적으로 표현할 경우 정서는 함양되고 생활은 윤택해진다.

스피노자에 따르면 "이해한다는 것은 곧 동의하는 것으로 인식했다." 인간은 이해하지 못하기 때문에 분노하고 증오한다. 또한 무지한 자는 외적 원인에 따라 여러 가지 방식으로 동요되어 삶의 행복을 얻지 못한다고 보았다. 비슷한 예로 장자(莊子)의 바닷새 우화가 있다. 옛날 바닷새가 노나라 대궐에 날아와 앉았다. 임금은 친히 종묘 안으로 데리고 와서 술을 권하고, 아름다운 음악을 연주하고, 소와 돼지를 잡아 융숭히 대접했다. 그러나 새는 당황해하고 슬퍼하기만 할 뿐, 고기 한 점, 술 한 잔 마시지 않은 채 사흘 만에 굶어죽고 말았다. 왕은 바닷새의 특성을 이해하지 못하고 자기만의 방식으로 사랑했기 때문에 죽음에 이르게 한다. 이해는 사랑과 행복의 출발점이다.

자아를 찾기 위해서 투쟁하다

데미안 | 헤르만 헤세 지음, 전영애 옮김, 민음사

어지러운 세상에서 나를 찾아가는 길은 쉽지 않다. 인생은 거듭된 상처와 시련 앞에서 좌절하지 않고 내면의 성숙을 통해서 진정한 자아를 찾아가는 긴 여정이다. 내가 행복해야 우리가 행복하고, 개인이 행복해야 행복한 사회가 될 수 있다. "내 속에서 솟아나오려는 것, 바로 나는 그것을 살아보려고 했다. 왜 그것이 그토록 어려웠을까?" 주인공 싱클레어는 거친 세상과 부딪치면서 정신적 갈등과 타락을 경험하고, 관념적으로 느끼고 있던 선과 악의 경계에서 길을 잃고 방황한다.

그가 라틴어 학교에 다니면서 경험했던 두 세계는 어른들이 만든 보편적인 세상이지만 그의 눈에는 밝은 세계와 어두운 세계로 구분되고 의미와 경계는 서로 맞닿아 있음을 자각한다. 그는 어렴풋이 어두운 세계에 대한 호기심과 동경 때문에 친구들의 유혹에 쉽게 흔들린다. 자기과시욕에서 시작한 사소한 거짓말로 인해 크로머에게 협박을 당하는 신세가 된다. 그는 점점 짙은 어둠과 벼랑 끝으로 몰리고, 마음은 착란 상태에 빠지고, 줄곧 고통을 받으며 유령처럼 지냈다.

그러던 싱클레어는 전학 온 데미안이라는 어른스러운 친구에게 마음을 연다. 데미안은 성서 속 형 카인이 동생 아벨을 죽인 것과 관련해서 기존 성서의 해석과는 달리 카인이 고귀한 인간이고 아벨이 비겁자라고 말한다. 싱클레어는 그것에 동의하지 않지만, 신은 왜 죄책감과 죽음의 공포에 시달리는 카인을 위해서 표시를 찍어주어 어느 누구도 그를 죽이지 못하게 한 것에 대해서는 의문이 가득하다. 싱클레어의 유년은 폐허의 기억으로 남아 있었다.

어느 가을 나무 주위로 낙엽이 떨어진다. 나무는 그것을 느끼지 못한다. 비, 태양 혹은 서리가 나무를 흘러내린다. 그리고 나무속에서는 생명이 천천히 가장 좁은 곳, 가장 내면으로 다시 들어간다. 나무는 죽는 것이 아니다. 기다리는 것이다.

싱클레어가 그린 꿈속의 새는 친구를 찾아 날아가고 있었다. 너무 놀랍게도 답장이 왔는데 데미안이 보낸 것이었다.

새는 알에서 나오려고 투쟁한다. 알은 세계이다. 태어나려는 자는 누구든 하나의 세계를 깨뜨려야 한다. 새는 신에게로 날아간다. 신의 이름은 아브라삭스이다.

삶과 죽음, 선과 악, 빛과 어둠이 공존하는 이해하기 힘든 현실 앞에서 싱클레어의 마음속에는 폭풍이 포효하고 있었고 수렁의 어둠밖에 아무것도 안 보였다. 그리고 내면에서 인도자의 모습을 하고 있는 데미안을 보았다.

전쟁에 참전하여 쏟아지는 폭탄에 부상당하여 외양간 짚더미 위에 누워 있을 때, 데미안은 싱클레어에게 나직이 속삭인다. "넌 네 자신 안으로 귀 기울여야 해. 그러면 알아차릴 거야. 네가 네 안에 있다는 것을." 그때부터 일어난 모든 일이 아팠다. 그러나 이따금 열쇠를 찾아내어 완전히 자신 속으로 내려가면, 거기 어두운 거울 속에서 운명의 영상들이 잠들어 있는 곳으로 내려가면, 거기서 그 검은 거울 위로 몸을 숙이기만 하면 되었다. 비로소 자신의 모습이 보였다.

우리의 세상은 불안함, 두려움, 그리고 모호함으로 가득하여 자아를 상실하고 삐뚤어지기 십상이다. 곳곳에 갈등을 조장하는 어두운 그림자들 때문에 쉽게 상처를 받을 수밖에 없다. 그러나 상처가 더 이상 상처가 되지 않고, 자기를 굴복시키지 않는다면 그 상처는 오히려 단단한 삶의 희망이 된다. 마음의 성찰을 통해서 자신을 되돌아볼 수 있다면 또 다른 자아성장의 계기가 된다. 삶의 주인은 '우리'가 아니라 '나' 자신이기 때문이다.

나는 아무것도 아니다

어두운 상점들의 거리 | 파트릭 모디아노 지음, 김화영 옮김, 문학동네

인간의 삶이란 종국에는 소멸의 운명을 가지고 있기에 '나의 기억' '우리들의 기억'들이 언젠가는 잊힐 것이다. 영속적인 삶을 이어주는 것은 타인의 기억 속에 내가 존재하는 것이다. 잊어버린 나를 찾기 위해서는 타인의 퍼즐 속에 나를 투영해야만 한다. 하지만 기억이라는 것은 나와 타인 사이에는 커다란 괴리감이 있기에 갈등이 깊어진다. 살아왔던 과거의 기억이 한순간에 사라졌을 때 내가 누구였는지 공허함이 가득할 뿐이다. 이 소설에서 과거의 기억은 이중적인 의미를 내포하고 있다. 기억의 저편이 되는 1940년대 초반은 또 다른 아픈 상처이다. 그 당시 나치 지배에 있던 프랑스는 유대인 1만3천여 명을 아우슈비츠 등의 강제수용소로 보내 죽음에 이르게 한다. 시대적 아픔과 개인의 상실감이 어지럽게 얽혀 우울하고 쓸쓸함을 느끼게 한다.

소설은 "나는 아무것도 아니다. 그날 저녁 어느 카페의 테라스에서 나는 한낱 환한 실루엣에 지나지 않았다"는 문장으로 시작된다. 주인공 기 롤랑은 10년 전, 갑자기 기억상실증에 걸려 안갯속에서 더듬거리고 있을 때 흥신소를 운영하고 있는 위트를 만나서 도움을 받는다. 위트 역시 기 롤랑과 비슷한 경험을 가지고 있는 덕분에 우호적으로 도와준

것이다. 이후 기 롤랑은 자신의 과거의 증인이나 흔적을 찾아 나선다. 우선 기 롤랑은 어렵게 폴 소나쉬체와 연락하게 된다. 그의 친구 외르퇴르를 만나서 스티오파 드 자고리에프에 관한 단서를 제공받는다. 또한 스티오파는 기 롤랑에게 사진 두 장을 건네주고 그의 과거 찾기에 실마리를 던져준다. 이후 기 롤랑은 블런트, 하워드, 알렌을 찾아다니며 희미한 과거 속에서 자신이 누구였는지를 기억을 더듬는다. 한때는 페드로 맥케부아였지만 아무것도 아니었다. 차츰 허공을 떠돌고 있던 그 모든 메아리들이 결정체를 이룬 것이다. 그것이 바로 나였다. 한때 도미니카공화국 여권을 소지했으며 프랑스 국경을 넘어 스위스로 가는 도중 브레데의 의해 함정에 빠졌던 당시의 기억을 되살린다. 그때 그는 배신감 때문에 여러 시간을 두고 걸었다. 그러고 나서 마침내 눈 속에 드러눕고 말았다. 주위에는 오직 하얀 빛밖에 없었다.

마지막 부분에 이르게 되면 그는 아무것도 아닌 상태에서 벗어나게 된다. 그는 마지막으로 이탈리아 로마에 있는 자신의 옛 주소 '어두운 상점들의 거리 2번지'를 찾아가보기로 결심한다.

저녁 어둠이 내렸다. 함수호 물 위에는 아직도 희미한 광채를 내면서 보랏빛 감도는 그림자들이 스치고 있었다. 한 어린 소녀가 황혼녘에 그녀의 어머니와 함께 해변에서 돌아온다. 그 아이는 계속해서 더 놀고 싶었기 때문에 울고 있다. 그 소녀는 멀어져간다. 그런데 우리들의 삶 또한 그 어린아이의 슬픔과 마찬가지로 저녁 속으로 빨리 지워져버리는 것은 아닐까?

어두운 상점들의 거리는 주로 유대인들이 상업 활동을 하던 지역으로, 나치에 의해서 강제로 몰수당하고 폐허가 된 상점을 의미한다. 지난 시절 나치의 공포를 경험했던 주인공의 심리적 내면을 통해서 현재에도 그 상실감과 고통이 계속되고 있음을 알 수 있다. 기 롤랑은 한때는 지미, 페드로, 스테른, 맥케부아 이름으로 불리었지만 자신이 누구였는지 모른다. 시대의 참혹함이 결국에는 한 인간의 비극을 잉태한 것이다. 니스에 머물고 있던 위트가 기 롤랑에게 보낸 편지 내용처럼 '인생에서 중요한 것은 미래가 아니라 과거'이다. 과거는 단순한 삶의 흔적이 아니라 자신이 존재하는 이유의 원천이기 때문이다.

내가 왜 여기에 있는가

뿌리 이야기 | 김숨 외 지음(39회 이상문학상 작품집), 문학사상사

나무가 심하게 흔들리더니 순식간에 뿌리가 송두리째 뽑혔다. 움푹한 곳에 파묻고 있던 민낯의 얼굴을 든다. 그동안 뿌리에 새겨진 흙 내음과 불개미, 지렁이, 썩은 낙엽들로부터 기약 없이 이별해야 한다. 뽑힌 나무가 다른 흙 속으로 옮겨지면 살기 위해서 새로운 땅 아래로 뿌리를 뻗어야 한다. 《뿌리 이야기》는 인간을 나무에 비유해 산업화와 개발로 인한 사회의 황폐함과 인간의 뿌리 뽑힘의 고통, 낯선 곳으로의 이주가 초래하는 아픔을 표현하고 있다. 작가는 우연히 이식할 나무라는 소리를 듣고 나무가 들려질 때, 원래 자랐던 흙을 떠나 전혀 다른 자리로 가 낯선 흙에 묻힐 공포감을 생각하고 쓴 소설이라고 밝히고 있다.

남녀 주인공 중 남자는 입양아 출신으로 버려진 것에 대한 트라우마를 지니고 있다. 그가 뿌리 오브제(뿌리 예술작품)를 하게 된 동기를 어렴풋이 짐작할 수 있다. "태어나자마자 버려진 것 같아. 버려지는 순간 버려지고 있다는 것을 본능적으로 알지 않았을까?" 남자는 매번 자신이 유기된 존재였다는 것에 대하여 괴로워하고 있다. 때문에 그가 오브제로 선택하는 뿌리에는 한 가지 공통점이 있었다. 천재지변의 화를 입었거나, 개발이라는 명목 아래 살던 곳에서 내쫓긴 철거민들처럼 하루

아침에 굴삭기에 파헤쳐진 뿌리라는 것이었다. 또한 자신의 심정을 대변하듯이 나무뿌리를 고정시키기 위해 패널에 못을 박을 때 마치, 자아(自我)를 옴짝달싹 못하게 고정시키려고 하듯이 못을 그만 박아도 된다는 걸 잘 알면서 자꾸만 하나 더, 하나 더, 하나만 더, 딱 하나만 더……, 고정 안 된 것 같은 의심과 불안 속에서 계속 못을 박는다.

나무 중에서 천근성 식물은 수평을 지향하고, 심근성 식물은 수직을 지향하며 뿌리를 내린다. 이 두 식물을 서로 가까이 심으면 성장 특성이 달라서 상생이 가능하지만 천근성 식물만 심었을 때는 영역을 더 차지하기 위해 서로가 서로를 말려 죽인다. 또한 심근성 식물만 심었을 때는 경쟁하듯 키 재기를 하면서 서로를 도태시킨다. 이를 막기 위해서 포도나무의 경우 사이사이에 민들레나 토끼풀 같은 잡풀을 일부러 심는다. 이는 포도나무가 물을 얻으려 잡풀과 경쟁하느라 뿌리를 땅속 깊이 내리는 효과를 볼 수 있게 한다.

사람들 역시 천근성, 심근성 뿌리처럼 다른 성질을 가지고 있기 때문에 각자 기질에 맞게 조화롭게 살 필요가 있다. 여자는 뿌리가 손을 떠오르게 한다고 남자에게 고백했다. 한 여인의 손을 또 오르게 한다고, 실은 모든 뿌리가 다 그녀의 손을 떠오르게 한다고. 여자는 그녀와 한 방을 쓰는 것이 싫었다. 온종일 방 안에 틀어박혀 박제 새처럼 기척조차 내지 않는 그녀가 소름 끼치기조차 했다. 그녀는 여자의 고모할머니였다.

어느 날 위안부 피해자에 대한 신문기사를 접한다. 정부에 등록한 위안부 피해자 237명 중 182명이 사망하고 이제는 55명밖에 남지 않았다는 내용이었다. 고모할머니가 죽은 뒤에도 가족들은 그녀가 위안부였다는 사실을 쉬쉬하는 듯했다. 살아생전 고모할머니는 장조카의 딸인 여자가 자신을 꼭 닮았다고 했다. 그러면서 여자의 손을 더듬어 깍지를 끼고 어린 날을 떠올리는 듯했다.

"죽는 순간에 고모할머니가 손에 꼭 그러잡고 있던 게 뭐였는지 알아? 가제손수건도, 보청기도 아니었어. 내 손, 내 손이었어."

뿌리가 뽑힘으로 인해서 땅 밑에서는 끔찍하고, 엄청난 변화가 있었지만, 땅 위의 나무는 여전히 같은 모습으로 서 있기에 사람들은 뿌리가 뽑힐 때의 절규, 울부짖음의 표정을 상상해보는 일은 없을 것이다. 또한 모세혈관 같은 실뿌리 한 가닥까지 나무가 제자리에 버티고 있을 수 있도록 사력을 다하고 있지만 오히려 사람들의 눈에는 너무나도 편안해 보일 뿐이다. 일본군 위안부로 끌려간 이 땅의 가녀린 여성들이 굴곡의 역사 속에서 점점 잊힌 존재가 되고 있다.

무너지는 나를 일으켜 세우다

나는 누구인가 | 고미숙 외 지음, 21세기북스

'나는 누구인가?' 원초적인 질문 앞에서 선뜻 '나'를 규정하기 어렵다. 그럼에도 불구하고 나를 굳이 설명하자면 신체적 특징으로는 키가 작고 못생겼다. 성격적으로 이기적이고 게으르다. 이것은 표면적인 설명에 불과하기에 '나'라고 쉽게 단언할 수 없다. 내가 누구인지 제대로 알기 위해서는 내면에 감춰진 은밀한 욕망과 가식까지도 이해해야 한다. 하지만 거짓된 삶 속에서 잃어버린 나를 찾기란 쉽지 않다. 인문학 책 읽기는 본래의 나를 찾아가는 여정이다.

이 여정에서 최진석 교수의 '자유를 위해서 경계에 서라'는 글귀는 나의 마음을 격렬하게 움직인다. 우리가 흔히 생각하는 경계에 있는 사람은 항상 불안한 존재이다. 하지만 고도의 정신 집중과 방향 감각을 요구하기에 경계에 있는 사람은 변화에 민감할 수밖에 없다. 때문에 인문적 통찰을 하는 사람이나 기업가는 경계에 있는 사람이다. 《나는 누구인가》는 정신보다 물질의 가치가 더 높이 평가되는 요즘의 세태에서 인문학적 성찰과 깨달음을 주기 위해서 7명의 저자가 집필한 책이다.

최진석 교수의 〈자신의 주인으로 산다는 것〉을 중심으로 정리했다. 자신의 주인으로 살기 위해서는 먼저 수행자가 아닌 생산자가 되어야 한다고 강조한다. 항상 자신이 지켜야 하는 가치와 이념의 기준을 외부에 두고 있는 사람은 자신이 직접 기준의 생산자로 등장하는 데 상당한 두려움을 갖게 마련이다. 이는 스스로 가치 기준을 생산하지 못하고 외부의 이념을 가치 기준으로 삼기 때문에 자신은 항상 왜소한 존재가 되거나 아니면 그 이념을 얼마나 끝까지 잘 지키느냐로 자신의 가치를 결정하기 때문이다.

모든 살아 있는 것들이 유연하듯이, 경계에 서 있는 사람은 유연하다. 태풍 앞에서 모든 나무가 휘청거릴 때 움직이지 않는 나무는 바로 죽은 나무다. 살아 있는 것은 활동하는 것이고, 활동한다는 것은 운동한다는 것이고, 운동한다는 것은 경계에 선다는 것이다. 경계에 서는 것은 항상 사람을 불안하게 하고, 모호하기도 하다. 그러나 어느 쪽을 선택해 명료해지려는 순간 개념과 이론에 갇히게 된다. 때문에 모호함은 명료함의 이름으로 정리해버려야 할 대상이 아니라 자기 내면에 채워야 하는 것이다.

자신이 주인으로 산다는 것은 이성에 얽매이지 않고 욕망의 주인이 된다는 것이고, 이념의 수행자가 아니라 욕망의 실행자가 된다는 것이며, 다른 사람의 말을 수용하는 것이 아니라 나의 말을 하려는 사람이다. 삶의 궁극적인 의미는 나를 표현함에 있어야 한다. 그래서 나를 침해하는 어떤 것에도 도전하기를 주저하지 않아야 한다. 특히 나의 주체성, 나의 존재성, 나의 존엄을 침해하는 것에는 거침없이 저항할 수 있어야 한다. 그리고 사람이 죽기 전까지 버려서는 안 될 두 가지가 있는

데 하나는 자기 자신에 대한 무한 신뢰이며, 다른 하나는 자기 자신을 향한 무한 사랑이다.

　예속된 삶이 겉으로는 안정된 생활을 보장하는 것처럼 보이지만 실상은 타인으로부터 자유를 속박당하다. 비록 고난과 고통이 나를 힘들게 할지라도 스스로 이겨내야 한다. 우리도 스스로 얽매여 살기보다는 주체적 삶이 필요함을 자각하며 실행해야 한다. 오늘부터 나를 믿고 나를 사랑하며 살기로 다짐한다. 그 누구도 나의 삶을 대신하지 못하기 때문이다.

문제는 나로부터 시작된다

항상 나를 가로막는 나에게 | 알프레드 아들러 지음, 변지영 옮김, 카시오페아

나를 되돌아보는 시간을 갖자! 누구나 살아오면서 무심코 지나치고 있었던 것들 중에서 자신이 처한 상황과 기분에 따라서 가슴에 꽂히는 상처의 말이 되는 경우를 더러 경험한다. 내 경우에는 실제 나이보다 늙어 보인다, 키가 작고 뚱뚱하다, 눈도 작고 못 생겼다는 따위 신체적 지적뿐만 아니라 지금보다 더 나은 직장(신분)에 자리 잡아라, 술을 즐겨하고 좋아해서 사람이 안 될 줄 알았는데 그래도 사람 구실한다는 등 농담과 진실이 뒤섞인 말들에 별 반응을 보이지 않다가 어느 순간 불쾌함을 드러내고 민감하게 화를 낼 때가 생긴다. 이러한 행동의 이면에는 잠재된 열등감을 보상받고 싶어 하는 나름의 심리적 표출이다.

사람들이 흔히 하는 실수로 인간관계의 친밀도가 높아질수록 말을 함부로 하여 분란을 초래하기도 한다. 갈등의 발단은 주로 서로의 열등감을 자극하여 시작되는 경우가 많다. 인간의 열등감은 매번 입장이나 처지에 따라 다양한 얼굴로 등장한다. 그래서 열등감은 양날의 칼처럼 자신을 파괴하는 괴물이 되기도 하지만 자신을 성장시켜주는 촉매제가 된다. 저자 알프레드 아들러(1870~1937)는 개인심리학의 체계를 세우고 열등감이라는 용어를 도입하여 사용한 정신의학자이자 심리학자

였다. 그는 인간의 삶을 결정하는 것은 지나간 과거의 원인이나 영향이 아니라 스스로 정한 미래의 목표가 중요한 역할을 하고 있다고 주장했다. 이는 프로이트의 주요 심리학 이론 중 하나인 불행한 과거의 기억으로부터 시작되는 트라우마를 부정하고 있음을 알 수 있다.

아들러는 인간의 행동과 발달을 결정하는 것은 열등감으로 보고, 이를 보상받고 극복하려는 심리적 작용 및 영향이라고 주장했다.

열등감을 강하게 경험했던 사람이야말로 무엇인가 이루려는 욕망과 열정을 강하게 느낀다. 성공한 사람들이 대부분 어두운 과거를 가진 것은 우연이 아니다. 열등감을 해결하려고 고군분투했던 사람이 결국 무엇인가를 이루어낸다.

즉 개별 인간은 열등감에 대한 보상심리와 욕구에 의해 성공한다고 설명하고 있는 것이다.

우리는 입버릇처럼 현재의 삶이 힘들다고 투덜거리면 남을 탓하고, 자기 합리화를 위한 변명거리를 장황하게 늘어놓는다. 아들러는 이에 대하여 "삶이 힘든 것이 아니라 나 자신이 힘든 것이다. 어려움에서 나를 구출하는 것도, 곤경에 빠뜨리는 것도 나 자신이다. 진정한 의미에서 나를 방해할 수 있는 사람은 아무도 없다. 뭔가 일이 풀리지 않는다고 생각될 때에는 자신이 했던 말과 행동을 추적해보라. 그러면 알게 될 것이다. 항상 당신을 가로막은 것은 당신이다"라고 조언하고 있다.

지나치게 도덕적 관념에 치우치거나 타인을 과도하게 의식하면서 살 필요가 없다. 법과 질서의 범위 안에서 남에게 해를 끼치지 않는 적당한 일탈은 남과 다른 고유한 자신을 만들어낸다. 타인으로부터 미움을 받는다는 것은 자신만의 삶의 방식을 고수하고, 주관적 생각을 관철시키고자 할 때 필연적으로 맞닥뜨려야 하는 현상이다. 타인의 이목이나 비판을 두려워하지 않고 자유롭게 행동하고, 극복할 때 자신은 변할 수 있고 지금보다 더 행복해질 수 있다. 문제는 자신이 가진 능력보다는 끊임없이 도전하는 용기가 더 중요하다.

빼앗긴 시간의 편린

모모 | 미하엘 엔데 지음, 한미희 옮김, 비룡소

　우리는 시간이 없다는 말을 입에 달고 산다. 시간이 없어서 부모님 찾아뵙는 것, 가족들과 오붓한 외식, 친구들과의 다정한 만남, 독서, 운동, 휴식도 여의치 않다고 호소한다. 소중한 일을 포기하여 아낀 시간에 무엇을 하는지 들여다보면 시간 없음은 그저 핑계였음을 금방 알 수 있다. 단지 자신의 우선순위에서 밀려나 있거나 게으름을 합리화하기 위한 거짓말을 그럴듯하게 포장하고 있다. 시간이 없다는 사람들의 대부분은 소중한 시간을 낭비하고, 쓸데없는 일에 매달린 채 구차한 변명을 하곤 한다.

　몽테뉴는 인생의 가치란 시간의 길이에 있는 것이 아니라 그 시간을 얼마나 잘 활용하느냐에 달려 있다고 했다. 다른 사람보다 더 오래 사는 것이 아닌 주어진 시간을 효율적으로 관리하는 것이 중요하다.《모모》의 부제는 '시간을 훔치는 도둑과, 그 도둑이 훔쳐간 시간을 찾아주는 한 소녀에 대한 이상한 이야기'이다. 다소 은유적으로 현대인들의 물질중심주의와 탐욕적인 사고방식을 지적하고 있다. 옛날의 커다란 도시들은 몰락했고, 극장들도 세월의 풍파에 시달려 폐허만 남았다. 바로 그런 도시에서 모모의 이야기는 시작된다.

주인공 모모는 고아원에서 도망쳐 나온 키가 작고, 꾀죄죄한 열 살 남짓의 말라깽이 떠돌이 소녀였다. 언제부터인지 모르지만 잡초가 무성하게 자란 극장 터의 무대 밑 허름한 방에서 지내게 되는데 마을 사람들에게 도움을 받고 그들과 친하게 지낸다. 이후 모모의 곁에는 언제나 누군가가 열심히 이야기를 하고 있었다. 마을 사람들은 근심걱정거리나 무슨 일이 생기면 "아무튼 모모에게 가 보게!"라고 말하기 시작했고 모모를 만나고 나면 기적처럼 어려움이 모두 해결되었다. 모모는 어리석은 사람도 사려 깊은 생각을 할 수 있게끔 진심으로 귀 기울여 들어주는 상담자였다고나 할까?

모모에게 친한 친구가 둘 있었는데 도로 청소부 베포와 관광 안내원 기기였다. 베포는 대답할 필요가 없으면 아무 말도 하지 않지만, 대답할 필요가 있는 것에 대해선 곰곰이 생각했다. 그는 모모에게 감당하기 힘들 정도로 무척 긴 도로를 청소할 경우 어떻게 해야 하는지 설명해준다. "한꺼번에 도로 전체를 생각해서는 안 돼. 다음에 딛게 될 걸음, 다음에 쉬게 될 호흡. 다음에 하게 될 비질만 생각해야 하는 거야. 계속해서 바로 다음 일만 생각해야 하는 거야." 관광 안내원 기기는 말솜씨가 뛰어나고 잘생긴 친구였다. 그의 꿈은 유명해지고, 부자가 되는 것이었다.

어느 날 밤 세 사람의 우정에 먹구름이 드리워지는 사건이 일어난다. 회색 신사들의 그림자가 폐허의 맨 위 가장자리에 어른거리는 것을 보았다. 회색 신사들은 인간의 평화로운 시간에 깊숙이 개입하여 따뜻한 인간미와 인간관계를 철저히 무시한 실적주의, 성과주의를 심어준다.

결국 대도시의 모습도 차츰 변하고 사람들의 삶도 커다란 성냥갑 모양의 고층 임대 아파트처럼 획일화되었다. 아무도 자신의 삶이 점점 빈곤해지고, 차가워지고 있다는 것을 알아차리지 못하고 있다.

세상에는 아주 중요하지만 너무나 일상적인 비밀이 있는데, 바로 시간이다. "시간은 삶이며, 삶은 우리 마음속에 있다." 시간을 재기 위해서 달력과 시계가 있지만, 그것은 그다지 의미가 없다. 그 시간 동안 한 일과 경험에 따라 각자 시간의 의미가 달라지기 때문이다. 우리에게 주어진 시간은 공평하지만 이를 사용하는 자신의 의지와 삶의 방향성에 따라 시간 활용의 결과가 좌우된다. 시간을 도둑맞아 후회하고 아쉬워하기보다는 지금 이 순간 주어진 시간을 제대로 쓸 줄 알아야 한다.

선과 악의 갈림길에 선 인간

인간의 마음 | 에리히 프롬 지음, 황문수 옮김, 문예출판사

마음고생을 심하게 겪었다. 잘 견디던 마음도 한순간에 무너질 수 있음을 뼈저리게 경험하고 정신적 나약함에 움찔하였다. 불안한 처지에서 오는 자격지심은 괜한 비참함과 굴욕을 느끼게 했다. 어느 모임자리에서는 심한 모욕과 멸시를 느꼈고 폭력을 행사하고픈 적도 있었다. 흔들리는 마음은 또 다른 선과 악의 경계에서 길을 잃기 마련이다.

에리히 프롬(1900~80)은 《사랑의 기술》에서 인간의 사랑할 수 있는 능력을 주제로 삼았고, 《인간의 마음》에서는 인간의 선악, 죽음과 삶에 대한 사랑, 개인적 자아도취와 근친상간을 주로 다루었다. 그는 인간의 선과 악이 나뉘는 이유를 설명하면서 삶에 대한 사랑, 사람에 대한 사랑, 개인의 독립성을 추구하면 선으로 향하는 성장의 증후군이 된다고 말한다. 반면 죽음에 대한 사랑, 악성 자아도취, 공생적-근친상간적 고착이 결합될 때 사람들로 하여금 파괴와 증오를 심화시켜 악으로 향하는 쇠퇴의 증후군을 형성한다고 했다.

사회학자 홉스는 '인간은 인간에 대해 늑대'라고 규정했다. 인간의 역사는 피로 쓰여 왔고, 거의 예외 없이 인간이 타인의 의지를 굽히기 위

해 힘을 사용한 폭력의 역사다. 인간의 본능적인 야만성은 자연 상태에서 강자가 약자를 무자비하게 착취하고, 끊임없이 자신의 이익만을 추구한다는 것이다. 반면 계몽주의 사상가들은 사람의 모든 악은 환경의 결과에 지나지 않고, 악을 낳는 환경을 바꾸어주면 사람이 원래 지니고 있던 선이 자연스레 나타날 것이라고 했다.

에리히 프롬은 사람이 악으로 향하는 쇠퇴의 증후군(참된 악의 본질)이라고 할 수 있는 세 가지 종류를 우려하고 있다. 첫째, 인간의 죽음에 대한 사랑이다. 죽음을 사랑하는 사람들은 각종 질병과 장례식, 죽음을 말하기 좋아하는 사람들이다. 그들은 과거에 살 뿐 결코 미래에 살지 않는다. 단지 어제 가졌던 감정, 또는 가졌었다고 믿는 감정에 대한 기억을 소중히 여길 뿐이다. 둘째, 인간의 자아도취이다. 자아도취가 심한 사람은 스스로 실패했다는 사실을 인정하거나 다른 사람의 비판을 받아들이는 것이 더욱 어려워진다. 남들의 모욕적인 행동에 화를 내거나 또는 남들은 둔하고 교양이 없어서 공정한 판단을 내리지 못한다고 믿는다. 셋째, 어머니에 대한 공생적 고착이다. 고착의 대상이 어머니가 아닌 가족, 민족, 인종으로 바뀔 경우 왜곡된 편견으로 잘못된 판단을 내릴 수밖에 없다. 쇠퇴의 증후군이 넘쳐나면 악은 또 다른 악을 잉태할 뿐이다.

삶을 지배하는 것이 신이 아니라 오히려 악마라면 삶은 참으로 가증스러운 것이 되어버린다. 삶을 믿고 사랑하다가 실망한 사람은 삶을 냉소하며 파괴하는 자가 된다. 이러한 파괴성은 일종의 절망감이다. 결국 삶에 대한 실망 때문에 삶을 증오했다. 행복한 인생을 살기 위해서는 자신의 삶을 그 무엇보다 소중히 여기고 뜨겁게 사랑해야 한다. 자기혐오와 슬픔에 빠져서 후회나 자책감 속에 시간을 낭비할 필요가 없다. 인간은 혼자가 아닌 더불어 사는 사회적 존재이기에 '나는 곧 당신'이라는 인간애를 배우고 이웃 사랑을 실천해야 한다. 스피노자는 에티카를 통해서 "자유로운 사람은 무엇보다도 죽음을 가장 최후에 생각하며 그의 지혜는 죽음이 아니라 삶을 명상하는 것"이라고 했다.

삶과 죽음 그리고 인생의 의미

모리와 함께한 화요일 | 미치 앨봄 지음, 공경희 옮김, 살림출판사

죽음은 늘 곁에 있다. 하지만 나와 상관없다고 애써 무시하고 회피하고자 고개를 돌리지만 불현듯 피할 수 없는 공포에 짓눌리곤 한다. 내가 세상에서 사라진다는 것은 생각만 해도 너무나 끔찍하다. 하지만 모리는 "죽음은 생명을 끝내지만 관계를 끝내는 건 아니다"라고 위로하고 있다. 《모리와 함께한 화요일》은 루게릭병에 걸려 죽음을 앞둔 모리 슈워츠 교수와 물질적 욕망의 노예가 된 그의 제자 미치 앨봄이 화요일마다 만나서 나눈 삶과 죽음에 대한 진솔한 이야기를 담고 있다.

과거 브랜다이스대학 사회학 교수였던 모리는 그가 투병 중에 쓴 아포리즘이 널리 알려지면서 방송에 출연하게 되고 이후 그의 제자 미치와 16년 만에 운명적인 재회를 하게 된다. 모리는 생의 끝자락에서 자신만의 경험에서 얻은 깊은 철학이 담긴 인생의 의미를 우리에게 전해주고 있다. 그는 우리의 삶이 대중매체의 시시콜콜한 연예 및 가십기사에 매몰되어 정작 소중한 가족과 친구 관계는 소홀히 하고 있음을 아쉬워하고 있다. 많은 사람들이 분주하게 뭔가를 하고 있지만 실상은 의미 없는 생활에 전념하고, 그렇게 중요하다고 생각하는 일을 한다고 하지만 실제는 그 절반은 자고 있는 상태와 같다고 지적했다.

우리가 인생을 의미 있게 보내려면 자신을 사랑해주는 사람들을 위해서 살아야 한다. 또한 매일 어깨 위에 작은 새를 올려놓고 "오늘이 그날인가? 나는 준비가 되었나? 나는 해야 할 일들을 제대로 하고 있나? 내가 원하는 그런 사람으로 살고 있나?"고 물어보라고 했다. 막연히 두려워하는 대신 적극적으로 죽음을 준비한다면 자신의 삶 또한 적극적으로 참여할 수 있다. 모리는 나이 드는 것은 단순한 쇠락이 아니라 성장이라고 했다. 죽게 될 것이라는 것을 이해하고 그 덕분에 더욱 좋은 삶을 살게 되는 긍정적인 효과를 얻을 수 있기 때문이다. 나이 든다는 것은 늙어가는 것이 아니라 조금씩 잘 익어가는 것임을 자각하고, 현재 자신의 인생에 무엇이 좋고 진실하며 아름다운지를 발견해야 한다.

너무나 성급하게 앞서 달려가려 하는 태도 때문에 삶이 항상 고달프고 힘들다. 대부분 사람들은 흐트러진 인생의 의미를 찾으려고 서둘러 뛰어다니고, 그다음에는 자동차, 집, 취업, 출세에 대해서만 몰입하게 된다. 모든 것을 다 얻은 후 더 이상 의미를 찾지 못하고 공허하다는 사실을 깨닫게 되면 또 다른 것을 찾기 위해서 생각 없이 무조건 다시 뛰는 것이다. 모리는 마지막으로 우리에게 "연민을 가지세요. 그리고 서로에게 책임감을 느끼세요. 많은 사람들이 그렇게 한다면 이 세상은 훨씬 좋은 곳이 될 겁니다"라고 속삭인다. 그리고 서로 사랑하라고 한다.

모리가 들려주는 인생의 가르침은 잊어버린 나를 찾는 계기가 된다. 우리는 죽게 되리라는 사실을 누구나 알고 있지만 정작 자신이 죽을 거라고는 아무도 믿지 않는다. 만약 그 사실을 받아들인다면 삶은 크게 변화하게 될 것이다. 나 역시 분주한 세상 속 헛된 욕망을 찾아 헤매다 보니 오랜 병상에 누워 계신 어머니를 자주 찾아뵙지 못하고 있다. 가끔 전화 속 들려오는 어머니의 지치고 탁한 목소리에 병원 생활의 고달픔이 느껴지고, 한 번이라도 더 보고 싶어 하시는 자식에 대한 진한 그리움을 애써 모른 척했다. 점점 약해지는 어머니를 보고 있으면 그토록 강건했던 지난 시절의 모습이 아득하여 목이 멘다. 병원에만 가면 이러한 현실에 짜증나고 어머니의 얼굴을 가까이 대하기 너무나 힘들었다. 피하고 싶은 현실이지만 마주해야 하는 아픔이기에 이제는 순순히 받아들이고 어머니를 더욱 사랑해야겠다.

나무가 되고 싶은 여자

채식주의자 | 한강 지음, 창비

인간에게 본능적으로 주어진 욕구가 식욕, 성욕, 수면욕이다. 식욕은 현대에 들어와서는 거식증, 폭식증 등 왜곡된 섭식장애로 진화되었다. 다양한 음식이 풍족하게 넘쳐나고 있음에도 불구하고 수많은 가축들이 인간들을 위하여 집단 사육되고 있다. 육식은 곧 인간의 폭력성을 기반으로 하고 있다. 저자인 한강은 어느 인터뷰에서 책을 쓴 배경에 "인간의 폭력성에 인간이 과연 완전히 결백한 존재가 될 수 있는지에 대한 질문을 던져본 작품"이라고 말했다.

채식주의자의 사전적 의미는 일반적으로 수육류, 가금류, 어류를 먹지 않는 사람이다. 육류와 동물성 식품을 전혀 먹지 않는 사람은 비건 채식주의자라고 하고, 유제품과 동물의 알은 먹고 육류만 제한하는 사람은 락토 오보 채식주의자라고 한다. 작품 속 영혜는 절대 채식주의자(비건 채식주의자)로 나온다. 소설의 구성은 '채식주의자' '몽고반점' '나무 불꽃'이다. 이들 각각의 이야기를 하나로 엮은 것이다. 먼저 '채식주의자' 편에서는 아내(영혜)의 특징과 행동, 그리고 극단의 채식주의자가 되어가는 삶의 궤적을 남편의 시선으로 바라보고 있다. '몽고반점'에서는 처제(영혜)와 서로의 몸에 꽃 그림을 그리고 사랑을 나누는 비디오

아티스트인 형부의 시선을 담고 있다. 나무 불꽃에서는 영혜와 불미스런 행동을 하고 떠난 남편과 가족을 대신하여 동생(영혜)를 보살펴야 하는 언니 인혜의 시선을 담고 있다.

결혼 5년차인 영혜는 평범한 가정주부다. 다른 여자들과 다른 점이라면 브래지어를 착용하기를 꺼려한다는 것이었다. 어느 날 영혜의 꿈속에 아홉 살 무렵 자신을 물었다는 이유로 처참하게 죽음을 맞이해야 했던 개가 등장하기 시작한다. 아버지의 오토바이에 끌려가면서 고통스럽게 죽어가던 개의 얼굴과 그 개고기를 직접 먹었던 기억이 뚜렷이 상기되고 있었다. 악몽으로 인해 그녀의 집에서는 일체의 고기가 버려지고 사라졌다. 영혜는 "내가 믿는 건 내 가슴뿐이야, 난 내 젖가슴이 좋아. 젖가슴으론 아무것도 죽일 수 없으니까"라 말하고 염세적인 생각으로 빠져든다. 급기야 남편의 몸에서 고기 냄새가 난다고 성생활도 거부하기에 이른다.

여름이 시작될 무렵 가족들 식사 자리에서 큰 사단이 일어난다. 영혜의 아버지가 그녀에게 억지라도 먹이기 위해서 탕수육울 입에 쑤셔넣은 것이 발단이었다. 영혜는 완강히 거절하고, 탕수육을 뱉어내고는 과도를 집어 들었다. 영혜의 손목에서 분수처럼 피가 솟구쳤다. 이후 모든 이야기의 중심은 영혜의 자해로부터 시작되고 있다. 형부는 영혜의 몸에 몽고반점이 아직도 남아 있을 거라는 이야기를 듣는다. 그리고 연민과 속된 욕망으로 영혜를 바라본다. 정말로 영혜의 왼쪽 엉덩이 윗부분에 몽고반점이 오롯이 남아 있었다. 온몸에 물감을 칠하고 나서 연듯빛 몽고반점이 있는 부분만 여백으로 남긴다. 검푸른 새벽빛 속에서 영혜의 엉덩이를 오랫동안 마음속으로 새기고 있었다.

영혜는 정신병동에서 나오지 못했다. 영혜의 낡은 검정 스웨터에서 희미한 나프탈렌 냄새가 났다.

"언니 나무들이 두 팔로 땅을 받치고 있는 거야. 내가 꿈에서 물구나무를 서고 있는데 내 몸에서 잎사귀가 자라고, 내 손에서 뿌리가 돋아서 땅속으로 끝없이 파고드는 거야."

영혜는 실상 어릴 적부터 폭력의 아픔이 가득했다. 유독 자신에게만 아버지의 손찌검이 심했기 때문이었다. 영혜는 아버지로부터 벗어나고 싶어 했다. 결국 그녀가 고통 속에서 헤어날 수 있도록 도와주거나 이해해주는 사람들이 아무도 없었다. 인간의 마음은 그리 단단하지 못하다. 이해 없는 사랑은 폭력으로 자라날 수 있다. 인간은 누구나 무너질 운명이다. 쉽게 무너지지 않기 위해서는 어제의 내가 오늘의 내가 아니듯 새로움에 익숙해져야 살 수 있다. 과거의 상처에 매몰되면 안 된다. 결국 자신을 중심으로 다시 서야 한다.

나만 빼고 다 망해라

태평천하 | 채만식 지음, 이주형 엮음, 문학과지성사

나는 비겁하다. 더러운 세상이라고 입에 욕을 달고 살면서 막상 그러한 세상에 맞서본 적은 거의 없는 것 같다. 그저 내 안일만 생각하고 눈앞에 사소한 일들에 잔뜩 치여 변명 가득하게 살아왔다. 좁은 소견과 이기적인 마음을 가진 나에게 시대의 아픔은 늘 뒷전이었다. 결국 가슴에 품지 못한 정의는 비굴함으로 채워졌다. 정의롭지 못한 삶의 태도는 나서야 할 때 나서지 못하고 자기모순적이고 편협하고 자아도취적인 편견에 빠져 허덕일 뿐이다. 방관자적인 삶은 너무나 편안한 일상이지만 방관했던 시간들은 결국에는 언젠가 고스란히 고통으로 다가올 것이다.

인간의 탐욕은 시대정신을 망각시킨다. 《태평천하》가 쓰인 1937년 우리나라는 일제강점기로 창씨개명과 일본어 사용을 강요당하던 때였다. 대외적으로는 중일전쟁이 발발한 시점이었다. 이렇게 나라를 빼앗기고 가장 암울한 시대임에도 어리석은 사람들에게는 태평천하라고 일컬어지는 아이러니한 시대였다. 《태평천하》는 일제치하 무기력한 사회의 내밀한 치부를 보여준다. 만석꾼 윤 노인의 처신과 행동은 마치 인간의 비열함과 추잡함의 끝을 보는 것 같다. 윤 노인은 일제치하를 그야말로 살기 좋은 시절이라고 칭송할 뿐만 아니라 자신의 재산을 지키기 위해서라도 일본 순사들이 더 많이 들어오길 바란다.

주인공 윤직원(윤두섭)과 그의 가족들은 10여 년 전 서울로 이사 올 때만 해도 벼 만석에 현금 십만 원이 은행에 예금되어 있는 큰 부자였다. 윤직원의 재산 대부분은 실상 어려운 소작인들을 착취하여 부를 축적한 것이다. 윤직원은 엄청난 부자이지만 인력거꾼의 삯을 깎고, 버스를 무임승차하고, 극장 공연 표값도 아끼는 수전노이자 비열한 인물이다. 또한 윤리적으로 타락하여 뒤늦게 낳은 배다른 딸과 아들이 있고, 지금은 15살 먹은 춘심이와 연애하고 있다. 윤직원의 집안이 만석꾼이 된 배경은 명확하지 않다. 그의 아버지(윤용규)가 우연한 기회에 돈 이백 냥을 얻게 되고 이를 부동산 투자와 이자놀이를 통해서 점차 불린 것이다.

어느 날 윤용규가 재산을 지키기 위해 애를 쓰다가 화적의 손에 비명횡사하자 윤직원은 유산으로 삼천 석을 물려받는다. 윤용규가 처참히 죽는 날, 윤직원은 "이놈의 세상이 어느 날에 망하려느냐!"라고 통곡한다. 그리고 이를 부드득 갈면서 "오냐, 우리만 빼놓고 어서 망해라!" 하며 절규한다. 이후 윤직원은 사회주의를 극도로 싫어하고 재산 모으기와 지키기에 유난히 집착한다. 그는 일체의 불우 이웃 돕기나 구제 활동에 동참하지 않지만 일본 경찰을 위한 무도장 건축비 기부에는 열성적으로 참여한다. 이러한 노력에도 불구하고 아들 윤주사와 손자 종수는 숱한 계집질과 노름으로 재산을 탕진하여 애간장을 녹인다. 윤직원 영감의 마지막 희망이었던 손자 종학마저 일본 유학 중에 사회주의 사상 문제로 일본 경시청에 잡혀간다. 윤직원은 일본 순사들이 보호해주고, 일본군들이 조선을 지켜주는 살기 좋은 세상에 부잣집 손자가 감히 사회주의 활동을 하냐며 분노한다. 일본 덕분에 이렇게 좋은 태평천하에 종학이 왜 그런 행동을 했는지 몰라서 거듭 탄식하고 울부짖는다.

빼앗긴 나라에서 최소한의 양심마저 팽개치고 오직 자신의 영달만을 추구하는 바람에 정의는 이 땅에서 왜곡되었다. 해방 이후 친일파들은 여전히 득세하고 승승장구했다. 그들은 남북분단을 초래하였고, 노예적 삶을 잉태시켰다. 우리는 오랜 시간 정신적 황폐화로 인해 합리적 균형 감각을 상실했었다. 비록 정의가 왜곡되고 부조리한 세상일지라도 눈을 감고 회피하는 것은 너무나 비겁한 행동이다. 거친 세상과 맞서 싸워야 한다. 더 늦기 전에 우리 힘으로 정의를 바로 세워야 한다.

넘치는 쾌락과 안락, 무뎌진 인간

멋진 신세계 | 올더스 헉슬리 지음, 이덕형 옮김, 문예출판사

지금 우리가 살고 있는 세상의 미래는 어떤 모습일까? 누구나 한번쯤 상상의 나래를 펼쳐본 적이 있을 것이다. 누구는 이상적 사회로 표현되는 지상낙원의 유토피아를 상상하고, 또 누구는 삶의 절망과 참담함이 더해진 디스토피아의 세계를 예견한다. 극단적인 디스토피아주의자들 중에는 핵전쟁으로 인한 인류 멸망을 우려하기도 한다. 조지오웰의 《1984》와 올더스 헉슬리의 《멋진 신세계》는 각각 상반된 내용이지만 비극적 종말에 관한 미래 예측이라는 선상에서 공통점을 갖는다.

올더스 헉슬리(1894~1963)가 지은 《멋진 신세계》는 1932년에 발표된 작품으로 최첨단 과학의 발전으로 인위적으로 인간이 만들어지는 미래 사회를 보여주고 있다. 제목은 셰익스피어의 희곡 《템페스트》 5막 1장에 나오는 "오오, 멋진 신세계"를 반어적으로 사용한 것이다. 이 작품에서 매우 중요한 인물인 포드는 숭배의 대상이자 신적인 존재이다. 1908년, 헨리 포드가 T형 포드 자동차를 대량생산하기 시작한 이후 632년이 지난 시기를 시대적 배경으로 하고 있다.

소설의 시작은 2540년 공유·균등·안정 이라는 세계국가의 표어가 보이는 '런던 중앙 인공부화·조건반사 양육소'에서 벌어지는 상황을 보

여주고 있다. 이곳에서는 태아 때부터 계급을 미리 정하고, 이들에게 조건반사적 습성을 훈련시킨다. 계급이 낮으면 낮을수록 산소를 적게 공급하고, 지능과 신체의 크기를 조절한다. 이는 보카노프스키 법으로 총칭되며 알파계급(지식인 그룹, 회색 옷), 베타계급, 감마계급(초록색 옷), 델타계급(카키색 옷), 엡실론계급(문맹인 그룹, 검은색 옷)으로 구분한 후 각 계급별로 맞춤형 수면 교육을 실시하여 세뇌시킨다.

그들의 세계는 '만인은 만인의 것이다'로 표현되는 자유로운 성생활로 인하여 결혼제도가 무의미하다. 인간은 기계적 조작으로 유리병에서 만들어지기 때문에 부모와 자식, 혈육관계가 존재 하지 않는다. 오직 쾌락과 평온한 안락만이 추구의 대상이 될 뿐이다. 수시로 소마(일종의 환각제)라는 약을 복용한다. 이는 과거와 미래의 골치 아픈 일을 잊게 하고, 오직 현재의 기쁨만 생각하게 만든다. 하지만 이러한 유토피아적인 세계에 대하여 비판하는 이단아들이 등장한다.

버나드는 알파계급이면서도 빈약한 골격과 근육 때문에 동료들로부터 고립당하는 처지임에도 불구하고 소마의 도움 없이 시련이나 고통을 자신의 내적인 힘으로 극복하고자 한다. 존은 양육소 소장과 린다와 육체적 관계에 의해 임신되어 그 당시 금기시하던 인간의 뱃속에서 태어난 인물이다. 존은 셰익스피어 책을 통해서 인간의 정서와 영혼의 세계를 동경한다. 그는 문명국 주민들로부터 야만인 취급을 받지만 줄곧 인간의 존엄을 주장한다. 결국에는 채찍으로 자신의 육체를 괴롭히고, 고통을 느낀 후 아치에 스스로 목을 매달아 생을 마감한다.

작품을 읽다보면 세계국가 정부가 사람들을 노예로 길들이기 위해서 책과 꽃에게 반감을 갖게 세뇌시키지만 나중에는 그 누구도 읽으려 하지 않아서 책을 금지할 필요가 없게 된다는 내용이 나온다. 작가는 인간이 너무 많은 정보로 인해 감각이 둔해질 것임을, 진실을 알고 싶어 하지 않고 단순한 가십성 뉴스에만 집중될 것임을, 하찮은 문화에만 몰두하여 중요한 사회적·정치적 문제에 등한시하여 큰 어려움에 직면할 것이라고 경고한다. 또 쾌락에 의해 통제당하여 우리가 너무나 친숙하게 여기고 좋아했던 것들이 결국 우리를 망하게 할 것이라고 비극을 예고한다. 하지만 이미 오늘날의 모습이지 않은가?

어둠 속에 갇힌 인간의 이성

눈먼 자들의 도시 | 주제 사라마구 지음, 정영목 옮김, 해냄

사람들은 진실을 제대로 보지 못한다. 눈이 먼다는 것은 한편으로는 진실한 삶과 소중한 것에 대한 상실을 의미하고, 그동안 눈이 있어도 보지 못했던 것과 보고 싶거나 보고 싶지 않았던 것들에 대한 무지함으로 일관한 우리의 자화상을 담고 있다. 아무것도 볼 수 없다는 두려움과 공포 속에서 천천히 드러나는 인간의 사악한 본성, 윤리의식과 인간성 타락의 비정하고, 참혹한 모습을 엿볼 수 있다. 반면, 여주인공을 통해서 인류애를 진하게 느끼게 한다.

자동차를 운전하던 남자가 신호등 앞에서 순식간에 눈이 멀게 된다. 안과 병원에서 눈에 아무런 문제가 없다는 소견을 듣지만 그날 밤 눈이 먼 남자는 장님이 된 꿈을 꾼다. 안과 병원에는 여러 환자들이 순서를 기다리고 있었다. 이들을 진료했던 안과 의사 역시 시력을 상실하게 되자 전염성을 의심한다. 의사는 아내의 접근을 막고 냉정한 태도로 진료했던 환자들과 자신의 증상을 비교하면서 실명의 원인을 찾기 위해 노력한다. 또 여러 사람들에게 전염이 시작되고 있다는 위급한 사실을 보건부에 알린다. 병원에서 구급차가 도착하고 눈이 먼 의사만 태우려 하지만 그의 아내는 방금 눈이 멀었다는 핑계로 옆에 탑승한다.

정부에서는 사람들의 연쇄적 실명을 '백색의 악'이라고 칭한 후 환자들을 정신병원에 집단 격리하기로 결정한다. 정신병원에 처음으로 들어온 사람은 의사와 그의 아내였다. 밖으로 나가라는 남편의 요구에도 불구하고 아내는 머물기를 자청한다. 결국 눈먼 사람들이 집단으로 수용된 곳에서 오직 의사 부인만 볼 수 있다. 이후 맨 먼저 차를 운전하던 남자, 차를 훔친 남자, 검은색 안경을 쓴 여자, 사팔뜨기 소년이 차례로 들어온다. 정신병원을 감시하는 군인들은 환자들에게 전등을 항상 켜 둘 것, 허가 없이 건물을 나갈 경우 즉시 사살, 전화기 사용 금지, 하루 세 번 식량 배급 등 열다섯 가지의 규칙을 준수하도록 한다.

스산한 분위기가 고조되는 가운데, 마침내 수용소에 배급되는 식량을 둘러싸고 총을 가진 눈먼 깡패 무리와 충돌한다. 그들은 모든 음식을 독차지한 후 이를 빌미로 여자를 요구한다. 처음에는 모든 병실에서 이를 완강히 거절하지만 결국에는 살기 위해서 여자들을 깡패들의 소굴에 보낸다. 반복되는 성폭행과 수치스러운 침묵은 수용소를 공황 상태에 빠지게 하고, 깡패들의 추악한 탐욕은 점차 죽음과 폭력으로 처절한 밑바닥을 드러낸다. 이 광경을 목격한 의사 부인이 깡패 두목을 죽이고, 결국 그들과 피할 수 없는 싸움을 시작한다. 계속되는 혼란 속에서 의사 부인은 수용소에 불을 지르고 일행과 탈출하지만 도시는 이미 폐허가 되어 있었다.

눈이 먼 사람들이 하나둘씩 시력을 회복하지만 아무것도 볼 수 없었던 그 당시 경험했던 참담하고, 아픈 상처의 몸부림은 고스란히 각자의 슬픈 마음에 자리를 잡는다. 의사 부인의 헌신적 사랑은 너무나 지고지순하다. 병원 수용소에서 남편의 불륜을 목격하면서도 그 처지를 이해하고, 눈먼 일행을 끝까지 보살펴준다. 노인과 아가씨의 사랑은 눈에 보이는 것이 전부가 아니라는 것을 보여준다. 눈이 뜬 상태에서도 마음을 공감을 나누고 비록 많은 나이 차이지만 변함없는 사랑을 유지한다.

인간의 욕망을 채우기 위한 추악함이 다른 사람들에게 상처를 주지만 이러한 상처와 아픔을 보듬어주고 치유하는 것은 인간의 따뜻한 사랑이다. 또한 인간의 눈이 진실을 제대로 보지 못하고 거짓에 쉽게 현혹되기에 매번 자신의 살아온 삶을 아쉬워하고 후회하게 된다. 도시는 알 수 없는 익명성과 인간의 탐욕이 더해져 시력이 있으면서도 보지 않는 눈먼 사람들로 가득하다.

인간은 믿고 싶은 대로 기억한다

라쇼몽 | 아쿠타가와 류노스케 지음, 김영식 옮김, 문예출판사

거짓은 또 다른 거짓을 만들어낸다. 과거의 잘못된 행위에 대한 자격지심과 부끄러움을 느꼈을 때, 이를 감추고자 거짓과 위선의 변명을 만들어 자기합리화를 하곤 한다. 감추고 싶은 자신의 치부가 드러날 경우 가진 것을 빼앗기고 나락으로 떨어질까 두렵기 때문이다. 이웃의 멸시나 시선이 무서워서 회피하고자 하는 마음도 크다. 《라쇼몽》은 단순한 살인사건이 편의적 기억에 좌우되어 진실은 오리무중에 빠지는 과정을 보여준다. 이를 통해 사람들의 나약함과 비굴함 때문에 주체적이고 진실한 삶을 영위하지 못함을 우회적으로 비판한다.

아쿠타가와 류노스케는 여러 단편을 발표하였는데 그중에 《라쇼몽》과 《덤불 속》 두 작품을 하나의 시나리오로 묶어 만든 영화가 바로 우리에게 잘 알려진 〈라쇼몽〉이다. 소설 《라쇼몽》은 하인과 노파 사이에 벌어지는 삶과 죽음 그리고 인간의 추잡함을 엿볼 수 있다.

소설의 제목이자 공간배경이 되는 '라쇼몽(羅生門)'은 일본 헤이안시대(794-1185)에 건축된 2층짜리 기와지붕 성문이다. 라쇼몽은 오랜 세월 지진과 기근, 화재로 황폐해지고 버려진 시체로 가득했고, 도적들이 드나드는 소굴이었다.

하인은 비가 오는 라쇼몽 아래에서 굶어 죽을 것인가, 도둑이 될 것인가 갈등한다. 그러다가 하인은 어떤 노파가 죽은 여인의 머리털을 뽑는 모습을 보고 충격에 빠진다. 노파는 죽은 여인이 생전에 부도덕했기 때문에 그녀의 머리털을 뽑는 것에 죄책감은 느끼지 않는다고 항변한다. 하인은 여태까지 굶어죽어도 괜찮다는 생각을 잊어버리고 노파의 옷을 모두 빼앗고 도망을 가버린다. 이성이 무뎌질수록 인간은 윤리의식은 끝없이 추락하여 짐승처럼 행동한다.

소설 《덤불 속》은 영화 〈라쇼몽〉의 중요한 줄거리 부분에 해당된다. 단순한 살인사건이 각자 다른 기억의 파편들로 인해 점점 미궁에 빠진다. 사건의 진실은 하나인데 이에 관계된 인물들은 검비위사의 심문에 자기중심적으로 기억하고 변명을 합리화한다.

산적(다조마루)의 말을 들어보면, 숲속 산길을 지나가고 있는 사무라이 부부를 우연히 보게 된다. 사무라이 옆에 있던 아내의 얼굴을 본 후 그녀를 겁탈할 계획을 세운다. 먼저, 숲속 덤불 가장자리에 귀한 보검을 숨겨놓았다고 사무라이를 거짓으로 유인한 후 그를 결박한다. 그리고 사무라이가 보는 앞에서 그의 아내를 겁탈한다. 추행을 당한 그녀는 이젠 두 남자로부터 모두 버림받을 처지임을 알기에 싸움을 벌여 이기는 남자를 따르겠다고 제안한다. 산적은 사무라이와의 23합에 이르는 치열한 싸움 끝에 사무라이를 죽였다고 말한다.

여자의 참회(마사코)를 들어보면, 산적에게 강제로 수치를 당했는데 그 모습을 끝까지 지켜본 남편의 싸늘한 눈빛을 견딜 수가 없어 괴로

위하다 기절한다. 얼마 후 정신을 차리고 보니 남편의 가슴에 칼이 꽂혀 있었다. 혼절하면서 남편의 가슴에 칼을 꽂은 것 같다고 말한다. 혼령의 진술(죽은 사무라이)를 들어보면, 아내 마사코가 다조마루에게 강제로 겁탈당한 후 오히려 그녀가 먼저 산적에게 데려다줄 것을 부탁했다는 것이다. 이에 산적조차 그녀의 비정함에 화를 내면서 죽이려 들었고, 그녀는 겁에 질려 도망쳐버린다. 그 후 산적이 자신의 묶인 몸을 풀어주고 떠나자 홀로 남은 그는 모욕감을 견디지 못하고 단검으로 스스로 자결을 했다고 말한다.

좀처럼 실체적 진실에 접근할 수 없는 이때, 실은 그 현장을 목격한 이가 있었으니 바로 나무꾼이다. 나무꾼의 말은 이들과 너무나 달랐다. 산적과 사무라이 아내와 사무라이의 말들은 모두 거짓이라는 것이다. 여인이 수모를 당한 후 두 사람에 결투를 벌일 것을 요구하자 사무라이는 저런 여인을 위해 목숨을 걸고 싶지 않다며 싸우기를 거부했다는 것이다. 여인은 두 남자를 향해 겁쟁이라고 비웃었고, 두 남자는 마지못해 허접한 싸움을 벌였다는 것이다. 우연히 사무라이의 칼이 나무 등걸에 박히자 산적이 운 좋게 사무라이를 죽인 것이라고 말한다. 결말 부분에서도 누가 진실을 이야기했는지 밝혀지진 않는다. 자신이 믿고 싶은 대로 기억하는 바람에 진실은 묻히고 거짓만 가득하다.

세상에서 가장 큰 것은 마음

술 취한 코끼리 길들이기 | 아잔 브라흐마 지음, 류시화 옮김, 이레

　자식 키우는 문제로 마음이 어지럽다. 결혼하고 나서 아이가 생기지 않아 노심초사한 적이 엊그제 같은데 어느새 중학생 학부모가 되었다. 예전에는 그냥 아들의 존재만으로 행복했었는데, 갈수록 염려와 기대치가 상승하여 잔소리만 늘어나고 있다. 가끔 학교에서 친구와 싸우고 오면 나도 모르게 분통터지고, 각종 인터넷 게임에 푹 빠져 있는 모습을 보면 답답해진다. 또한 경쟁에서 뒤처질까봐 조바심이 나기도 한다. 노자의 《도덕경》에 나오는 '자식을 낳고 기르되 소유하지 말라'는 말의 뜻을 헤아려보지만 여전히 어렵다.

　술 취한 코끼리는 다스려지지 않은 인간의 마음을 의미한다. 사람들 역시 술에 취하면 난폭해지고, 절제력을 상실하기 마련이다. 혼탁한 마음을 다잡기 위해서는 꾸준한 명상과 깨어 있음을 실천해야 한다. 다른 한편으로 코끼리는 인간의 헛된 욕망을 의미하기도 한다. 사람들이 평생 동안 모은 돈을 들여서 그토록 원하던 코끼리를 소유하지만, 이후에도 넓은 농장과 엄청난 먹잇감을 준비하기 위해서 더 많은 돈이 필요하다. 결국에는 그 코끼리 때문에 불행하다고 느낀다. 이는 사람들이 원하는 것을 소유하더라도 결코 행복에 이르지 못함을 뜻한다. 언제나

더 멋지고 아름다운 코끼리가 존재하기 때문이다. 진정한 만족은 원하는 것을 소유하는 것이 아니라 원하는 것에 대한 집착하는 마음에서 벗어나는 것이다.

영혼의 치료사로 불리는 저자가 《술 취한 코끼리 길들이기》에서 불교의 108번뇌를 언급하는 부분을 보자. 그는 108번뇌를 다스리기 위해서 "깨어 있으라. 무엇에도 얽매이지 말라. 마음을 내려놓고, 모든 것을 흐르는 대로, 있는 그대로 놓아두라"고 가르친다. 우리의 눈은 타인의 장점보다는 단점만을 찾으려고 하기 때문에 불행하다. 자신에게 흠이나 허물이 있다고 너무 절망하거나 자책할 필요가 없다. 만약에 수많은 벽돌 중에서 잘못 놓인 벽돌이 몇 개 있다고 담장까지 무너뜨리면 안 된다. 즉 두려움을 이겨내기 위해서 몇 개의 벽돌에 집착하는 것에서 벗어나 담장 전체를 바라보는 자세가 필요하다. 따라서 우리의 삶이 마음대로 되지 않는다고 해서 후회하거나 절대로 인생을 포기해선 안 된다.

우리가 화를 내는 경우는 기대가 무너진 데서 비롯된다. 어떤 일에 너무 많이 집착하기 때문에 원하는 결과가 나타나지 않으면 쉽게 화를 낸다. 화에는 중독성이 있고 묘한 쾌감이 있다. 하지만 분노의 열매가 무엇인가를 깨닫고 그것의 연관성을 기억한다면 기꺼이 화내려는 마음을 내려놓아야 한다. 자유는 당신이 지금 있는 자리에 만족한다. 감옥은 지금 있는 자리가 아닌 다른 어떤 곳에 있기를 원한다. 자유로운 세상은 지금 이 순간에 만족하는 사람이 경험하는 세상이다. 진정한 자유는 욕망으로부터의 자유이지, 욕망의 자유가 결코 아니다.

혼탁해진 마음을 위한 명상과 성찰이 필요하다. 거친 마음은 결국에는 부메랑이 되어 나의 영혼을 피폐하게 만들고 남에게 상처를 준다. 내가 사랑스런 눈으로 보려고 하면 아무리 미운 사람일지라도 아름다운 꽃처럼 보인다. 오늘 지나면 내일은 행복해질 것이라고 믿는 사람들에게 행복은 단지 미래의 꿈에 지나지 않는다. 언제나 자신보다 한두 걸음 앞에 있는 무지개와 같아서 절대 잡을 수 없기 때문이다. 사회가 정해놓은 목표와 가치에 맹목적으로 충실하기보다는 자신만의 인생을 만들어야 한다. 지난 실수는 빨리 잊고 현재의 삶에 충실해야 한다. 세상이 제아무리 혼란스러워도 모든 것은 자신의 마음먹기에 달려 있다.

2

두렵거나 막막할 때
함께 해주는 책읽기

더 이상 길이 없다고 느낄 때,
우리는 두려움과 막막함을 느낀다.
길이 끝나는 곳에서 좌절하고 포기하는 대신
스스로 길을 개척하는 것을 선택할 수 있다.
절망적 상황에서도 삶을 포기하지 않고
스스로 길을 개척하며 긍정적인 태도로 삶의 주체가 되는 길,
그 길가에는 언제나 책과 독서가 함께 있었다.

크눌프 | 금오신화 | 고도를 기다리며 | 죽음의 수용소에서 | 아Q정전 |
유배지에서 보낸 편지 | 누가 내 치즈를 옮겼을까? | 농담 | 죄와 벌 | 파우스트 |
돈키호테 | 이반 데니소비치, 수용소의 하루 | 참을 수 없는 존재의 가벼움 |
창가의 토토 | 구토 | 노인과 바다 | 절제의 성공학 | 그래도 계속 가라 |
가르시아 장군에게 보내는 편지 | 감옥으로부터의 사색

인생은 속도가
아니라 방향이다

크눌프 | 헤르만 헤세 지음, 이노은 옮김, 민음사

나는 인생을 제대로 살고 있는가? 늦은 밤 《크눌프》를 읽고 난 후 나도 모르게 한숨이 나온다. 답답함에 창문을 열고 한참을 멍하니 밤하늘을 쳐다보았다. 별빛이 보인다. 저 빛은 몇 년 전에도 같은 자리에서 빛나고 있었겠지만, 오늘은 유독 새롭다. 요즘 내 머릿속은 정리되지 못한 서랍 속 널브러진 물건들처럼 헝클어지고, 보잘것없는 것들로 가득 채워져 있다. 흘러가는 시간 속에서 점점 짙어지는 허무함으로 인해, 여전히 미로 속에 갇혀 헤매는 듯하다.

나는 지금 어디를 향하여 가고 있을까? 목표를 잃은 듯 걸음을 멈춘 채 다시 한 번 생각해본다. 얻고자 하면 반드시 비워야 하는데 비우기가 너무나 어렵다. 우리네 인생이 어차피 방랑자 같은 삶이 아닌지 자문하지만 크눌프 같은 자유로운 영혼을 가진 자만이 해낼 수 있는 여행이 아닐까 하는 생각한다. 허황된 욕망과 거짓된 삶은 무거운 바윗돌을 등에 짊어지고 가파른 절벽을 오르는 것 같은 고통이다. 이 책은 전쟁(제1차 세계대전) 이후 출간되었지만 작품이 쓰인 것은 1907년에서 1914년 사이로 나름 평화가 유지되고 있던 때로 추정된다. 한가로운 독일의 소소한 일상이 작품에 그려진 이유는 바로 이 때문이다. 《크눌프》

의 구성은 초봄, 크눌프에 대한 나의 회상, 종말 이렇게 세 부분으로 되어 있다.

크눌프는 자유로운 방랑자다. 가족, 직장, 집 아무것도 갖지 않았다. 오랜 방랑 생활로 인한 육체적 고통 역시 최악의 수준이다. 하지만 그는 진실하고, 침착하고, 현명한 사고를 가졌다. 아무것도 가진 것 없는 그가 여러 사람과 관계를 지속할 수 있는 이유다. 삶의 여정 속에서 인간관계란 복잡하면서도 매우 중요하다. 다양한 직업을 가진 사람을 친구로 만나지만 그들 각자의 삶을 존중하고 삶의 의미를 효과적으로 부여해준다. 다섯 아이를 가진 재단사 슐로터베크는 과거에는 진실한 신앙인이었지만 지금은 먹고살기 위한 생활에 찌들어버린 처지를 절망하고 비관하고 있었다. 크눌프는 예전에 입양시켰던 아들 이야기를 하면서 그에게 아이들의 소중함을 일깨워준다.

죽음의 문턱에 다다른 크눌프는 지금까지 살아온 인생을 번민하고 괴로워하면서도 구원과 진실을 찾고자 노력한다. 그동안 마음속 깊이 품고 있던 의문과 인생의 전환점을 만들어주었던 문제를 가지고 신과 대화를 하면서 눈 덮인 숲속을 걷는다.
신께서 말씀하셨다.

"난 오직 네 모습 그대로의 널 필요로 했었다. 나를 대신하여 넌 방랑하였고, 안주하여 사는 자들에게 늘 자유에 대한 그리움을 조금씩 일깨워주어야만 했다. 나를 대신하여 너는 어리석은 일을 하였고 조롱받았다. 네 안에서 바로 내가 조롱을 받았고 네 안에서 내가 사랑을 받은 것이다. 그러므로 너는 나의 자녀요, 형제요, 나의 일부이다. 네가 어떤 것을 누리든, 어떤 일로 고통 받든 내가 항상 너와 함께 했었다."

"너는 인생이 힘들고 고통스럽다고 했지만 실은 너의 인생을 통해서 많은 사람들에 희망의 빛이 되어준 것이다."

대체 무슨 이유로 크눌프는 자유로운 영혼의 방랑자가 되었을까? 운명의 두 여인 프란치스카와 리자베트의 영향이 컸던 것 같다. 프란치스카의 사랑으로 인한 희망과 버림받음에 따른 절망, 리자베트와의 운명적인 만남과 이별, 그리고 죽음이다. 사랑은 그를 성장시켰지만 반면에 방황하는 원인이 되기도 했다. 이별과 죽음에 따른 고통은 결국 신의 영역에 대한 성찰과 인간의 나약함을 깨닫는 계기가 되었다.

우리에게 주어진 시간은 유한하다. 때문에 자의 반 타의 반 또는 주도적으로 의미 있는 삶을 살고자 하는 강박관념에 사로잡혀 생활하는 경우가 많다. 한번쯤 일상에서 잠시 빠져나와 자신의 마음을 비추어보는 것이 필요하다.

절망 속에 희망을 꿈꾸다

금오신화 | 김시습 지음, 이지하 옮김, 민음사

꿈속을 거닐다. 현실에서는 불가능해도 상상 속에서는 얼마든지 가능한 일들이 인생을 기쁘게 하고 활력소가 된다. 고통스런 삶과 죽음을 피하고 싶지만 쉽지 않은 우리 인생이기에 피난처를 찾아 나선다. 지금의 참담함과 암울함을 극복하기 위한 방편으로 또 다른 이상적 세계를 염원하기도 한다. 희망이라는 것이 힘든 삶을 지탱하는 이유가 되기 때문이다. 《금오신화》는 이승과 저승, 인간과 귀신의 사랑 이야기로 허무맹랑하게 꾸며진 것 같지만 나름의 역사성과 사실성이 가미된 소설이다. 왜구와 홍건적의 침입으로 인해 민초들이 겪어야만 했던 고난의 흔적들이 고스란히 녹아들어 있기 때문이다.

학창 시절 우리나라 최초의 한문소설이라고 줄기차게 외웠지만 정작 내용에 대해서는 제대로 알지 못해 부끄러운 기억으로 남아 있는 소설이다. 저자 김시습(1435~93)은 19세 때 삼각산 중흥사에서 단종의 양위 사실을 전해 듣고 통곡 끝에 책을 불사르고 머리를 깎은 후 방랑길에 올랐다. 그는 31세부터 37세 무렵까지 경주 용장사 부근 금오산에 머물면서 《금오신화》를 저술했다. 《금오신화》는 총 5편으로 이루어졌는데 1편은 〈만복사에서 저포놀이를 하다(만복사저포기)〉, 2편은 〈이생이

담 너머를 엿보다〈이생규장전〉〉. 3편은 〈부벽정에서 취하여 놀다〈취유부벽정기〉〉. 4편은 〈남염부주에 가다〈남염부주지〉〉. 5편은 〈용궁 잔치에 초대받다〈용궁부연록〉〉로 구성되었다. 이 가운데 1편과 2편을 살펴보자.

〈만복사에서 저포놀이를 하다〈만복사저포기〉〉: 남원 땅에 양생이라는 사람이 일찍 부모를 여의고 늦게까지 혼인도 못한 채 퇴락한 만복사에 혼자 살고 있었는데 어느 날 부처님에게 저포놀이(나무로 된 주사위 같은 것을 던져서 승부를 겨루는 놀이)를 제의하여 이기게 되었다. 이긴 대가로 선녀같이 아름다운 여인과 사흘 동안 마음껏 즐거움을 누리게 되었다. 양생은 잔치에서 네 명의 이웃 여인들을 만나게 되는데 모두 한마을에 사는 친척들로 성품이 온화하고, 풍류와 운치가 범상치 않는 총명한 처녀들이었다. 술을 다 마신 후 헤어질 때 여인이 은그릇 하나를 건네주면서 다시 만날 것을 기약했다. 보련사 가는 길에서 그녀의 부모님을 만나 삼 년 전 왜구들에게 억울하게 죽임을 당했던 이야기를 듣게 되었다. 양생은 그녀의 무덤을 찾아 성심껏 영혼을 위로하고, 장례를 치러주었는데 이러한 믿음과 지극정성으로 인해 그녀는 모든 원한을 떨쳐버리고 다른 나라에서 남자로 다시 태어나게 되었다. 이후 양생은 결혼하지 않고 지리산에 들어가 살았다. 소설의 결말을 통해 갈등 해소를 위한 도구로 윤회사상을 활용한 작가의 의도를 엿볼 수 있다.

〈이생이 담 너머를 엿보다〈이생규장전〉〉: 송도 낙타교 옆에 살던 이생이 어여쁜 최씨 처녀와 운명적인 만남을 통해 사랑하게 되었다. 부친에게 들켜서 울진으로 쫓겨났지만 최씨 처녀의 지고지순한 사랑으로 혼인까지 하게 된다. 이생은 이듬해 과거에 급제하여 높은 벼슬을 하지만 홍건적의 침입으로 그의 가족에게 불행이 찾아온다. 난리를 피해서 온 백성이 도망을 갈 수 밖에 없었기 때문이다. 이생 역시 가족들을 데리고 외진 산골로 숨었는데 도적 한 명이 칼을 빼어들고 그들의 뒤를 쫓아왔다. 이생은 달아나 겨우 목숨을 건졌지만 최씨는 도적에게 잡혀 결국 죽임을 당하고 말았다.

이생의 간절함과 사랑이 하늘에 미쳐 죽은 최씨와 재회할 수 있게 된다. 양가 부모님의 유골을 수습하고 묘소에 나무를 심고 제사를 드려 예를 극진히 갖추었다. 또한 최씨 처녀의 유골을 거두어 부모님 무덤 곁에 묻어준다. 장사를 지낸 뒤 이생도 최씨와 추억을 생각하다 병을 얻어 몇 달 만에 세상을 떠나고 말았다. 현실에서는 산자와 죽은 자의 사랑이 이루어질 수 없지만, 이생과 최씨 처녀의 뜨거운 사랑이 결국에는 죽음까지 극복한다.

〈만복사저포기〉와 〈이생규장전〉의 두 편의 공통점은 전란이란 큰 변고 앞에서 수치와 고통을 감수해야만 했던 연약한 젊은 여인을 대상으로 하고 있다. 이는 특히 정조를 중요시했던 당시 통념상, 치욕을 당한 여인들은 설령 목숨을 부지해도 인간으로 온전히 살 수 없는 숙명이었다. 작가는 여인네들이 겪은 고통스런 삶이 누구 책임인지에 대한 문제 의식을 투영하고 있다. 실제로 왜구와 홍건적 침입을 제대로 막지 못한 것은 나라(그 당시 지배층이던 남성)의 책임이 가장 크기 때문이다.

인생은 희망을
기다리는 여정이다

고도를 기다리며 | 사뮈엘 베케트 지음, 오증자 옮김, 민음사

부조리한 세상에서 인간은 나약한 존재다. 이러한 나약함을 이겨내기 위해서 종교에 귀의하여 자신을 구원해줄 메시아의 출현을 간절히 기다리곤 한다. 뭔가를 끊임없이 기다린다는 것은 인간의 또 다른 삶의 생존 방식이기 때문이다. 기다림은 희망과 절망의 두 갈래가 시작되는 지점이다. 그리고 희망과 절망은 찰나의 순간으로 다가오지만 인간은 오직 희망만을 기대하면서 다가오는 불행을 애써 모른 척 외면하면서 잊고 싶어 한다.

인간이 존재한다는 것은 단지 실존 자체의 의미보다는 인간성 회복과 밀접한 연관이 있다. 전쟁으로 인한 인간의 타락과 잔혹함은 결국 인간성이 상실된 사회를 만들었다. 인간성이 상실된 추악한 인간의 모습 속에서 인간다움이란 말은 선과 악의 이중적인 의미로 쓰일 뿐이다. 또한 인간은 타자와의 관계 속에서 존재한다. 하지만 타자와의 불통은 존재의 상실감만 느낄 뿐이지만 어쩔 수 없이 관계를 지속해야 한다. 왜냐하면 끊임없이 존재를 확인하고 싶어 하기 때문이다.

《고도를 기다리며》의 작가 사뮈엘 베케트는 제2차 세계대전 당시 아일랜드를 떠나 나치에 저항하는 프랑스 레지스탕스에 참여하기도 했다.

또한 나치를 피해 보클루즈에 숨어 살면서 곧 전쟁이 끝나기를 기다리던 자신의 상황과 피난민들과 대화를 나눈 경험을 통하여 인간의 삶 속에 내재된 보편적인 기다림으로 작품화한 것으로 알려져 있다.

시골길, 나무 한 그루가 서 있다. 언덕 아래에는 두 방랑자 블라디미르와 에스트라공은 50여 년 동안 고도라는 인물이 오기만을 기다린다. 그들의 기다림은 아주 오래되어 이제는 고도가 누구인지, 기다리는 장소와 시간이 맞는지도 불분명하다. 계속되는 기다림에 지쳐갈 때 그들 앞에 나타난 것은 고도가 아니라 그의 소식을 전해주는 소년이다. 소년은 매번 고도가 오늘 밤에는 못 오고 내일은 꼭 오겠다는 말만 전할 뿐이다. 작품의 마지막까지 두 사람은 고도를 기다리면서 또한 매번 떠날 것을 다짐하지만 결국 둘은 그러나 움직이지 않는다.

《고도를 기다리며》에서 인간의 다양한 욕망을 엿볼 수 있다. 서로 상반된 성격의 블라디미르와 에스트라공, 주인과 노예의 관계인 포조와 럭키 그리고 전령사 소년이 등장인물이다. 블라디미르는 고도가 나타나 자신들을 구원해줄 것이라고 믿는다. 고도를 기다리는 이유와 인간의 모순된 모습을 그의 대사에서 엿볼 수 있다.

"가긴 어딜 가? 오늘 밤에는 그자의 집에서 자게 될지도 모르잖아. 배불리 먹고 습기 없는 따뜻한 짚을 깔고 말이야. 그러니까 기다려 볼 만하지. 안 그래?"

"남들이 괴로워하는 동안에 나는 자고 있었을까? 지금도 나는 자고 있는 걸까? 내일 잠에서 깨어나면 오늘 일을 어떻게 말하게 될지? 사람들은 서서히 늙어가고 하늘은 우리의 외침으로 가득하구나. 하지만 습관은 우리의 귀를 틀어막지. 나 역시 다른 사람들이 바라보고 있겠지. 그리고 말하겠지. 저 친구는 잠들어 있다."

에스트라공은 고도에게 자신의 육체가 묶여 있다고 생각한다. 고도를 기다리는 일을 힘들어하며 블라디미르에게 매번 떠나자고 종용한다.

포조는 럭키의 주인으로 럭키 목에 끈을 매고 짐승처럼 데리고 다닌다. 나중에는 장님이 된다. 럭키는 포조의 노예로 포조의 짐을 항상 가지고 다닌다. 나중에는 벙어리가 된다. 소년은 고도의 전령으로 고도가 못 온다는 메시지를 전하고 사라진다.
이중에서 특히 포조와 럭키와의 관계를 통해서 인간이 인간을 부정하고, 럭키를 무자비하게 학대하는 모습을 통해서 부조리한 인간의 형태를 부각시키고 있다.

고도라는 인물은 끝내 나타나지 않는다. 작품의 끝에서도 고도가 무엇을 의미하는지는 정확히 밝혀지지 않는다. 세상의 온갖 부조리한 삶 속에서 고도는 또 다른 기다림과 희망으로 우리에게 다가온다. 밤을 통과하지 않고 새벽을 맞이할 수 없듯이 여전히 고도를 기다릴 수밖에 없는 인간의 숙명이기 때문이다. 오늘도 우리는 앙상한 나무 아래에서 고도를 기다린다.

삶의 가치를 아는 사람은
어떤 상황도 견뎌낸다

죽음의 수용소에서 | 빅터 프랭클 지음, 이시형 옮김, 청아출판사

인간이 인간을 부정하다. 인간의 존엄성이 말살된 참혹한 시대에서 합리적 이성은 아무런 의미가 없다. 숱한 육체적·정신적 학대와 탄압 속에서 인생의 의미를 찾고자 하는 것은 또 다른 고통이지만 삶을 향한 끊임없는 의지만이 살아야 하는 힘을 준다. 인간이 믿음을 상실하면 삶의 의지도 상실하기 때문이다. 강제수용소의 수감자들은 수단과 방법을 가리지 않고 살아남으려 애쓴다. 잔혹한 폭력과 도둑질은 물론 심지어는 친구까지도 팔아넘긴다. 강제수용소에서 최고의 가치는 죽지 않고 살아남는 것이기 때문이다. 아이러니하게도 정말로 괜찮은 사람들은 살아 돌아오지 못했다고 한다.

이 책은 독일 나치의 유대인 강제수용소에서 겪었던 경험을 바탕으로 쓴 빅터 프랭클의 체험수기이다. 그는 최악의 상황에서 인간의 조건에 대한 냉철한 분석을 토대로 로고 테라피(의미를 찾고자 하는 의지)라는 심리치료 기법을 창안했다. 강제수용소의 생활은 가지고 있는 모든 것을 상실하도록 만든다. 오로지 죽음과 절망만이 가득할 뿐이다. 하지만 그는 "왜 살아야 하는지 아는 사람은 그 어떤 상황도 견딜 수 있다"는 니체의 말을 인용하여 삶의 의미를 부여한다. 프로이트가 고통

을 주는 혼란의 원인을 서로 모순되는 무의식적 동기에서 비롯된 불안에서 찾았다면, 프랭클은 자신의 존재에 대한 의미와 책임을 발견하지 못한 데에 있다고 생각했다.

강제수용소 생활에 대한 수감자의 심리적 반응은 크게 세 단계로 나누어진다. 첫 번째 단계의 특징적인 징후는 심리적 충격이다. 아우슈비츠라는 팻말만 보고도 공포를 느낀다. 그다음 단계는 상대적인 무감각의 단계로 정신적으로 죽은 것과 다름이 없는 상태를 말한다. 세 번째 단계는 강제수용소에서 풀려난 이후 정상적인 생활로 돌아왔을 때 겪게 되는 비통함과 환멸이다.

수감자들은 대부분 과거에 대단한 사람이었거나 혹은 스스로 대단한 사람이었다는 환상을 가지고 있었기 때문에 열등의식에 시달렸다. 어느 날 작업 도중 숨을 돌리기 위해서 잠시 쉬고 있을 때 감시병은 장난하듯이 돌멩이 한 개를 그에게 던졌다. 그 행동이 맹수의 주의를 딴 데로 돌리고, 가축들을 제자리로 돌아가게 하고, 자기와는 닮은 점이 전혀 없어서 벌을 줄 가치조차 없다고 생각하는 짐승을 향해 하는 행동같이 느껴졌다. 만약에 감시병이 차라리 그에게 욕지거리나 주먹질을 했다면 인간적 비참함이 덜했을 것이다.

도스토예프스키는 "내가 세상에서 한 가지 두려워하는 것이 있다면 그것은 내 고통이 가치 없는 것이 되는 것이다"고 했다. 고통을 참고 견뎌낸 것은 순수한 내적 성취의 결과라고 할 수 있다. 삶의 의미를 찾고 목적 있는 것으로 만드는 것, 이것이 바로 빼앗기지 않는 영혼의 자유이다. 인간의 정신 상태와 육체의 면역력은 밀접한 연관을 가지고 있다. 희망과 용기의 갑작스런 상실이 생명에 얼마나 치명적인 영향을 미치는지 알 수 있다.

1944년 성탄절부터 1945년 새해에 이르기까지 일주일간 강제수용소에서 죽은 수감자들이 급격히 증가했다. 사망자 수가 증가한 원인은 가혹해진 노동 조건이나 식량 사정의 악화, 기후의 변화, 새로운 전염병 때문이 아니었다. 그것은 수감자들이 성탄절에는 집에 갈 수 있을 것이라는 막연한 희망이 사라졌기 때문이다. 결국 정신적 절망감이 죽음을 재촉한 것이다.

"나는 내 인생에서 더 이상 기대할 것이 없어요." 이런 사람에게 어떤 대답을 해주어야 할까? 가장 필요한 것은 삶에 대한 태도를 근본적으로 변화시키는 것이다. 강제 수용소에서 살아 돌아온 사람이 시련을 통해 얻은 가장 값진 체험은 모든 시련을 겪고 난 후, 이제 이 세상에서 신(神) 이외에는 아무것도 두려워할 필요가 없다고 하는 경이로운 느낌을 갖게 된 것이다. 시련은 너무나 아프지만 참고 견뎌서 이기는 자들에게는 또 다른 성장의 계기가 될 것이다.

생각하는 대로 살지 않으면
사는 대로 생각하게 된다.

아Q정전 | 루쉰 지음, 정석원 옮김, 문예출판사

'아Q'는 소설 속 인물이지만 현실 속 나와 너무 닮아서 나의 슬픈 자화상이라고 생각해왔다. 무엇이 나를 부끄럽고, 비참하게 만들고 있는지 딱히 설명하기 어렵지만 읽을 때마다 가슴 먹먹한 것은 여전하다. 루쉰은 일본에서 의학 공부를 할 때 우연히 러일전쟁을 다룬 선전영화를 보게 되었다. 영화 속에서 한 중국인이 러시아를 위해서 스파이 노릇을 했다는 죄목으로 일본군에 의해 처형당할 때 주변 군중들이 남의 일처럼 무감각하게 구경만 하고 있는 모습을 보고 루쉰은 큰 충격을 받는다. 무지하고 약한 나라의 사람들은 어리석은 구경꾼밖에 될 수 없다는 것에 절망한다. 루쉰은 이후 의학 공부를 포기하고 문학에 전념하게 된다.

《아Q정전》은 루쉰이 41세(1921) 때 발표한 소설이다. 이 당시 중국은 서구 열강과 일본의 침략에 의해 더 이상 아시아의 패권국가가 아닌 망해가는 초라한 국가에 불과했다. 이러한 외세 침략에도 불구하고 중국 내부에서는 국민당과 좌파 계열의 대립, 대규모 숙청 등 극심한 혼란에 휩싸여 있었다. 루쉰은 중국의 몰락과 피폐화 요인으로 전통적 가치였던 유교사상의 폐단을 꼽았다. 한 사회의 주요 기반이 되는 사상에 대한 의구심은 결국 사회체제에 대한 불만으로 연결될 수밖에 없었다.

주인공 아Q는 예전에는 잘나갔지만 지금은 집도 없이 오직 남의 집 허드렛일을 해주면서 하루하루 근근이 사는 인생이다. 하지만 자기보다 못하다고 여기는 사람에게는 항상 큰소리친다. 특히 외국에서 공부하다 온 유학생이나, 비구니는 경멸의 대상이다. 아Q는 왜 이들은 싫어할까? 이유는 다음과 같다.

어떤 비구니이든 반드시 중놈과 사통하고 있으며 여자가 밖에 나돌아다니면 남자를 유혹할 흑심을 품게 마련이다. 그래서 그와 같은 자를 혼내주기 위해 가끔 눈을 부릅뜨기도 했으며 큰소리로 꾸짖는가 하면 어떤 때는 으슥한 곳에 숨어 돌을 던지기도 했다.

또한 아Q의 말에 따르면 유학생은 가짜 양귀신으로 표현되는데 이는 개방화에 따른 서구 문화 또는 선진 제도라고 생각되어진다. 그리고 비구니는 전통적인 가치관 내지는 지키고 보호해야할 사고의 표현이다. 하지만 아Q는 이 두 가지 사회적 가치 변화를 부정함으로써 현실 세계로부터 고립을 자초하는 썩은 중국의 또 다른 발현이다. 한번은 아Q가 결혼을 하겠다는 마음으로 하녀 우마를 잘못 건드려 짜오가와 불평등 계약을 맺는데 몇 가지 소개하자면 다음과 같다. 첫째, 도사를 불러 악신을 푸닥거리할 것인즉 일체의 비용은 아Q가 부담한다. 둘째, 차후에 우마에게 이상이 있을 경우 모든 책임을 아Q에게 묻는다. 셋째, 아Q는 노임과 옷을 요구할 수 없다.

그렇다. 여기서 강자의 논리는 간단명료하다. 모든 책임을 약자에게 전가한다. 이는 아편전쟁 이후 모든 배상 책임을 중국에 전가하는 영국의 형태와 너무나 유사하다. 아Q는 나름대로 상처를 치유하는 독특한 비법이 있다. 그것은 너무나 잘 알려진 정신승리법, 자기비하 그리고 망각이다. 아Q는 동네 불량배들에 실컷 얻어맞고도 슬퍼하지 않는다. 왜냐하면 그는 마음속으로 '버러지를 때린다고 하면 어떨까? 나는 버러지라고.' 아Q는 최소한의 수치스러움조차 느끼지 않는다. 그저 모든 것을 자기만의 정신적 승리로 끝을 맺는다.

아Q는 자기가 무슨 이유 때문에 죽는지 모르고 죽는다. 아Q의 잘못이라면 자기 생각 없이 부화뇌동했기 때문이다. 혁명이 일어났을 때도 적극적으로 혁명에 가담하지 않고 그저 말뿐인 혁명 구호만 외쳤음에도 불구하고, 그는 도둑으로 몰려 총살을 당한다. 죄를 시인하는 내용에 서명을 강요받는 대목에서도 아Q는 글을 모르기 때문에 붓을 쥐고 어쩔 줄 몰라 한다. 그냥 동그라미를 그리라고 하자, 아Q는 남들이 비웃을까봐 최대한 둥글게 그리려 애를 쓰지만 그마저 쉽지 않아 그만 붓이 밖으로 튕겨나가 호박씨 같이 되고 말았다. 죽음의 문턱에서조차 아Q는 동그라미를 크고 반듯하게 잘 그리는 것을 생각했을 뿐이다.

자기 본연의 모습대로 능동적으로 살고 있는 사람이 우리 사회에 얼마나 있을까? 거대해진 사회 시스템 속에서 삶은 점점 아스팔트 고속도로처럼 직선화되고, 딱딱하게 굳어져가고 있다. 냉정한 사회의 부산물은 강자에게는 한없이 나약하고, 약자하게만 유독 강한 비열한 괴물들을 양산하고 있다.

절망은 희망의
또 다른 이름이다.

유배지에서 보낸 편지 | 정약용 지음, 박석무 옮기고 묶음, 창비

다산 정약용을 통해서 참 지식인의 모습을 본다. 명망 있는 위치에 있다가 시대와의 불화나 억울한 누명 때문에 배척을 당한 사람들은 현실에서 오는 괴리감과 상실감 때문에 이성적인 판단을 하기 쉽지 않다. 갑작스레 변해버린 주변의 차디찬 시선과 처절한 고통에 따른 시련 그리고 적막한 세월 앞에서 인간은 너무나 쉽게 무너지는 가녀린 존재이기 때문이다. 하지만 뛰어난 인물들은 시대의 아픔을 온몸으로 느끼고 이를 극복하기 위한 하나의 방편으로 자기의 사상과 삶의 흔적을 남기기 위해서 애를 쓴다. 고립된 세상에서 글과 편지를 쓴다는 것은 절망을 이기기 위한 방어수단이고 끊임없이 존재를 확인하기 위한 몸부림이다.

다산은 1789년(정조13) 대과에 급제한 후, 관직에 등용되어 10여 년간 임금의 절대적 신뢰 하에 순탄한 길을 걷다가 정조의 갑작스런 승하로 인하여 정치적 시련을 맞는다. 어린 순조를 대신하여 수렴청정을 한 정순왕후의 천주교 탄압령에 따른 신유교옥이 일어나면서 노론벽파의 정치적(천주교 신자라는 혐의) 탄핵을 받고 귀양생활을 하게 된다. 《유배지에서 보낸 편지》는 다산의 18년간(1801~18)의 유배 생활을 담고 있다. 특히 강진에서 머무는 동안 아들, 형제, 제자들과 나눈 편지글을

묶은 것이다. 자식들에게 엄격하지만 따뜻한 아버지, 애틋한 형제애, 완고한 스승의 모습과 더불어 학문에 대한 열정과 해박한 지식, 시대를 아우르는 삶의 철학 등 뛰어난 안목을 엿볼 수 있다.

그는 비록 정치적 박해로 집안은 몰락했지만 그의 기상은 조금도 꺾이지 않는다. "폐족이라 벼슬은 못하지만 성인이야 되지 못하겠느냐, 문장가가 못 되겠느냐?" 당장 어렵고, 처지가 곤란하더라도 낙심하지 말고 몸과 마음을 수련하고 독서와 학문에 정진할 것을 자식들에게 당부한다. 참담하고 곤궁한 처지에서 결코 누구를 원망하거나 탓하기보다는 새로운 길을 모색하고, 희망을 찾고자 하는 담대함이 느낄 수 있다. 다산이 귀양지 강진에서 2년간(1808~10) 두 아들 학연과 학유에게 보낸 편지 중에서 마음에 와닿는 내용을 소개한다.

소견이 좁은 사람은 오늘 당장 마음과 같이 되지 않는 일이 있으면 의욕을 잃고 눈물을 질질 짜다가도 다음 날 일이 뜻대로 되면 낯빛을 편다. 요컨대 아침에 햇볕을 빤하게 받는 위치는 저녁 때 그늘이 빨리 오고 일찍 피는 꽃은 그 시들음도 빨리 오는 것이어서 바람이 거세게 불면 한 시각도 멈추어 있지 않는다는 것도 알아야 한다.

세상살이가 그리 호락호락하지 않음을 알기에 아직은 못미더운 두 아들에게 경거망동, 일희일비하지 말라는 가르침과 당부의 뜻을 내비치고 있다. 또한 다산의 인품과 성품을 느낄 수 있는 글에서 인생의 중요한 지침이 되는 두 가지 큰 틀을 제시하고 있다.

먼저 옳고 그름이고, 다른 하나는 이롭고 해로움에 관한 기준이다. 이러한 기준으로 네 단계의 큰 등급을 구분했는데 첫째는 옳음을 고수하고 이익을 얻는 것이 가장 높은 단계이고, 둘째는 옳음을 고수하고도 해를 입는 경우, 셋째는 그름을 추종하고도 이익을 얻은 경우, 마지막으로 가장 낮은 단계는 그름을 추종하고 해를 보는 경우라고 밝히고 있다.

다산은 강진에서 머물던 집을 사의재(四宜齋)라고 이름 짓고 맑은 생각, 단정한 용모, 과묵한 언행, 신중한 행동 네 가지를 몸소 실천하고자 했다.

다산이 모진 세월의 한복판에서 이를 극복하고 수많은 위대한 저서를 남긴 것은 시대의 아픔과 고루한 운명을 넘고자 하는 그의 절실함이 더해진 것이다. 다산을 통해서 현실에서 혁신과 변화를 이끄는 것은 단순한 생각이 아니라 실학적 정신의 중요함을 느낄 수 있다. 불신의 시대에서 결코 비굴하게 불의와 타협하지 않고, 꼿꼿이 자존감을 지키는 모습 속에서 행동하는 지식인의 진면목을 본다.

변화를 두려워하면
성장할 수 없다

누가 내 치즈를 옮겼을까? | 스펜서 존슨 지음, 이영진 옮김, 진명출판사

　사람은 변화에 무디고 변화하지 않으려는 속성을 가지고 있다. 이는 자신에게 너무 관대하거나 습관적으로 익숙해져 있고, 주변의 환경에 길들여져 있기 때문이다. 우리는 잘못된 행위에 대해서 매번 자책하고 반성하고 새로이 다짐하지만, 실제로는 별 진전 없음을 아쉬워한다. 《난문쾌답》의 저자인 오마에 겐이치는 사람은 쉽게 바뀌지 않지만 다음 세 가지 조건에서는 변화가 가능하다고 말한다. 첫째, 시간을 달리 쓴다. 이는 기존에 행했던 시간에 대한 관리, 일의 우선순위를 다시 정하는 것이다. 둘째, 사는 곳을 바꾸는 것이다. 사람은 주변 환경에 의해 크게 좌우되기에 생활영역을 달리 할 필요가 있다. 셋째, 새로운 사람을 사귀는 것이다. 기존에 알고 있던 사람들과 관계 설정을 다시하고 다른 유형의 사람들을 만나는 것이다. 이러한 조건의 변화 없이 매번 새로운 결심만 하는 것은 가장 무의미한 행위라고 지적한다.

　《누가 내 치즈를 옮겼을까?》는 일상적이고 무미건조한 삶에 매몰되어 주변의 변화를 감지하지 못하고 제자리에서 맴돌고 있는 사람들에게 새로운 희망 찾기와 대안을 제시하고 있다. 등장인물은 생쥐인 스니프(킁킁거리며 냄새를 맡는다), 스커리(종종거리며 급히 달린다), 그리고

작은 꼬마 인간 헴(헛기침한다), 허(점잖을 뺀다)이다. 그들은 매일 미로 속에서 맛있는 치즈를 찾아다닌다. 치즈는 그들에게 현재의 안정된 삶, 미래의 보장된 안락함을 주는 또 다른 이름의 희망이기 때문이다.

미로는 복잡한 구조여서 길을 잃기도 하고, 수시로 방향을 잘못 잡아서 벽에 부딪히기도 하는 등 어려움이 가득하다. 어느 날, 모두가 좋아하는 치즈를 C 창고에서 찾게 된 후 그들의 생활에 변화가 나타나기 시작했다. 생쥐들은 예전처럼 부지런히 행동했지만, 두 꼬마 인간들은 넘쳐나는 치즈와 풍족한 생활로 인해 오만함과 거만함, 나태함으로 젖어들기 시작했다. 그즈음에 창고의 치즈가 조금씩 줄어들어 결국 밑바닥을 드러낸다. 생쥐들은 이런 결과를 빨리 수용한다. 신속하게 새 치즈를 찾아 나서게 되고 다른 미로 깊숙이 들어가서 좁은 길을 오르락내리락하며 수많은 시행착오 끝에 엄청난 새 치즈 덩어리를 찾게 된다. 반면 헴과 허는 이런 사태를 받아들일 준비를 못해서 크게 절망한다. 허는 '만일 내일도 치즈가 없으면 어떻게 해야 하나?' 하면서 상황을 분석하기 시작한다. 주위 환경은 시시각각 변하고 있었는데, 항상 그대로 있기를 원하기만 했던 것에 대하여 후회하면서 그는 C 창고를 떠날 결심을 한다. 그는 새로운 길 앞에서 불안감, 두려움에 당혹스러워했지만 시간이 흐를수록 새 치즈를 발견할 수 있으리라는 기대감이 높아졌다. 변화는 자신의 기대와는 상관없이 예기치 않는 순간에 일어나게 된다는 사실을 인식하고 과거의 미련에서 벗어나서 새로운 사고방식과 행동으로 시작해야 살아남을 수 있는 유일한 방법임을 깨닫게 되었다. 마침내 허는 자신의 영혼을 쉴 만한 쉼터를 발견한다. N 창고에서 새 치즈를 발견했기 때문이다.

변화와 관련해서 새장 속에 갇힌 새와 바깥의 새를 비교한다. 새장 속의 새는 주인이 제때 먹이를 가져다주기에 계절의 변화나 날씨에 구애받지 않고 근심걱정 없이 살 수 있다. 하지만 이런 생활이 오래되면 닫힌 문을 열어줘도 새는 날아갈 생각을 하지 못한다. 새장 밖의 새들은 어떠한가. 추위와 더위뿐만 아니라 수많은 천적들의 위험에 노출되어 있고 스스로 먹이를 찾아다녀야 하는 수고스러움이 가득하다. 반면 그들에게는 무한한 선택의 자유가 주어진다.

우리는 어떤 삶을 선택할 것인가? 현실에 안주하는 사람은 환경에 길들여져서 변화에 능동적으로 대처할 기회를 놓치고 만다. 미래의 변화는 지금 작은 실천을 진실하게 반복하는 사람에게만 의미 있는 가치로 다가온다. 변화는 항상 일어나고 있기에 신속히 변화를 준비하고 그 변화를 즐겨야 한다.

삐뚤어진 세상과
비극적 농담

농담 | 밀란 쿤데라 지음, 방미경 옮김, 민음사

　농담이 사라진 세상은 끔찍하다. 농담은 사람들이 이유 없이 장난으로, 흔히 딱딱한 분위기 전환을 위하여 하는 말이다. 경직되고 폐쇄된 사회일수록 농담을 하는 것이 쉽지 않을뿐더러 농담이 왜곡될 경우 엉뚱한 방향으로 흘려 오해와 큰 파문을 일으키기 십상이다. 독재 권력이나 편협한 정권에 의해 농담이 악용될 경우 개인의 자유의지를 크게 침해할 소지가 있다. 농담을 편하게 할 수 있고, 잘 받아들이는 사회일수록 보다 성숙하고 선진 사회이다.

　소설 《농담》의 주인공 루드비크는 평소 좋아하던 여자 친구인 마르케타에게 장난삼아 보낸 엽서로 인해 인생이 꼬이고, 평온했던 일상이 절망의 나락으로 떨어진다. 특히 '낙관주의는 인류의 아편이다! 건전한 정신에는 어리석음의 악취를 풍긴다. 트로츠키 만세!'라는 내용이 문제가 된다. 소련(스탈린)이 해방시킨 체코슬로바키아에서 트로츠키를 따른다는 것은 곧 반역을 의미한다.

　여기서 트로츠키는 누구인가? 레닌과 함께 붉은 군대 창설을 주도하고 소련 내전에서 승리로 이끈 영웅이었지만 레닌 사후에는 당 주도권을 두고 스탈린과 대립한다. 이후 트로츠키는 권력투쟁에서 패배하고 타국으로 추방당한 후 살해당한다. 때문에 트로츠키주의자라는 말을 듣는 것은 골수 반동분자와 함께 공산권 국가에서 가장 큰 모욕으로 간주되던 시절이었다. 이런 연유로 루드비크는 반혁명분자로 몰려 당에서 제명당한 후 주로 사상범들이 가는 군부대로 강제징집당해 3년여 탄광의 노동자로 일하게 된다.

군 제대 이후 우여곡절 끝에 다시 돌아온 고향에서 루드비크는 자신을 반동분자로 낙인찍고, 학교에서 내쫓는 데 앞장선 동급생 제마네크에게 복수를 하기 위해 그의 아내인 헬레나를 일부러 유혹하기로 결심한다. 마침내 헬레나의 육체를 거칠게 탐하고 복수에 성공했다고 착각할 때쯤 이미 제마네크와 헬레나는 오랜 별거로 이혼 상태였고, 제마네크의 옆에 새로운 젊은 정부가 있음을 알고 절망한다.

체코슬로바키아는 그동안 민주화 과정으로 과거의 이념은 모두 폐기되어 잊혀가고 있었다. 제마네크는 지난 시절 루드비크에게 했던 행동이 잘못되었음을 시인하고 아무 일도 없었다는 듯이 태연히 사과한다. 결국 루드비크는 심한 모멸감을 느끼고, 수년간 친구에게 복수하고자 살아왔던 지난 과거의 노력들이 변화된 세상에서 더 이상 아무런 의미가 없음을 깨닫는다. 루드비크를 둘러싼 모든 일들은 현재가 아니라 15년 혹은 20년쯤의 먼 과거이며, 헬레나에 대한 복수극은 그가 그 과거에게 던지려 했던 돌멩이였던 것이다.

사람들 대부분은 두 가지 헛된 믿음에 빠져 있다. 기억(사람, 사물, 행위, 민족 등에 대한 기억)의 영속성에 대한 믿음과 (행위, 실수, 죄, 잘못 등을) 고쳐볼 수 있다는 가능성에 대한 믿음이다. 진실은 오히려 정반대다. 모든 것은 잊히고, 고쳐지는 것은 아무것도 없다. 무엇을 (복수에 의해서 그리고 용서에 의해서) 고친다는 일은 망각이 담당할 것이다. 그 누구도 이미 저질러진 잘못을 고치지 못하겠지만 모든 잘못은 잊힐 것이다.

과거의 잘못은 이미 엎질러진 물과 같다. 다시 주어 담을 수 없고, 그 상황을 되돌릴 수 없다. 마음에 담아두는 것보다는 지나가는 시간에 맡겨야 한다. 과거에 집착하는 것은 미래를 어둡게 만든다.

사소한 개인 간 농담이 국가이데올로기와 잘못 결합될 경우, 개인의 삶은 권력에 의해서 철저히 변질되고 억압될 수밖에 없다. 특히 권력을 유지하고 이념체제를 수호하기 위하여 인간을 하나의 지배 도구로 삼는다면 집단주의 관점에서 개인의 생각이 더 이상 중요하지 않게 된다. 단지 사회체제 틀에 생각과 행동을 꿰맞추어야 한다. 이는 자신에게 주어진 삶 앞에서 진정한 주인이 되지 못하고 이방인으로 머물 수밖에 없는 폐쇄된 사회의 암울한 단면을 보여준다.

인간의 길, 구원의 길

죄와 벌 | 표도르 도스토예프스키 지음, 홍대화 옮김, 열린책들

'정의'란 무엇인가? 사전적 의미로는 사회나 공동체를 위한 옳고 바른 도리라고 규정하고 있다. 하지만 역사적으로 정의는 불고불변의 진리가 아니라 그 시대적 상황에 따라서 다양한 얼굴로 대면하는 하나의 관념일 뿐이다. 실제로 정의라는 것이 인간사회의 약육강식에 의해 좌우되는 단편적인 잣대에 불과한 것인지도 모르겠다.

《죄와 벌》은 인간사의 고통스런 삶에 마주한 인간의 심리와 감정이 어지럽게 얽혀 있고 인간과 사회, 인간과 신, 인간과 인간의 갈등 구조를 극명하게 보여주고 있다. 인간의 이기심과 추악한 탐욕에 의하여 자행된 수많은 전쟁과 학살의 역사는 참혹한 인간 살육으로 얼룩져 있다. 한 사람을 죽이는 것은 살인이고, 다수를 죽인 것은 영웅으로 취급받는 아이러니한 상황에 견주어보면 주인공 라스꼴리꼬프의 '나폴레옹같이 비범한 사람들은 대의를 위해서 어떠한 불의를 행하여도 된다'는 생각은 전혀 이상하지 않다. 라스꼴리꼬프 이런 논리에 따라 사회적 공익을 위하여 추악한 노파를 죽인다.

하지만 그가 던진 정의로움에 대한 물음에 대해서는 깊은 성찰이 필요하다. 누구라도 어떤 사람을 가치 있는 인간, 해로운 인간으로 이분법

적으로 규정할 수 없으며, 더욱이 이에 따른 살인을 정당화할 수 없기 때문이다. 도입부는 소설 전체를 축약해서 보여주고 있다.

찌는 듯이 무더운 7월 초의 어느 날 해질 무렵, S 골목의 하숙집에서 살고 있던 한 청년이 자신의 작은 방에서 거리로 나와 왠지 망설이는 모습으로 K 다리를 향해 천천히 발걸음을 옮기고 있었다.

이 모습을 통해서 청년(라스꼴리니꼬프)이 뭔가 일을 꾸미려고 하는 것을 짐작할 수 있다.

결국 라스꼴리니꼬프는 계획적으로 전당포 주인인 노파(알료나 이바노브나)를 죽이는 데 성공하지만, 의도치 않게 착한 영혼을 가진 그녀의 여동생(리자베타 이바노브나)마저 죽음에 이르게 한다. 그가 노파를 살해한 이유는 그동안 전당포와 고리대금업을 통해서 부당하게 이웃 주민을 착취하고 있기 때문에 단죄하고자 한 것이다. 또한 노파는 인간의 머리나 몸에서 피를 빨아먹는 해로운 머릿니와 같기 때문에 죽여도 괜찮다고 생각한다. 하지만 살인으로 인하여 그의 내면은 극심한 소용돌이에 빠져든다.

나중에 뽀르피리 뻬드로비치(예심 판사)에 의해 그의 범죄의 윤곽이 서서히 밝혀지고 심적인 고통 속에서 점점 벼랑 끝으로 몰린다. 나중에는 정상 참작을 위해서 자수를 권유받는다. 결국에는 소냐(성스러운 거리의 여인)에 의하여 라스꼴리니꼬프는 참회의 길로 들어선다. 그녀와 여동생 두냐는 그가 혹시 자살이라도 하지 않을까 하는 불안감 속에서 그의 죽음을 확신할 때쯤 다행히 그가 방으로 들어온다. 하지만 그녀의 얼굴을 똑바로 쳐다보지 못하고 이상한 말투로 "당신의 십자가를 받으러 왔어"라고 말한다. 소냐는 말없이 상자에서 청동과 삼나무로 만들어진 두 개의 십자가를 꺼내어 성호를 긋고, 그의 가슴에 삼나무로 된 십자가를 걸어주었다. 그러자 라스꼴리꼬프 마음속에는 감동이 솟구치고, 심장이 옥죄어 들어오는 것을 느낀다. 이후 센나야 광장에 이르렀을 때 그의 마음속에 갑자기 알 수 없는 느낌이 지배하더니 그의 전 존재, 육체의 마음을 사로잡아버렸다.

마침내 광장 한가운데 무릎을 꿇고 머리가 땅에 닿도록 숙이고 달콤한 쾌감과 행복감을 느끼면서 더러운 땅에 입을 맞추었다. 그 순간 라스꼴리꼬프는 소냐가 이제부터 영원히 그와 함께 있으리라는 것을, 운명이 그를 어디로 이끌든지 세상 끝까지라도 그의 뒤를 따르리라는 것을 깨닫는다. 그의 심장은 터질 것 같았고, 이미 운명적인 장소에 다가가고 있음을 자각하고 경찰서에 가서 자수한다.

인간에게 양심이란 무엇인가? 이익을 따지지 않고 오로지 도덕적 관점에서 자신을 부정하지 않고 똑바로 직시해야만 느낄 수 있는 마음이다. 때문에, 양심은 인간의 가장 밑바닥에서 느껴지는 한 줄기 희망의 빛이다. 인간의 길에서 길을 잃은 라스꼴리꼬프를 통해서 실은 부조리하고 불공평한 사회에서 정의는 한낱 신기류에 불과하다. 오직 신에 대한 믿음과 양심 그리고 사랑만이 인간을 구원할 수 있음을 전달하고 있다.

인간은 노력하는 한 방황한다

파우스트 | 요한 볼프강 괴테 지음, 정서웅 옮김, 민음사

　인간은 선한 존재인가, 아니면 악한 존재인가? 흔들리는 세상은 알 수 없는 악(惡)의 영혼에 의해서 혼돈과 미로 속에 빠져들고 있는 것 같다. 악마의 유혹에 빠진 인간들은 자신의 길을 망각한 채 점점 더 파멸과 파국으로 치닫고 있다. 참된 세상과 인간 구원의 길을 찾기 위해서는 누군가의 은총이 필요하다.

　희곡 《파우스트》의 도입부에 해당하는 헌사는 작품 전체의 서곡 같은 역할을 하고 있으며, 괴테가 젊은 시절 곳곳에서 떠돌고 있었던 파우스트의 전설을 작품화하려던 의도를 엿볼 수 있다. '무대에서의 서연(序演)'에서는 늙은 시인이 젊음을 그리워하고 찬미하는 내용을 담고 있다. '천상의 서곡'에서는 주님과 악마 메피스토펠레스가 파우스트를 두고 내기하는 장면을 그리고 있다. 주님은 메피스토펠레스가 파우스트에게 무슨 유혹을 하든지 상관하지 않겠다는 뜻을 밝히고, 인간은 노력하는 한 방황하는 존재임을 상기시킨다.

　'비극' 제1부에서는 파우스트는 10년 동안 철학, 법학, 의학, 신학까지 온갖 노력을 다하여 공부했지만 별 성과 없음을 자책하고, 여전히 불안

함과 침울함을 느끼며 세상과 작별을 결심한다. 그때 지상의 모든 자연 현상과 생물을 관장하는 지령이 나타나 낙심에 빠져 있던 파우스트에게 용기를 심어준다. 파우스트의 서재에서 삽살개 모습의 메피스토펠레스가 학생 차림으로 등장한다. 메피스토펠레스는 자신은 항상 부정을 일삼는 정령이라고 소개한다. 결국 파우스트는 쾌락적 삶을 제공받는 대신 그의 영혼을 팔기로 계약한다.

메피스토펠레스는 이 세상에선 파우스트의 하인 노릇을 하고, 저세상에서는 파우스트가 똑같이 해주는 것으로 약속한다. 파우스트는 30년 젊게 해준다는 말에 현혹되어 마녀를 찾아가서 약을 마시게 된다. 신비한 묘약으로 젊어진 파우스트는 순진한 그레트헨을 유혹하여 쾌락의 대상으로 삼는다. 하지만 그녀의 사랑은 악마의 덫에 걸려 있던 파우스트의 마음을 움직이고 변화시킨다. 이에 분노한 메피스토펠레스 계략에 의해서 그레트헨은 엄마를 죽이게 하고 파우스트에게는 그녀의 오빠를 죽이게 만든다. 감옥에 갇혀 있던 그렌트헨(마르가레테)은 탈출을 권유하는 파우스트에게 자신은 죗값을 받겠다고 선언한다. 이를 지켜보던 메피스토펠레스는 파우스트에게 "그녀는 심판 받았소!" 하고 외치지만, 이때 하늘에서 "그녀는 구원받았노라" 음성이 들려온다. 결국 메피스토펠레스는 파우스트만 이끌고 감옥에서 탈출한다.

'비극' 제2부에서는 고통에서 벗어난 파우스트가 안식, 망각, 회춘, 신생의 회복 과정을 겪는다. 궁성에서 파탄 직전의 나라를 구하지만 황제가 헬레나와 파리스를 눈앞에 현신시키라는 명령에 경솔하게 약속하여 곤경에 처한다. 결국 주위에 공간도, 시간도 없는 '어머니의 나라'로 들어가 헬레나를 잡는 순간 그녀의 형상은 사라지고 파우스트는 바닥에 쓰러진다. 예전 조수였던 바그너가 만들어낸 예지력이 뛰어난 인조인간 호문쿨루스의 도움을 받아 헬레나를 찾아 나선다. 이후 헬레나와 파우스트 사이에 아들 오리포리원이 태어나지만, 그는 이카루스처럼 날기를 시도하다가 떨어져 죽는다. 아들이 죽자 헬레나 역시 슬픔에 빠져 지내다가 파우스트가 포옹하자 육체는 사라지고 옷과 면사포만 남는다.

'비극' 제2부 5막에서는 회색의 네 여인 등장한다. 첫째 여인은 결핍, 둘째 여인은 죄악, 셋째 여인은 근심, 넷째 여인은 곤궁이다. 그녀들 뒤로 항상 죽음이 뒤따르고 있었다. 나중에는 '근심'의 영이 파우스트를 장님으로 만든다. 눈이 멀어질수록 밤이 점점 깊어가지만 그의 마음속에는 밝은 빛이 빛난다. "멈추어라, 너 정말 아름답구나! 내가 세상에 남겨놓은 흔적은 영원히 사라지지 않을 것이다." 그리고 파우스트는 쓰러진다.

메피스토펠레스는 지옥의 악마들을 동원해서 서둘러 그의 영혼이 빼앗으려 하지만 천상의 천사들이 파우스트의 영혼을 인도하여 하늘로 오른다. 신과 악마 사이에 놓인 인간은 바람 앞에 촛불처럼 불안한 존재에 불과하다. 하지만 방황과 시련을 통해서 새로운 운명을 개척하고자 하는 인간의 모습을 본다. 흔들리는 인간은 또다시 성장하는 인간이다.

거친 세상에 용기 있게 맞서다

돈키호테 | 미겔 데 세르반테스 사아베드라 지음, 안영옥 옮김, 열린책들

나는 돈키호테와 같은 사람이다. 돈키호테 하면 먼저 떠오르는 것은 거대한 풍차를 거인으로 착각하여 공격하는 엉뚱한 모습이 그려진다. 때문에 우리는 흔히들 무모한 행동을 하는 사람을 비유적으로 돈키호테 같다고 놀리곤 한다. 하지만 그는 세상의 불의와 모욕에 굴복하지 않고 과감히 맞서 싸우는 캐릭터이다.

근대소설의 효시라고 알려진 《돈키호테》는 17세기경 스페인의 라만차 마을에서부터 시작된다. 주인공 돈키호테는 50대 초반으로 얼굴과 몸은 마르고 체형은 꼿꼿한, 사냥을 좋아하는 인물이다. 그는 읽고 싶은 기사소설을 구입하기 위해서 수많은 밭을 팔아버릴 정도였다. 결국에는 독서에만 열중한 나머지 뇌는 말라버리고 분별력을 잃고 말았다. 그는 모든 종류의 모욕을 쳐부수고 수많은 모험과 위험에 몸을 던져 극복하면 영원한 명성과 명예를 얻을 수 있다는 생각에 기사의 길을 결심한다.

허름한 주막집 주인으로부터 우스꽝스러운 기사 서품식을 마치고 집으로 되돌아가는 도중에 농부에게 매질을 당하고 있는 소년을 도와준다. 하지만 그가 떠나자 농부는 보복으로 소년에게 더 심한 매질을 했

다. 이후 무르시아로 비단을 사러 가는 툴레도 상인들과 한바탕 싸움을 하지만 몸이 녹초가 되도록 두들겨 맞는다. 다행히 같은 동네의 살던 농부의 도움으로 간신히 집으로 돌아와 치료를 받는다. 그 와중에 산초에게 섬을 주기로 설득하고, 그에게 영주의 자리를 약속하고 종자로 삼는다. 산초는 키가 작은 뚱보로서 머리는 약간 둔한 편이지만 현실적 욕망으로 가득한 인물이다.

돈을 마련하여 산초와 함께 편력 기사의 길을 다시 나선다. 이후 환상과 현실이 뒤죽박죽된 기상천외한 사건이 이어진다. 이중에서 몇 가지 사건을 정리했다. 첫 번째는 산초의 반대에도 불구하고 거대한 풍차를 괴물로 착각해서 날개에 창을 꽂지만, 바람에 날개가 돌아가자 창은 박살이 나고 자신의 말 로시난테와 함께 들판에 사정없이 내동이쳐진다. 두 번째는 성 베네딕트의 수도사들을 공주를 유괴하는 마법사들로 오인하여 습격한다. 돈키호테는 결투에서 간신히 이기지만 귀 반쪽이 떨어져나가는 부상을 당한다. 산초 역시 노새몰이꾼들에게 실컷 얻어맞는다. 세 번째는 숲속에서 로시난테가 다른 암말에 대한 호기심으로 접근하면서 큰 소동이 일어나고 심한 곤혹을 당한다. 로시난테의 복수를 위해서 갈라시아인들과 싸움을 시작하지만 오히려 실컷 두들려맞는다. 네 번째는 양떼를 적군의 군대로 오인하여 습격한다. 그리고 예닐곱 마리의 양들이 창에 찔려 죽는다. 이때 목동들이 던진 돌에 돈키호테 옆구리가 맞아 갈비뼈 두 대가 내려앉고 앞니와 어금니 서너 개가 빠지고 손가락 두 개가 뭉개져버렸다. 다섯 번째는 죄수 일행이 노 젓는 형을 선고받아 강제로 끌려가고 있었는데 돈키호테가 그들이 도망칠 수 있도록 도와주지만 오히려 그들로부터 모욕을 당한다. 줄곧 돈키호테는 광기는 심화되고 이상스런 행동을 거듭하지만 다행히 친구인 신부와 이발사의 도움을 받고 고향으로 무사히 돌아온다.

세상은 여전히 불의와 비상식이 넘쳐나지만 대부분 애써 눈을 감고 귀를 닫는다. 부정부패와 불편부당함이 판을 치고 약육강식의 논리만 있을 뿐이다. 부조리에 대한 다수의 침묵은 오히려 사회문제를 악화시킨다. 무모하게 보일지라도 용기 있는 행동이 세상을 변화시킨다. 돈키호테를 통해 독서의 위험성과 중요성을 알게 된다. 책만 읽어서도 안 되지만, 책을 읽지 않고는 창조와 변혁을 이룰 상상은 불가능하다. 게다가 돈키호테와 같은 몽상가들이 만드는 세상은 얼마나 자유롭고 유쾌한가!

자유와 생존을 향한 몸부림

이반 데니소비치, 수용소의 하루 | 알렉산드르 솔제니친 지음, 이영의 옮김, 민음사

개인의 자유가 차단된 강제수용소에서는 생존을 위한 선택의 여지가 별로 없다. 목숨을 보존하기 위해서는 복종과 순응뿐이다. 때문에 수용소에 갇힌 개인의 사고는 집단의 통제 속에서 철저히 고립될 수밖에 없다. 극한의 추위와 배고픔 속에서 오직 생존을 위한 몸부림만 가득할 뿐이다.

소련의 반체제 작가로 널리 알려진 솔제니친은 1945년에 스탈린을 비판했다는 이유로 10년 가까이 강제수용소에 갇혀 지냈다. 이때의 경험을 바탕으로 쓴 작품 《이반 데니소비치, 수용소의 하루》는 다양한 사건과 고단한 노동의 흔적으로 점철된 강제수용소의 하루를 사실적으로 그려내고 있다. 한편으로는 독재국가(스탈린 체제)의 암울한 사회상을 반어적으로 표현하고 있다. 주인공 이반 데니소비치의 넋두리는 수용소의 암담한 상황에 처한 인간들의 나약함과 이중성을 가늠하게 해준다. 그가 수용소에 처음 들어왔을 때는 자유를 애타게 갈망하며 밤마다 앞으로 남은 날짜를 세어보곤 했다. 얼마 지난 후에는 그마저도 싫증이 났다. 그다음에는 형기가 끝나더라도 어차피 집에는 돌아갈 수 없고, 다시 유형을 당하게 된다는 사실을 알게 되었다. 유형지에서의 생활이 과연

수용소에서의 생활보다 더 나을지 어떨지 알 수 없는 일이라고 자포자기에 이른다.

주인공 이반 데니소비치는 평범한 농부 출신으로 소련과 독일의 전쟁에 참전했다. 하지만 포로로 잡힌 후 간첩 행위로 조국(소련)을 배신했다는 날조된 죄목으로 강제노동수용소로 끌려와 수감되었다. 이후 그는 형기가 끝나는 날까지 무려 10년을, 날수로 계산하면 3,653일을 보냈다. 사흘을 더 수용소에 보낸 것은 그사이에 윤년이 들어 있었기 때문이다.

수용소에서 죄수에게 가장 큰 적은 누구인가? 그것은 옆의 죄수다. 만일 모든 죄수들이 서로 시기하지 않고 단결할 수만 있다면 얼마나 좋을까! 하지만 실상 수용소에는 정글의 법칙만 있을 뿐이다. 수용소 안에서 누군가 죽어 나갔다면, 남의 빈 그릇을 핥았던 놈이거나, 날마다 의무실에 갈 궁리나 하는 놈, 그리고 동료를 고발하기 위해 정보부원을 찾아다니는 놈들이다.

이반 데니소비치는 오랜 감옥과 강제수용소 생활로 내일은 무엇을 어떻게 할 것인가, 내년에 또 무엇을 어떻게 할 것인가 하는 계획을 세운다든가, 가족의 생계를 걱정한다든가 하는 생각이 아주 없어지고 말았다. 그를 위해서 모든 문제를 간수들이 대신 해결해준다. 그는 오히려 이런 것이 훨씬 마음이 편하다고 느낀다. 이반 데니소비치는 따끈한 국물이 목을 타고 뱃속으로 들어가자 평온함을 느낀다. 바로 이 한순간을 위해서 죄수들이 살고 있다. 오늘 하루는 그에게 아주 운이 좋은 날이었다. 영창에 들어가지도 않았고, 사회주의 생활단지로 작업을 나가지도 않았으며, 점심때는 죽 한 그릇을 속여 더 먹었다. 그리고 반장이 작업량 조정을 잘해서 오후에는 즐거운 마음으로 벽돌 쌓기도 했다. 줄칼 조각도 검사에 걸리지 않고 무사히 가지고 들어왔다. 저녁에는 체자리 대신 순번을 맡아주고 돈벌이를 했으며, 잎담배도 사지 않았는가. 그리고 찌뿌듯하던 몸도 이젠 씻은 듯이 다 나았다. 눈앞이 캄캄한 날이 아니었고, 거의 행복하다고 할 수 있는 날이었다고 스스로 만족해하면서 잠이 든다.

지배 권력에 의한 가혹한 탄압은 인간의 기본적인 권리와 욕구마저 망각하게 만든다. 이로 인해 자기안일과 생존의 비겁한 행동만 있을 뿐이다. 역사적으로 독재 권력은 인간을 길들이기 위한 필수 조치로 자유의지를 빼앗아갔다. 인간은 자유의지를 갖고 있는 한 삶의 희망을 놓지 않기 때문이다.

인생의 가벼운 것과 무거운 것

참을 수 없는 존재의 가벼움 | 밀란 쿤데라 지음, 이재룡 옮김, 민음사

밀란 쿤데라의 《참을 수 없는 존재의 가벼움》은 1968년 프라하의 봄 시기를 배경으로 네 남녀의 상처와 좌절, 그리고 뒤엉킨 사랑과 존재의 무거움과 가벼움을 담고 있다. 국가와 사회와 개인들이 어떻게 서로에게 영향력을 미치는지를, 특히 참혹한 죽음의 아픔을 경험한 도시의 트라우마가 사람들의 자유의지에 큰 영향을 미치고 있음을 보여주고 있다.

인생은 한 번 사라지면 두 번 다시 돌아오지 않기에 하나의 그림자에 불과하다. 그래서 인생은 아무런 무게도 없고 처음부터 죽은 것이다. 영원한 회귀가 가장 무거운 짐이라면, 이것을 배경으로 거느린 우리의 삶은 찬란한 가벼움 속에서 그 자태를 드러낸다. 짐이 무거우면 무거울수록, 우리의 삶이 지상에 가까울수록, 우리의 삶은 보다 생생하고 진실해진다.

작품 속 화자의 인생론은 우리에게 많은 생각을 불러일으킨다.

소설의 주된 배경이 되는 체코는 독일 나치의 지배와 소련의 침공으로 오랜 세월 억압과 침묵을 강요받았다. 비록 도시(보헤미아, 프라하)들은 폐허가 되고 상실감으로 가득하지만 사람들은 여전히 사랑을 통

해서 서로의 존재를 확인하고 현실을 견디고 있다. 주요 등장인물은 토마스(이혼남, 외과의사), 테레사(토마스의 부인, 사진작가), 사비나(토마스의 내연녀, 화가), 프란츠(사비나의 애인, 교수)등이다.

토마스는 10년 전 첫 번째 부인과 이혼 이후 혼자만의 삶의 방식을 고수하고 있었지만 테레사와 만남으로 극심하게 흔들리고 있었다. 테레사와 겨우 두 번째 만남에서 육체적 관계를 맺고 그녀와 함께 사는 것이 나을지 아니면 혼자 사는 것이 나을지 고뇌한다. 탱크로 무장한 소련군이 체코를 점령한 후 정치인들은 어디론가 잡혀가고 죽임을 당했다. 도시는 온통 증오감으로 가득했다. 이때 테레사는 목숨을 걸고 보헤미아의 거리에서 일주일 동안 저질러진 강간을 비롯한 비극적인 장면, 소련 군인과 장교들의 추악한 사진을 찍으며 외국 기자들에게 전달한다.

사비나에게 산다는 것은 보는 것을 의미한다. 시야는 두 개의 경계선에 의해 제한된다. 눈을 멀게 할 정도로 강렬한 빛과 완전한 어둠이다. 극단적인 것은 그것을 넘어서면 생명이 끝나는 경계선의 표시이다. 감옥, 박해, 금서, 점령, 장갑차 같은 단어는 그녀에게는 모든 낭만적 향기가 빠져버린 추한 단어들이다. 고향에 대한 아련한 향수처럼 그녀의 귓가에 부드럽게 울리는 유일한 단어, 그것은 공동묘지였다. 하지만 프란츠에게 공동묘지는 뼈다귀와 돌덩어리의 추악한 하치장에 불과했다.

체코로 다시 돌아온 토마스는 공산당 독재를 비판하는 정치 칼럼으로 곤욕을 당하고 시골 병원으로 쫓겨났다. 나중에는 유리창 닦는 노동자와 트럭 운전사로 전락했다. 불행하게도 토마스와 테레사는 트럭 사고로 죽게 된다. 사바나는 조국이라는 무거운 그림자를 버리고 프란츠와 함께 프라하를 떠나기로 결심한다. 줄곧 가벼움 삶을 추구했던 토마스는 테레사의 영향으로 존재의 무거움을 선택한다. 존재의 무거움으로 고통당했던 사바나는 보헤미아에서 가장 먼 곳 미국의 캘리포니아에 정착해 존재의 가벼움을 선택하고자 한다.

사회가 혼란할수록 인간은 육체적 쾌락에 더 몰두하기 마련이다. 특히 전쟁이라는 참혹한 삶속에서 죽음의 공포를 견디고, 이를 회피하기 위해서 본능에 충실하곤 한다. 온몸으로 세상과 치열하게 부딪치면서 살아가는 사람들도 있다. 한 번뿐인 인생에서 존재의 가벼움과 무거움 어느 쪽을 선택하는 것이 옳은가에 대하여 쉽게 대답하기 어렵다.

꿈을 보듬고 키워준 스승

창가의 토토 | 구로야나기 테츠코 지음, 김난주 옮김, 프로메테우스

어린 시절 내가 살던 지역은 도시 근교임에도 불구하고 지독히 가난한 농촌이었다. 농사일로 바쁘신 부모님들은 교육에 무관심할 수밖에 없었다. 초등학교에 들어간 나는 친구들과 어울려 들로 산으로 뛰어다니며 노느라 바빴다. 나는 워낙에 공부에 관심이 없었고, 학년 초에는 한글은 물론 숫자도 모르는 학습 부진아였다. 선생님들은 나 같은 학생들을 따로 모아서 방과 후 늦게까지 공부를 시켰는데 어린 마음에 창피하고 부끄러웠던 것 같다. 급기야 나는 학교에 가기 싫어서 동네 형들을 따라서 산으로 도망쳐버렸다. 그날 학교는 물론 집안이 온통 난리가 났었다.

어릴 적 다니던 초등학교는 예전에 폐교되어 스산한 건물로 변했지만 그때의 추억은 여전히 아련하다. 순수했던 어린 마음은 세월 속으로 스러져, 어른이 되고 나서는 동심은 사라져버리고 어둡고 차가운 마음만 가득해진 것 같다. 어느새 두 명의 자녀를 둔 아버지가 되었지만 아이들의 이야기를 귀담아 듣는 것보다 매번 나만의 관점에서 윽박지르고 가르쳐온 것이 부끄럽기 그지없다. 작가의 실제 경험을 담은 《창가의 토토》를 읽으며 진정한 훈육과 교육의 의미를 다시 한 번 깨닫는다. 책

제목은 수업에 열중하지 못하고 창가에 머물거나, 창밖을 바라보는 학생을 은유적으로 표현하고 있다. 달리 해석하면 일반 학생들과 어울리지 못하는 소외된 왕따 같은 존재라고 할 수 있다.

 주인공 토토는 일반 학교에서 적응하지 못하고 퇴학당하여 대안학교에 해당하는 도모에학원으로 전학 온 아이다. 도모에학원의 고바야시 교장은 토토의 이야기를 끝까지 들어준 최초의 어른이다. 고바야시 교장은 토토가 스스로 해답을 찾을 수 있도록 기다려주고, 토토를 볼 때마다 "넌 사실은 정말 착한 아이란다" 하며 격려해주었다. 도모에학원에는 소아마비에 걸린 학생과 신체적인 결점을 가진 아이들이 몇 명 있었지만 교장의 세심한 보살핌 속에 저마다 성장한다. 교장은 특히 누구라도 다른 아이들보다 자신이 열등하다는 생각을 갖지 않도록 애쓴다. 아이들은 점차 콤플렉스에서 벗어나고 자신감을 갖게 된다.

 이웃집에 사는 마사오짱이 토토에게 조센징(조선인을 낮춰 부르는 말)이라고 놀리자 그의 어머니는 눈물을 흘리면서 일본인과 조선인을 구별해서는 안 되며 모두 똑같은 어린이라고 가르쳐준다. 토토가 3학년이 되었을 때 태평양전쟁이 일어났다. 음악을 하던 토토의 아버지는 군수공장에서 바이올린으로 국가를 연주해주면 식료품을 듬뿍 주겠다는 제의를 거절하고 배고픔을 선택한다. 이후 B-29가 도쿄 하늘에 나타나 매일같이 폭탄 세례를 퍼붓기 시작했다. 도모에학원의 전철 교실은 곧 폭탄에 불타 없어져버렸다.

교육은 단순한 지식 전달이 아니라 인격과 개성을 존중하고 착한 인성을 키우는 것이 중요하다. 도모에학원은 공부는 오전에만 하고, 오후에는 산책을 하거나 식물을 채집하고, 그림을 그리고, 노래하는 것으로 대체했다. 토토는 처음에는 버릇없고 못된 아이였다. 그녀 앞에 놓인 세상은 온통 이해 불가하고 삭막했지만 고바야시 교장의 따뜻한 배려로 점차 긍정적으로 변하게 되었다. "넌 정말 착한 아이란다." 이 말이 그녀의 삶의 커다란 버팀목 역할을 하게 된다. 작품 속 도모에학원은 실제로 있었던 학교이고, 고바야시 교장도 실존 인물이다. 고바야시 교장이 실제로 가르쳤다는 교육 방침은 여전히 감동으로 남는다.

어떤 아이든지 태어났을 때는 선하게 마련이다. 하지만 점점 커가면서 주위 환경이나 어른들의 영향으로 변질되고 만다. 그러니 이런 선한 기질을 일찌감치 찾아, 그걸 키워주며 개성 있는 사람으로 자라게 해야 한다.

인간은 불안한 자유인이다

구토 | 장 폴 사르트르 지음, 방곤 옮김, 문예출판사

　실존주의적 측면에서 인간은 자유롭지만 불안한 존재이고, 이러한 인간들이 사는 세상은 온갖 부조리로 가득하다. 사르트르(1905~80)는 프랑스 실존주의 철학자다. 제1·2차 세계대전 이후 가치관과 이념의 극심한 혼란을 경험한 유럽에서 시작된 실존주의는 인간 본질에 대한 의구심에서 출발한다. 철학적으로 실존은 인간의 특성을 설명하는 개념으로, 본질의 존재가 아니라 현실의 존재라는 뜻으로 인간의 주체성을 강조하고 있다. 단순히 그 자리에 있으니까 인간은 존재할 뿐이다. 이를 확대 해석하면 인간은 규정되지 않는 절대적으로 자유로운 존재라고 할 수 있다.

　작가 사르트르는 《구토》를 일기 형식으로 내면 의식의 흐름에 따라 서술했는데 이 때문에 전체 내용을 이해하는 데 다소 혼란스럽다. 주인공 로캉탱은 과거 마리 앙투아네트 왕비가 총애했다고 하는 전설적인 인물 드 로르봉의 일대기를 연구하고 있었다. 어느 날 로캉탱은 물수제비 놀이를 위해서 바다에 돌을 던지고 싶었는데 공포심 같은 감정으로 인해 구토증을 느끼며 그만 돌을 떨어뜨리고 말았다. 이후 푸른 무명 셔츠, 멜빵, 카페의 벽 등 주위의 사물에 대하여 거부감을 느낀다. 그가 구토를 느낀 이유는 무엇일까?

무릇 물체들, 그것들이 사람을 '만져'서는 안 될 것이다. 왜냐하면 그것은 살아 있지 않기 때문이다. 우리는 그것을 사용하고, 그것을 정리하고, 그 틈에서 살고 있다. 그것들을 유용하다뿐 그 이상 아무것도 아니다. 그런데 그것들이 나를 만지는 것이다. 나는 그것을 참을 수가 없다. 마치 그것들이 살아 있는 짐승들인 것처럼 그 물체들과 접촉을 갖는 게 나는 두렵다.

로캉탱은 구토의 두려움과 공포를 다행히 재즈 음악으로부터 얻는 훈훈함과 행복감으로 극복한다. 재즈는 멜로디가 없고 오직 음과 짧은 진동의 무수한 연속이 있을 뿐 스스로를 위해 존재할 여지를 주지 않는다. 침묵 속에서 소리가 들려올 때, 몸이 굳어지고 구토가 사라짐을 느낀다. 로캉탱은 과거의 기억에 대하여 "어디에 과거를 간직해둘 수 있을까? 나만의 육체만 가지고 있는 아주 고독한 사람은 추억을 간직할 수가 없다. 추억은 육체를 거쳐서 지나가버린다. 나는 슬퍼해서는 안 된다. 나는 자유로웠으니 말이다"라고 정의한다. 또 로캉탱은 공원에서 부조리 대해서 깨달음을 얻는다.

부조리, 그것은 나의 머릿속에서 생겨난 하나의 관념도 아니고, 어렴풋한 목소리도 아니었다. (…) 나는 존재의 열쇠를, 저 구토의 열쇠를 그리고 자신의 생활의 열쇠를 발견했다는 것을 알았다. 사실 내가 파악할 수 있었던 모든 것은 이 근본적인 부조리로 귀착한다.

로캉탱이 있던 공원의 마로니에 뿌리는 바로 그가 앉은 의자 밑에서 땅에 뿌리를 박고 있었다. 그것이 뿌리였다는 인식은 이미 기억에서 사라졌다. 어휘가 사라지자 사물의 의미며, 사용법이며, 또 그 사물의 표면에 사람이 그려놓은 가냘픈 기호가 사라졌다. 인간을 포함한 모든 사물들은 전혀 존재 이유가 없고, 또 존재의 의지조차 갖지 않은 채 단지 사실상 우연히 거기에 존재할 뿐이다.

로캉탱이 구토를 느낀 것은 존재의 이유를 찾고자 하는 과정에서 벌어진 심리적 거부감이라고 할 수 있다. 사물들은 고유의 목적성을 가지고 있는 것 같지만 그 쓰임새가 다하면 용도 폐기되거나 아무런 의미가 없다. 인간은 특정한 용도를 위해서 만들어진 것이 아니다. 인간은 존재 이후에 스스로 자유로운 선택과 결단을 통해서 자신을 완성시킨다. 사르트르는 인생을 B(birth)와 D(death) 사이의 C(choice)라고 규정했다. 태어나서 죽을 때까지 수많은 선택의 기로에서 고민하는 것이야말로 인간에게 주어진 고유의 자유의지다.

멈출 수 없는 삶

노인과 바다 | 어니스트 헤밍웨이 지음, 김욱동 옮김, 민음사

세상은 거대한 바다이다. 우리는 바다의 잔잔한 물결에 따라 순조롭게 순항하기도 하지만 때론 거친 파도 앞에서 좌절과 아픔을 경험하기도 한다. 또한 가냘픈 인간들이 생과 사를 건 인생의 승부수를 던지고 꿈을 펼치고 있는 현실의 공간이기도 하다. 어니스트 헤밍웨이(1899-1961)의 《노인과 바다》에서 주인공 산티아고는 비록 늙었지만 경험이 풍부한 뛰어난 어부다. 하지만 여든 날 하고도 나흘이 지나도록 고기 한 마리 낚지 못하여 이제는 가장 운이 없는 사람으로 불리게 되었다.

이러한 수모를 만회하게 위하여 산티아고는 홀로 먼 바다까지 나와 큰 고기를 잡기 위하여 다랑어를 미끼로 낚시를 시작한다. 마침 그때 거대한 청새치 한 마리가 걸려든다. 청새치는 단순한 물고기가 아니었다. 영리하게 노인과 한판 승부를 벌이고 있었다. 정오 무렵에 낚시에 걸려들었지만 여전히 그 모습을 볼 수가 없었다. 노인은 '미끼를 먹는 것도, 낚시 줄을 끌고 가는 것도 꼭 사내답게 하는군. 싸울 때 조금도 당황하는 빛이 없단 말이야. 저놈에게 무슨 계획이라도 있는 것일까, 아니면 나와 마찬가지로 그저 필사적인 상태에 놓여 있는 것일까?' 하며 청새치의 노련한 대처에 감탄한다.

노인과 청새치의 길고긴 싸움이 시작되었다. 한번은 고기가 갑자기 움직이는 바람에 앞으로 고꾸라져 노인의 얼굴 아래가 찢어지고 피가 흘러내렸다. 싸움은 점점 치열해지고 있었다. 그들 사이에 놓인 낚싯줄은 금방이라도 끊어질 듯 팽팽하게 당겨졌다. 노인이 몸을 뒤로 젖히고 줄을 당기자 강렬한 저항이 느껴졌다.

9월이면 늘 그렇듯이 해가 떨어지자마자 바다는 금세 어두워져 캄캄했다. 노인은 설상가상 왼손에 심하게 상처가 났지만 이를 견디고 마지막 사투를 준비한다.

"고기야, 네놈이 지금 나를 죽이고 있구나, 네게도 그럴 권리가 있지. 한데 이 형제야, 난 지금껏 너보다 크고, 너보다 아름답고, 또 너보다 침착하고 고결한 놈은 보지 못했구나. 자, 그럼 이리 와서 나를 죽여보려무나. 누가 누구를 죽이든 그게 무슨 상관이란 말이냐."

노인은 모든 고통과 마지막 남아 있는 힘, 그리고 오래전에 사라진 자부심을 총동원해 청새치의 마지막 고통과 맞섰다. 노인은 낚싯줄을 놓고 한쪽 발로 그것을 밟고 서서 작살을 힘껏 높이 치켜들었다가 마지막 힘을 다해 청새치의 가슴지느러미 바로 뒤쪽 옆구리에 꽉 꽂았다. 노인은 마침내 청새치를 잡는 데 성공했지만 이후 상어 떼 공격으로 모든 것을 빼앗기고 커다란 뼈만 가지고 뭍으로 돌아온다. 노인은 청새치의 앙상한 흔적을 바라보면서 "인간은 파멸당할 수는 있을지 몰라도 패배할 수는 없어"라고 읊조린다. 청새치를 죽음에 이르게 한 것에 대하여 미안함을 느끼며, 자기가 잡은 물고기에게 적대적 감정보다는 동정의 마음을 갖는다. 노인은 예전의 영광을 재현했다. 비록 탐욕스런 상어 떼에게 많은 것을 빼앗겼지만 이러한 시련에 굴복한 것이 아니었다. 여전히 그의 마음속에는 희망이라는 거대한 물고기가 자리 잡고 있기 때문이다. 우리 삶의 여정은 어느 것 하나 수월함이 없다. 파도를 넘으면 언제나 또 다른 거대한 파도가 넘실대며 우리에게 다가온다. 수많은 시행착오와 예상치 못한 고난의 운명 앞에 때론 고개를 숙이며 힘들어하지만, 그럼에도 인생의 항해를 멈출 수 없다. 그 누구도 대신할 수 없는 나만의 인생 항로이기 때문이다.

삼가는 사람이 귀한 사람이다

절제의 성공학 | 미즈노 남보쿠 지음, 류건 옮김, 바람

몇 해 전에 〈관상〉이라는 영화를 본 적이 있다. 영화에서 조선 최고의 관상가 내경은 좋은 관상이란 "머리는 하늘이니 높고 둥글어야 하고, 해와 달은 눈이니 맑고 빛나야 하며, 이마와 코는 산악이니 보기 좋게 솟아야 하고, 나무와 풀은 머리카락과 수염이니 맑고 수려해야 한다"고 말한다. 관상학에 따르면 사람의 얼굴에는 자연의 이치 그대로 세상 삼라만상이 모두 담겨져 있으니 그 자체로 우주다. 이를 근거로 사람들의 얼굴에 따라 운명, 성격, 수명을 미리 예측할 수 있다는 것이다.

《절제의 성공학》의 작가인 미즈노 남보쿠는 10세 때부터 술을 마시고, 도박과 싸움을 일삼다가 18세 무렵에 감옥에 잡혀간다. 출소한 후 자신의 운명을 알고자 찾아간 관상가로부터 1년 안에 칼에 맞아 죽을 관상이니 빨리 출가하라는 말을 듣고 인근 사찰을 찾아간다. 하지만 절의 주지 스님은 중이 되고 싶으면 1년 동안 먹는 음식을 삼가라고 당부한다. 남보쿠는 바닷가에서 허드레 짐꾼으로 일하면서도 보리와 흰콩만을 먹고, 술도 끊고 1년을 무사히 버틴다. 식사를 절제한 덕분에 관상가로부터 요절한 운명이 사라졌다는 말을 듣고 스님이 되기보다는 관상가가 되기로 결심한다.

처음 3년간은 이발소에서 사람의 얼굴 모양을 연구하고, 그다음 3년은 목욕탕에서 사람의 벗은 모습을 관찰했고, 마지막 3년은 화장터에서 죽은 사람의 골격을 연구했다. 이러한 9년간 수행으로 일본 최고의 관상가로 활동하게 된다. 그는 운(運)이라는 것은 기(氣)에 따라 움직인다고 보았다. 천지의 기 흐름이 좋으면 세상이 맑아지듯이 몸의 기 흐름이 좋으면 운명이 반듯해지고 밝아진다고 했다. 반면 작은 실패에 마음을 뺏겨 정신상태가 해이해지면 성공의 때가 와도 알아차리지 못하고 허송세월을 보내기 십상이다. 큰 뜻을 이루기 위해 절제하는 사람에게 빈궁함은 일시적이 현상에 불과하다. 즐거움이 지나치면 괴로움이, 괴로움이 끝나면 즐거움이 오는 것이 하늘의 이치다.

그는 모든 성공은 스스로 인생을 절제하는 것에서 비롯된다고 주장했다. 특히 소식(小食)이 좋은 운명을 만드는 핵심 조건으로 보았다. 배가 불러도 억지로 먹고, 닥치는 대로 아무거나 마구 먹는 사람은 흐트러진 행동을 자주 한다. 마구 먹으면 정신도 흐려지고, 만사가 쉽게 풀리지 않는다. 식사를 절제하는 것은 마음에 안정을 주고 몸을 보살피는 근본이다. 환자에게 죽을상이 나타나도 언제나 소식했던 사람이라면, 죽지 않는 경우가 많다. 소식하는 사람은 병에 잘 걸리지도 않지만, 병에 걸려도 먹지 못하는 일이 없으며 쉽게 회복된다. 음식을 절제하는 것은 현재와 미래에 다 도움이 된다고 했다.

술을 많이 마시면 숨을 가쁘게 내쉬고, 머리가 깨지는 괴로움을 당한다. 다음 날 뱃속이 이상하고 울렁거릴 때야 후회하지만, 무절제한 사람은 다음에도 똑같이 분에 넘치게 술을 마신다. 술에 취하면 자신을 잊고 더욱더 먹으려 한다. 자신이 누군지도 모르고 불속으로 날아드는 나방으로 전락한다. 부끄럽지만 나 또한 술 때문에 실수를 되풀이하고 호되게 낭패를 당한 경우가 너무나 많다. 매번 절주와 자제를 다짐하지만 그때뿐 어느새 넘치는 모습에 후회하고 자책할 뿐이다. 요즘 나에게 술은 꿈을 빼앗는 절망이다.

남보쿠는 타고난 관상보다는 사람들의 마음가짐과 정성을 중요시하고 있다. 관상이 비록 나쁘더라도 마음과 몸가짐이 바르면 좋은 운이 될 수 있다고 보았다. 즉 스스로 쌓은 덕이 언젠가는 복이 되어 다시 돌아온다는 것이다.

그만두고 싶을 때, 딱 한 걸음만 더

그래도 계속 가라 | 조셉 M. 마셜 지음, 유향란 옮김, 조화로운삶

삶이란 고귀한 선물이다. 하지만 예상치 못한 시련 앞에서 한없이 눈물 흘리고 몸부림치지만 냉정한 세상은 나를 외면할 뿐이다. 지금까지 거친 세상과 맞서왔지만 상처받는 것은 매번 나 자신이었다. 나의 나침반은 방향을 잃고, 짙은 어둠 속에서 본연의 나를 잊고 살았다. 살아있지만 살아 있음을 느끼지 못할 때 나는 너무나 슬프고 두렵다.

《그래도 계속 가라》는 역사 교사인 제레미가 아버지의 죽음으로 인해 깊은 슬픔에 빠져 라코타 부족 인디언인 '늙은 매' 할아버지를 찾아가는 것으로 시작된다. 제레미는 "할아버지, 사는 게 왜 이렇게 힘들죠?"라고 묻자, 할아버지는 "누구나 처음 시작할 때에는 아무것도 모르는 법이란다. 그러다가 인생의 마지막 무렵에 이르게 되면 어떤 경험을 얻게 된단다"라고 답한다. 사람들은 무언가를 두려워하고 있지만 결코 살아가는 일을 멈추지는 않는다. 역경과 고난의 시간이 언제, 어떤 식으로 닥칠지 모르는 건 확실하지만 그게 언젠가는 찾아올 것이라고 인정하면 마음이 한결 편해진다.

사람이 약해진다는 건 너무도 당연한 일이다. 그 누구도, 그 무엇도 약점이나 장점만 지니고 있는 경우란 없다. 약점이 있다는 사실을 부인

하는 것 자체가 바로 크나큰 약점이다. 반면 약점이 있다는 사실을 인정하는 것이 곧 장점이다. 우리가 그만두고 싶을 때, 딱 한 걸음만 더 걸어나가야 한다. 삶이 나에게 손짓한다고 해서 삶이 항상 호의적으로 봐준다는 의미는 아니다. 그건 당신이 여행을 계속해야 하기 때문이다. 얼마 지나지 않아 당신은 그 여행 속에 실망과 실패, 슬픔, 좌절, 권태 그리고 의심 등이 함께한다는 사실을 깨닫게 되리라.

결단에 따라 행동하는 경우도 있지만, 실패한테 질질 끌려가는 자신을 발견한다. 자신 안에서 성공하려는 의지만큼이나 기꺼이 포기하고자 하는 마음도 함께 있다는 사실을 알아야 한다. 우리는 가파르고 험한 산 앞에서 올라가는 것을 포기하고 싶어진다. 그때 마음이 자기 연민에 속삭인다. 애원하고, 큰소리로 협박하여 항상 그만두고 싶다는 마음을 들게 하려고 애를 쓰고 있기 때문이다. 삶에 용감하게 맞선다고 해서 성공이 보장되는 건 아니지만, 두려움에 굴복하고 삶을 외면한다면 확실하게 실패를 보장받는다. 삶에 용감하게 맞서지 않으면 경험을 얻을 수 없을 테고, 경험을 얻지 못하면 아는 것에도 한계가 있기 마련이다. 아는 것이 없으면 지혜도 얻을 수 없다. 우리가 살아남았다는 것 자체가 곧 성공을 의미한다. 어려움을 회상하면서 배울 수 있다는 것이 가능하다는 것을 알게 된다. 경험이나 역경에 강해질 수 있음을 깨우쳐주기 때문이다.

우리는 우리를 괴롭히는 폭풍이 불지 않기를 바라고 기도하지만, 실제로 닥칠 일을 예측하고 준비해야 한다. 폭풍이 닥쳤을 때에는 제일 먼저 최선을 다해 용감하게 맞서야 한다. 폭풍에 맞서 대항하다보면,

그것에 저항하기 위해서는 굳이 폭풍만큼 강할 필요가 없다는 사실을 터득할 것이다. 승산이 별로 없는 상황을 맞이했을 때에 한 걸음 더 내딛는 것이 쓸데없는 짓 같다는 생각이 들지라도 우리는 그렇게 해야만 한다. 미약할지라도 한 걸음만 더 내디딜 수 있으면, 더 큰 역경이 닥쳐도 우리는 한 걸음 앞으로 나아갈 수 있다. 마침내 그런 걸음들 중의 하나가 차이를 생기게 한다. 인생이란 한 번에 한 걸음씩 걸어가는 여행이다. 지금까지 주저앉고 싶은 무기력과 비겁함으로 자라난 절망의 괴물이 나를 괴롭혀왔다. 새로운 도약과 희망을 찾기 위해서는 쉬지 않고 계속 걸어가야 한다. 지금 살아 있고 계속 살아갈 것이기 때문이다.

자기 주도적인 삶

가르시아 장군에게 보내는 편지 | 앨버트 허버드 지음, 박순규 옮김, 새로운제안

생각이 행동을 지배한다. 어느 날 출근하던 길에 묵묵히 뒤를 따라오던 아내가 근심 어린 표정으로 나를 보면서 왜 그리 잔뜩 움츠리고 걷느냐고 타박한 적이 있었다. 그러면서 아무리 힘든 상황일지라도 늘 어깨에 힘을 주고, 가슴을 펴고, 고개를 들고 다녀야 없던 자신감도 생긴다고 조언해주었다. 생각이 행동을 지배하듯 내 삶의 무기력하고 의기소침한 마음이 결국 초라한 모습으로 비춰진 것 같아 너무나 부끄러웠다.

직장 생활을 하면서 정기 인사이동 때마다 서열 중심의 수직적 조직 관계에 민감하게 반응하는 사람들이 있다. 이런 직장인은 상사의 눈 밖에 나서 무능력하다고 낙인찍힐까봐 늘 긴장하고 움츠리며 생활한다. 반면 부서장이 바뀌어도 승승장구하는 유능한 직원들이 있는데 이들의 특징은 자신감으로 충만한 사람들이다. 이처럼 큰 조직이나 작은 조직이나 꼭 필요로 하는 인재상은 무엇이든 할 수 있다는 자신감을 가진 직원임이 분명하다.

《가르시아 장군에게 보내는 편지》는 매우 짧은 글이다. 실제로 작가가 저녁식사를 마치고 한 시간가량 만에 쓴 것으로 알려져 있다. 작가

는 미국과 스페인의 치열한 전쟁(1898년) 속에서 중요한 임무를 완수한 로완 중위의 이야기를 들려주며, 진정한 영웅이란 자신의 임무를 끝까지 완수한 사람이라고 가르쳐준다. 로완 중위는 미국 대통령이 스페인 식민지에서 독립하고자 투쟁하고 있던 쿠바의 가르시아 장군에게 보내는 편지를 무사히 전달하는 임무를 부여받는다.

로완 중위는 편지를 받은 즉시 작은 배를 타고 사흘 밤낮을 달려 쿠바 해안에 도착, 다시 정글 속으로 들어가 3주 만에 가르시아 장군에게 성공적으로 전달했다. 이 과정에서 로완 중위는 '내 일은 내가 반드시 해낸다'는 책임감으로 두려움을 이겨낸다. 로완 중위는 가르시아 장군에게 편지를 전달하는 과정 속에서 엄청난 시행착오와 죽음의 순간을 맞이하기도 했다. 하지만 편지를 어떻게든 전달해야 한다는 신념으로 수많은 난관을 극복하고 성공적으로 임무를 수행한다.

로완 중위가 전달했던 편지는 또 다른 인생의 의미를 가지고 있다. 그것은 잃어버린 꿈과 희망이다. 누구나 어려운 상황에 직면하여 꿈과 희망을 포기한다. 그러나 도전을 멈추지 않는다면, 고난의 시간을 이겨내고 가르시아 장군에게 전달한 편지처럼, 우리 삶도 언젠가 성취의 기쁨을 만끽할 수 있을 것이다. 우리의 삶은 여전히 모호하고 캄캄하다. 변화는 미세한 떨림과 작은 움직임에서 비롯되지만 혼탁한 생각으로는 절대 소리 없이 움직이는 변화를 알아차릴 수 없다. 오직 자신의 흐름만 뺏길 뿐이다. 변화의 중심이 되기 위해서는 늘 능동적으로 깨어 있어야 한다. 그리고 온몸을 꼿꼿이 곧게 펴 태양을 응시해야 한다.

우리는 가끔 '강한 자가 살아남는 것이 아니라, 살아남는 자가 강하다'라고 냉소적으로 에둘러 표현한다. 이는 과정을 무시한 결과 중심적 사고이기에 위험한 발상이라고 치부할 수 있다. 하지만 살아남기 위해서는 어렵고, 힘들고, 포기하고 싶은 상황에서도 견뎌낼 수 있는 인내와 능력이 요구된다는 것을 알아야 한다. 즉 환경 변화에 능동적으로 대처하고 도전하는 사람만이 끝까지 생존할 수 있다. 자신감을 가지고 주도적으로 삶을 영위할 때 주변의 악조건을 넘어서 성장할 수 있다.

사람은 저마다의 걸음걸이로 인생을 걷는다

감옥으로부터의 사색 | 신영복 지음, 돌베개

분주함이 가득한 일상에서 우리 삶은 온통 잿빛이다. 주위를 살펴볼 따사로움은 이미 가슴에서 사라지고 밤하늘의 별빛은 아득한 오늘날, 독서와 사색은 사치가 되었다. 우리 사회는 생각과 사색을 억압하는 보이지 않는 커다란 감옥이다. 자본의 논리가 지배하고, 다양성보다는 서열화와 표준화만을 요구하기 때문이다. 이로 인해 개인의 삶의 가치는 오직 사회적 기준에 의해 결정되고 평가되고 있다. 우리만 있고 내가 없는 세상은 또 다른 감옥일 뿐이다.

《감옥으로부터의 사색》은 통일혁명당 사건으로 20년 20일 동안 수감 생활을 한 신영복 선생의 옥중 서간이다. 무기수로 지내며 당장 내일을 기약할 수 없음에도 편지 내용은 절망보다는 새로운 시작을 준비하는 봄의 새싹처럼 싱그럽다. 기나긴 정치적 고난 속에 체득한 탁월한 생각과 남다른 역사관을 엿볼 수 있다. 작가는 감옥살이를 대립과 투쟁, 억압과 반항이 가장 예리하게 팽팽하게 긴장된 생활이라고 자조한다. 교도소 벽은 그 속에 있는 사람들의 감정을 날카롭게 벼리어놓는다. 징역을 오래 산 사람치고 감정이 날카롭지 않은 사람이 없다. 감정이 폭발할 듯 팽팽하게 켕기고 있을 때 벽은 이성의 편을 들기보다는 언제나 감정의 편에 선다. 벽은 그 속에 모든 것을 산화시켜버린다. 이러한 감정을 극복하기 위해서는 이성의 계발이 필요하다. 이성은 감정에 기초하고, 감정에 의존하여 발전하는 것이기 때문에 이러한 노력은 벽의 속박과 단절로부터 감정을 해방하는 과제와 직결된다. 우리가 각자의 사건에 매몰되어 감정에 빠져드는 대신 이웃에 충실할 때 비로소 벽의 위험으로부터 안전해진다.

신영복 선생의 역사 인식은 "김유신의 공성(功成)보다는 계백의 비장함이, 시조나 별곡체(別曲體)의 고아함보다는 남도의 판소리와 육자배기의 민중적 체취가, 그리고 무엇보다도 백제 땅의 끈질긴 저항이" 각별한 평가를 받아야 한다는 대목에서 살펴볼 수 있다. 나아가 갑오농민전쟁은 그 참담한 패배에도 불구하고 19세기 아시아 민족운동의 큰 봉우리로, 한국 근대사의 골간을 이루는 의병투쟁, 독립전쟁의 선구로서 찬연히 빛나고 있음을 자랑스러워한다.

감옥 속에 주저앉아 있는 사람들이 맨 처음 시작하는 일이 책을 읽는 것이다. 신영복 선생은 "독서는 실천이 아니며 다리가 되어주지 않는다. 그것은 역시 '한발(외발)' 걸음이다"라고 했다. 책을 읽는다는 것은 다른 사람의 경험인 과거의 실천을 목발 삼아 저마다의 걸음으로 인생을 살아가야 한다는 의미다. 독서는 인식의 과정을 되풀이하는 동안 현실의 튼튼한 땅을 잃고 공중으로 솟구쳐 관념화된다. 그 역시 모든 불구자가 그렇듯이 목발을 짚고 걸어가기로 결심한다. 그가 처음 목발로 삼은 것은 다른 사람들의 경험 즉 '과거의 실천'이었다.

사람은 각자 저마다의 걸음걸이로 자신의 인생을 걸어가는 것이 겠지만, 땅을 박차서 땅을 얻든, 그 위에 쓰러져 그것을 얻든, 죽어서 땅 속에 묻히기까지는 거대한 실천의 대륙 위를 걸어가게 마련이라 생각됩니다.

신영복 선생은 감옥이라는 밀폐된 공간에서 생활하는 동안 부단한 성찰과 자기부정의 노력으로 닫힌 공간을 무한히 열린 공간으로 만들었다. 몸은 얽매여 있었지만 생각은 너무나 자유롭고 자유로웠던 그에게 벽은 침묵의 교사이자 사색의 공간이었다.

오늘날 풍요로움과 편리함이 커졌지만 인간관계는 메마르고, 마음은 황폐해졌다. 사람들은 점점 시간의 노예로 전락하고 있을 뿐 주인으로서 살아가지 못한다. 소통을 위한 기기의 발전과는 역행하여 사람들의 관계는 더욱 피상적으로 변해갈 뿐이다. 인간의 이성과 감정은 퇴보하고 소통 부재로 인한 불통이 심각한 사회적 문제를 양산하고 있다. 사람과 사람 사이에 세워진 커다란 벽 사이에서 빠져나와 성찰과 사색의 여유가 필요하다. 신영복 선생은 우리에게 깊은 사색에 마음을 쏟고 생각을 높이는 것이 중요하다고 일깨워주고 있다.

3

책을 펼치면
누리는 참된 쉼과 회복

쉼과 휴식을 뜻하는 힐링이라는 단어가 여전히 맹위를 떨치고 있다.
그만큼 우리 사회 구성원들이 제대로 쉬지 못하고 있으며
진정한 휴식을 간절히 바라는 사람들이 많다는 방증일 것이다.
방학이나 휴가는 물론, 명절에도 해외여행을 가려는 인파로 북적이는
공항의 모습을 텔레비전 뉴스를 통해 볼 때마다
참된 휴식이란 무엇일까 생각하곤 한다.
여행은 휴식을 취하고 재충전하는 참 좋은 방식이지만
참된 휴식은 결코 외부에서 찾을 수 없고,
무작정 먼 곳으로 여행을 떠나야만 발견할 수 있는 것도 아니다.
그저 나만의 편안한 공간에서 가장 편안한 자세로 책 한 권을 들어
책장을 펼쳐 읽어 내려가기만 해도 얻을 수 있는
참된 쉼과 회복을 경험하기를 제안한다.

세계 최고의 여행기 열하일기 | 그 많던 싱아는 누가 다 먹었을까 | 인생수업 |
좁은 문 | 수레바퀴 아래서 | 더 리더 | 그리스인 조르바 | 어린 왕자 | 주홍 글자 |
날개 | 달과 6펜스 | 사흘만 볼 수 있다면 | 인간 실격 | 파리대왕 | 무소유 |
도덕경 | 장자 | 월든 | 꾸뻬 씨의 행복 여행 | 몰입의 즐거움

여행은
또 다른 인생을 만든다.

세계 최고의 여행기 열하일기 | 박지원 지음, 고미숙 외 옮김, 북드라망

세상은 자기가 아는 만큼 보인다. 영국의 철학자 베이컨은 인간은 네 가지 정신적인 오류를 가지고 있다고 한다. 그중 '동굴의 우상'은 자기의 경험에 비추어 세상을 판단하려는 오류이다. 죄수들이 몸과 목이 쇠사슬로 묶여 동굴에 갇혀 있다고 가정해보자. 그 뒤로 횃불이 타고 있어 죄수들은 벽에 비친 그림자만 보고 평생 살아간다. 나중에는 그림자가 그림자라는 사실조차 인지하지 못하게 된다. 인간은 고립된 상태를 오래 지속하면 자신의 지식이 결국에는 절대적인 진리인 줄 착각하고 산다. 세상은 무수한 편견으로 가득하지만 여행은 또 다른 세계를 이해하는 통로이다.

연암 박지원에게 44세(1780) 무렵 청나라 대륙을 방문할 기회가 찾아온다. 그의 삼종형 박명원이 건륭황제의 70세 생일 축하 사절의 정사(正使)로 발탁되었는데, 박지원은 정사의 자제군관 자격으로 연행단에 참여하게 된 것이었다. 여정은 5월에 길을 떠나 10월에 돌아오는 6개월이 걸리는 대장정이었다. 박지원은 대륙을 지나는 곳마다 날짜별로 날씨와 함께 보고 느낀 것을 상세히 기록했다. 이 여행의 기록이 바로 《열하일기》이다.

대륙에서의 경험은 단순히 방문객의 입장이 아닌 보다 현실적인 고민과 그만의 사유의 흔적이 고스란히 담겨져 있다. 18세기 조선은 멸망한 명나라에 대한 의리론과 명분론이 약화되긴 했지만 내부 통치 이념으로 유효한 상태였다. 그와 반대편에서는 병자호란과 정묘호란을 거치면서 실제적 영향력을 가진, 문화 대국으로 성장한 청나라에 대한 사대적 외교론 또한 크게 위세를 떨치고 있었다. 양 갈래의 길 앞에서 조선의 입장과 처지는 혼란스런 상태였다. 이런 시기에 박지원은 《열하일기》를 통해서 조선사회가 가지고 있는 불합리한 체제와 양반사회의 모순을 극복하고자 하는 이용후생의 실학사상을 내보이고 있다.

《열하일기》의 시작은 압록강을 건너면서 시작되었다. 당초 목적지는 청나라 수도 연경이다. 연경까지의 거리는 약 2천3백여 리, 연행단은 급박한 상황 변화와 수시로 변화는 날씨로 애를 먹는다. 《열하일기》는 사행 일자별 기록과 더불어 이론, 견문, 필담별로 엮어져 있다. 사행 일자별 기록은 도강록(압록강에서부터 요양에 이르기까지 15일 여정), 성경잡지(십리하부터 소흑산에 이르기까지, 모두 327리 여정), 일신수필(신광녕부터 산해관 안에 이르기까지, 모두 562리 여정), 관내정사(산해관부터 연경까지, 모두 640리 여정), 막북행정록(연경에서 열하에 도달하기까지 여정) 태학유관록(열하에서 머물었던 6일 동안의 여정) 환연도중록(열하에서 연경으로 돌아오기까지 여정)으로 구성되었다.

일신수필에서 박지원은 이용후생을 언급하고 있다. 깨진 기와 조각은 천하에 쓸모없는 물건이다. 그러나 민가에서는 담을 쌓을 때 깨진 기와 조각을 짝을 지어 물결무늬를 만들거나, 혹은 네 조각을 모아 쇠사슬 모양을 만들거나, 또는 네 조각을 등지게 하여 노나라 엽전 모양처럼 만들어서 담벽 어깨 높이 위쪽에 배치했다. 그러면 구멍이 찬란하게 뚫리어 안팎이 서로 비추게 된다. 깨진 기와 조각도 알뜰하게 써먹었기 때문에 천하의 무늬를 여기에 다 새길 수 있었다. 똥오줌은 아주 더러운 물건이다. 그러나 거름으로 쓸 때는 금덩어리라도 되는 양 아까워한다. 한 덩어리도 길바닥에 흘리지 않을뿐더러 말똥을 모으기 위해 삼태기를 받쳐들고 말 꼬리를 따라다니기도 한다. 박지원은 "저 기와 조각이나 똥 덩어리야말로 진정 장관이다"며 감탄한다.

박지원은 청나라의 부국강병이 기와 조각과 똥 부스러기에 있다고 부러워하고 있다. 하찮은 물건일자라도 소홀히 대하지 않고 지혜롭게 활용하는 것이 그들의 힘의 원천이라고 생각한다. 나아가 박지원은 조선에서 배워야 할 부분을 실학적 개념에서 제시하고 있다. 오늘날에도 박지원의 제안은 유효하다. 옛것을 토대로 하여 그것을 변화시키고, 새로운 사고로 미래의 비전을 제시하는 법고창신 정신이 필요하다.

지난 추억은 그립고,
가슴 아프고 아련하다

그 많던 싱아는 누가 다 먹었을까? | 박완서 지음, 웅진닷컴

지난 추억은 아련하다. 박완서 작가가 책 서문에서 밝히고 있듯이 《그 많던 싱아는 누가 다 먹었을까》는 소설로 그린 작가의 자화상이다. 일제치하의 어두운 그늘과 광복 그리고 한국전쟁으로 황폐해진 서울에서의 스무 살 기억을 고스란히 담고 있다. 또한 고향 박적골에서의 추억과 당시의 생활양식을 오롯이 그려내고 있다. 주인공은 아버지를 일찍 여의고 할아버지는 서당 훈장으로써 알량한 양반 체면만 간신히 지키고 사는 몰락한 집안이라고 애써 에둘러 밝히고 몸이 불편하신 할아버지의 담뱃불을 못 붙여드렸을 때를 안타까워하고 있다.

여덟 살 무렵 엄마의 성화로 서울로 이사 오지만 넉넉하지 못한 형편 때문에 고달픔의 연속이다. 그럼에도 불구하고 학교는 사대문 안에 있는 좋은 학교에 가야 한다고 해서 시험을 치르고 학교에 입학한다. 학교에서 처음 배운 말은 일본 왕의 칙어를 넣어두는 호안덴이었다. 일본은 철저한 식민교육을 통해서 조선 사람들을 황국신민으로 만들고 있었지만, 어린 눈에는 일본인 선생님은 세련되고 예뻤고, 일본어를 잘 구사하는 것이 부러울 뿐이었다. 모범생 오빠의 총독부 취직은 집안의 큰 자랑거리가 된다. 작가는 식민지의 암울한 시대에 나라야 어찌되든

지 상관없이 가족의 영달을 더 중시했던 부분을 부끄럽게 반성하고, 한편으로 할아버지의 양반 의식이란 것도 실은 얼마나 비루한 것인지 새삼 깨닫는다.

1945년 개학하기 전에 일본이 망하고 해방이 되었다. 개성에 미군이 들어온 건 38선을 잘못 그어서 그렇게 된 거라 하면서 갑자기 미군이 철수하고 소련군이 주둔을 했다. 이러한 불완전한 해방이 가져다준 불행한 씨앗이 결국에는 민족 간 전쟁이라는 참담한 비극을 초래한다. 서울로 돌아와 복학을 하지만 달라진 건 아무것도 없었다. 일본어를 가르치던 국어 선생님이 그냥 우리말의 국어 선생님으로 눌러앉아 있는 건 잘 이해가 안 됐다. 식민지 국가에서 독립국가로 제대로 이행치 못하면서 친일 잔재가 고스란히 계승되었음을 알 수 있다.

한국전쟁 직후 이승만 정권은 수도 서울을 사수하고 버리지 않겠다고 시민들에게 공표한다. 이를 철석같이 믿고 피신하지 않았던 사람들은 인민군에 부역했다는 혐의로 숱한 고초를 당한다. 나중에 밝혀진 사실이지만 이승만 대통령은 국민을 속이고 먼저 대구로 피신한 상태였다. 1951년 초 중공군 개입으로 남쪽으로 재차 피난하게 될 처지가 되자 엄마는 지금까지 억누르고 있던 감정을 토로한다. "떠나자, 죽는 한이 있어도 가는 데까지 가다가 죽자. 저렇게 내모는데 안 가고 있어봐라. 나중에 우릴 얼마나 못살게 굴겠니?" 하지만 오빠의 다리 부상 때문에 더 이상 피난가지 못하고 다시 현저동에 머문다.

우리만 여기 남기까지 얼마나 많은 고약한 우연들이 엎치고 덮쳤던가. 그래, 나 홀로 보았다면 반드시 그걸 증언할 책무가 있을 것이다. 그거야 말로 고약한 우연에 대한 정당한 복수다. 증언할 게 어찌 이 거대한 공허뿐이랴. 벌레의 시간도 증언해야지. 그래야 난 벌레를 벗어날 수가 있다.

해방과 한국전쟁을 거치면서 친일 세력들은 그동안의 악행을 숨기고, 과거 행적을 합리화하기 위한 자기방어 수단으로 반공을 전가의 보도로 사용하기 시작한다. 이 때문에 친일은 덮어지고, 빨갱이라는 말 한마디는 무고한 사람들에게 올가미와 공포로 다가온다. 그 야만적 시대의 목격자로서, 작가는 언젠가 글을 쓸 것 같은 예감에 사로잡힌다.

서울에서 처음 본 아카시아 꽃을 누가 볼세라 몰래 한 송이 먹어보았더니 비릿하고 들쩍지근했다. 그리고 헛구역질이 났다. 불현 듯 싱아 생각이 났다. 간절하게 산속을 찾아 헤맸지만 싱아는 한 포기도 없었다. 그 많던 싱아는 누가 다 먹었을까? 허늘이 노래질때까지 헛구역질을 하느라 그곳과 고향 뒷동산을 헷갈리고 있었다. 싱아는 아련하고 아름다운 유년 시절의 그리움이다. 서울에서는 그런 추억이 사라지고 허망함이 가득하다. 어린 시절은 때 묻지 않은 순수함이 가득하지만 어른들이 만들어놓은 세상은 모순으로 가득하다.

현재 이 순간에 충실하라

인생수업 | 엘리자베스 퀴블러 로스 · 데이비드 케슬러 지음, 류시화 옮김, 이레

죽음은 생각 그 자체만으로 두렵다. 우리는 이를 외면하려고 하지만 피할 수 없는 숙명이다. 죽음은 관계를 맺었던 것, 소유했던 것, 사랑했던 모든 것들과 영원한 이별을 하게 한다. 이런 연유로 죽음은 소멸과 망각인 것처럼 보이지만, 한편으로는 새로운 시작의 서막이 되기도 한다. 절망에 빠져 자아를 잃은 사람들에게 또 다른 삶의 의미를 새겨주기 때문이다. 존재의 상실 속에서 스스로 생명을 저버리는 극단적인 선택을 하는 이유는 험난한 세상 한가운데에서 삶의 의미와 방향을 잃어버렸기 때문이다. 하지만 세상에 떠도는 그저 공허한 메아리 같은 삶이라 할지라도 인간에게는 저마다 존재하는 이유가 있게 마련이다.

《인생수업》은 호스피스 운동의 선구자인 엘리자베스 퀴블러 로스와 그녀의 제자 데이비드 케슬러가 죽음 직전의 사람들 수백 명을 인터뷰하여 그들이 말하는 인생에서 꼭 배워야 할 것들을 몇 가지 의미 있는 주제로 정리한 책이다. 삶의 마지막에 이른 이들의 이야기를 따라가 보자.

첫 번째, 우리는 최악의 상황에 직면할 때 더 많이 성장한다. 조건이 가장 나쁠 때 오히려 자신이 가진 최상의 것을 발견할 수 있기 때문이

다. 두 번째, 우리는 '하고 싶은' 일보다는 '해야만 하는 일'에 얽매여 살고 있는 것에 반성해야 한다. 세 번째, 당신이 사랑받고 있지 않다고 느낀다면 그것은 당신이 사랑을 움켜쥐고 있기 때문이다. 네 번째, 사람과의 관계에서 가끔 텅 빈 공간이 될 필요가 있으며, 다른 사람이 지나다니게 해야 한다. 이는, 자신 안에서 세계의 영혼을 발견하고, 신의 정신을 보는 것이다. 다섯 번째, 죄의식에서 벗어나지 않는 한 과거는 계속해서 쫓아다닐 것이다. 자기 비난은 지금 이 순간의 실체를 회피하는 하나의 길이며, 과거의 자기 비난은 미래마저 자기 비난으로 채워질 수밖에 없다. 죄의식을 내려놓을 때에만 과거를 극복하고 새로운 미래를 맞이할 수 있다. 여섯 번째, 우리는 시간을 쓰고 아끼는 것이 자신에게 달린 일이라고 믿어야 한다. 시간을 돈으로 살 수는 없지만 시간을 쓰는 것에 대해서는 주도적으로 해야 한다. 일곱 번째, 진정한 자유는 가장 두려운 일들을 대담하게 행할 때 성취할 수 있다. 두려움에 붙들리지 않고 크게 한 걸음 내딛는 순간, 삶을 잃는 것이 아니라 발견하게 될 것이다. 이는 두려움을 걷어 버리거나 이겨내야 역설적이게도 삶의 가장 안전한 장소에 도달할 수 있기 때문이다. 여덟 번째, 사랑하는 사람들과 좋은 시간을 보내는 것도 중요하지만 혼자 있을 때도 근사하게 자신만의 시간을 써야 한다. 아홉 번째, 그 어떤 것이라도 단 한 번에 이루어지지 않는다. 무화과를 얻기 위해서는 먼저 꽃을 피우고, 열매를 맺고, 그것이 익을 때까지 시간이 필요하다. 열 번째, 우리가 가장 많이 용서해야 하는 사람은 자기 자신이다. 자신이 한 일에 대해서나 자신이 하지 않은 일에 대해서까지 자신을 용서해야 한다. 잘못을 저질렀다는 생각이 들어도 스스로를 용서해야 한다. 배움을 얻지 못했다고 생각하면 얻지 못한 것에 대해서도 용서해야 한다.

행복한 삶이란 오늘 자신의 모습을 타인과 비교하지 않고, 과거의 모습에도 비교하지 않으며, 또한 미래를 두려워하지 않는 상태에서 있는 그대로 아무 문제없다고 여기는 데서 찾아온다. 행복은 오직 지금 내 안에 있기 때문이다.

죽음을 앞둔 사람들이 가장 후회하는 것은 '삶을 그렇게 심각하게 살지 말았어야 했다'는 것이다. 우리에게 주는 가르침은 '모든 날들에 최선을 다하고 살아야 한다'는 것이다. 삶의 마지막 순간에 바다와 하늘과 별 또는 사랑하는 사람들을 한 번만 더 볼 수 있게 해달라고 기도하지 말고, 당장 만나고 오라고 당부하고 있다. 우리에게 오늘은 어제 죽은 이가 그토록 살고 싶었던 소중한 내일임을 잊지 말아야 한다. 당신은 아직 죽지 않은 사람으로 살지 말라!

상처받은 영혼의 치유를 위하여

좁은 문 | 앙드레 지드 지음, 오현우 옮김, 문예출판사

　보통의 인간은 선택의 기로에서 고귀함보다는 현실적이고 욕망에 의지하여 길을 선택한다. 이는 자기합리화와 이율배반적인 사고를 가지고 있는 인간의 특성이기 때문이다. 《좁은 문》의 주인공 알리사는 이런 보통의 인간을 넘어선 구도자의 모습을 보여준다. 그녀는 세속적인 사랑과 신의 믿음 사이에 고뇌하지만 결국 하나님에게 의탁하고 평생 숭고한 길을 걷고자 한다. 엇갈린 사랑은 운명을 어지럽게 만들지만 이는 불행한 삶을 자초하는 것이 아니라 불완전한 인간이 마주해야 하는 또 다른 고뇌와 번민에 찬 현실을 보여주고 있다.

　남자 주인공 제롬은 12살 때 아버지를 여의고, 외사촌 집에서 생활한다. 그곳에서 사촌동생인 알리사와 여동생 줄리에트, 막내 동생 로베르를 만나게 된다. 제롬의 눈에 비친 알리사는 그리 아름답고 예쁜 편은 아니지만 말로 표현할 수 없는 묘한 매력을 가지고 있다. 제롬은 그런 알리사에게 줄곧 호감을 가지게 된다. 줄리에트는 건강하고 유쾌하고 활달한 성격으로 제롬을 짝사랑한다. 알리사의 집안은 그리 화목한 가정이 아니었다. 그녀의 엄마가(외숙모) 남편 몰래 외도를 하고 있었기 때문이다.

제롬이 알리사의 집에 방문했을 때 그녀의 엄마가 젊은 장교와 벌이는 은밀하고, 낯 뜨거운 장면을 엿보게 된다. 조심스레 알리사의 방문 앞에 도달했을 때 무릎을 꿇고 울고 있는 그녀의 모습을 보면서 "내 영혼이 흘러넘치는 입술을 그녀의 이마에 대고 있었다. 사랑과 연민에 취하고, 감격과 희생과 미덕이 뒤섞인 어떤 막연한 감정에 잠겨, 내 모든 힘을 다하여 하나님께 호소하며 내 삶의 목적은 이제 다만 공포와 악과 삶으로부터 그녀를 보호하는 것 뿐"이라고 생각하면서 앞으로 그녀를 위해서 몸을 바치기로 결심한다.

알리사는 이미 엄마의 불륜 사실을 알고 있었다. 제롬에게는 이러한 사실을 다른 사람들에게 비밀로 해주길 당부한다. 외숙모(알리사의 엄마)는 남매들을 내버려두고 집을 떠나버린다. 한적한 교회의 예배당에서 제롬과 알리사는 그들 인생의 의식을 지배할 인상 깊은 목사의 연설을 듣게 된다.

좁은 문으로 들어가라. 멸망으로 인도하는 문은 크고 그 길이 넓어 그리로 들어가는 자가 많고, 또한 생명으로 인도하는 문은 좁고 길이 협착하여 찾는 이가 적음이니라.

이를 듣고서 제롬은 그 기쁨이 날카로우면서도 부드러운 바이올린 소리와도 같았고, 알리사의 마음과 자기의 마음이 타서 한데 말라붙는 날카로운 불길처럼 상상되었다.

제롬은 줄곧 알리사를 사랑했기에 그녀로부터 마음을 얻기 위해서 여러모로 노력을 하지만 알리사는 애써 그러한 흔적을 지우고자 한다. 대신 알리사는 하나님의 안에서 서로 하나가 되자고 요구한다. 반면, 여동생 줄리에트는 몰래 제롬을 좋아하지만 진심이 통하지 않자 현실도피와 반항심으로 다른 남자와 결혼을 결심한다. 제롬은 이탈리아에서 귀국한 후 곧바로 징집당한다. 군에 입대한 후에도 변함없이 알리사에게 사랑의 마음을 담아서 편지를 보낸다.

　세월이 지난 후 어느 날 저녁에 제롬이 잔뜩 기대하면서 식사 장소에 가지만 자수정 십자가 목걸이를 걸고 있지 않는 알리사를 발견한다. 제롬은 이튿날 동이 트자 쓸쓸한 마음으로 알리사의 곁을 떠난다. 알리사가 자수정 십자가 목걸이를 걸고 있지 않으면 곧바로 그녀의 곁을 떠나갈 것을 제롬이 미리 약속했기 때문이다. 시간이 지난 후 제롬은 알리사가 요양원에서 숨진 사실을 줄리에트의 편지를 통해 알게 된다. 그녀가 남긴 일기장에는 '하나님이시여, 그를(제롬) 주시면 당신께 이 마음을 바칠 수 있겠나이다'라고 기도하는 모습과 다시 한 번 그를 만날 수 있기를 바라는 고백하는 글귀가 있었다. 알리사 역시 제롬을 지극히 사랑하는 마음과 '좁은 문'인 하나님 품속에 살고자 하는 삶의 이중적인 고뇌가 가득했음을 알 수 있다. 우리 문화로는 사촌간의 사랑이 근친상간으로 간주되지만 유럽, 미국(일부 주), 일본 등 세계의 다수의 국가에서 사촌 간 결혼은 법률적으로 허용하고 있기에 문화적 다양성을 인정하면 제롬과 알리사의 사랑을 좀 더 이해할 수 있을 것이다.

억눌린 소년의 죽음

수레바퀴 아래서 | 헤르만 헤세 지음, 김이섭 옮김, 민음사

학교는 배움의 터전이지만 친구들과의 비교 및 경쟁은 불가피하다. 그중에서 모범생과 문제아로 구분되는 중요한 잣대가 성적순이다. 하지만 지나친 성적지상주의는 자유로운 영혼들을 병들게 한다. 헤르만 헤세의 자전적 소설로 알려진 《수레바퀴 아래서》는 작가의 그늘진 학창 시절의 모습을 담고 있다. 그는 시인이 되기 위해 수도원 학교를 도망쳐 나온 후 여러 직업을 전전하고, 자살을 시도하고, 정신병원에 입원하는 등 깊은 방황의 청소년기를 보낸다.

독일의 슈바르츠발트라는 작은 마을에 사는 주인공 한스 기벤라트는 다른 아이들에 비해 영리하고 재능 있는 아이였다. 병약했던 어머니를 일찍 여의고, 위선적이고 속물적인 아버지(요제프 기벤라트) 밑에서 억눌리며 성장한다. 학업 성취도가 뛰어난 한스는 그리스어, 라틴어, 수학을 지도받는다. 교장 선생은 이러한 학습 방식이 그의 정신세계를 충만케 한다고 굳게 믿는다. 한편으로는 슈투트가르트에 있는 신학교(마울브론)로 보내 자신들의 명예를 드높이고자 하는 나름의 속뜻을 가지고 있었다. 그의 아버지 역시 밤늦게까지 공부하는 모습을 보고 기름을 낭비하는 것에 못마땅하면서도 몹시 자랑스러워하는 이중적인 모습을 보인다.

한스는 신학교로 떠나기 전에 공부했던 작은 방에서 자신이 평범한 친구들보다 나은 존재라는 생각과 더 높은 곳에서 우쭐대면서 내려다 볼 상상을 했던 과거를 회상한다. 그는 주변의 기대에 부응하듯 결국 신학교에 2등이라는 우수한 성적으로 합격한다. 교장 선생은 한스를 자랑스러워하면서 학교의 사명은 인간을 사회의 유용한 일원으로 만드는 것이고, 교육을 통해서 소년의 내면에 있는 거칠고 야만적인 무질서의 요소를 찾아내 깨뜨리는 것이고, 위험하기 짝이 없는 무질서한 요소를 미리 밟아 꺼버리는 것이라고 믿는다.

수도원(마울브론)의 기숙사 생활을 하면서 정서가 풍부한 서정적인 헤르만 하일너와 깊은 우정을 맺는다. 그는 시를 쓰는 공상가였다. 어느 날 헤르만 하일너는 바이올린 연습을 하고 있던 루치우스를 폭행하여 무거운 금고형을 선고받는다. 한스는 그를 도와주고 싶어 했지만 행동으로 옮기지 못하고 내면의 갈등을 겪는다. 성적이나 시험이나 성공에 의해서가 아니라, 양심의 순결이나 오욕에 의하여 인간이 평가되는 그러한 세계를 염원한다.

서로 어울리지 못하게 함께 산책을 다니는 것을 금지했음에도 불구하고 이를 어겨 하일너가 퇴학을 당하고, 한스는 심한 우울증으로 학교를 그만둔다. 집으로 돌아온 한스는 더 이상 마을의 희망이 아닌 무가치한 존재로 전락한다. 그를 위하여 시간을 낸다거나 관심을 보인다는 것은 부질없는 일이 되고 말았다. 그는 처음으로 땀 흘리며 일하는 대장간의 견습공이 되지만 친구들과 이웃의 조롱의 대상이 될 뿐이다.

어느 일요일 잔뜩 술에 취한 상태에서 한스는 온갖 불쾌한 감정과 고통스러운 불안감, 혼돈에 빠진다. 그는 너무나도 낙심하여 자신이 처참하다는 생각이 들었다. 이제는 영원히 쉬고, 잠들고, 또 부끄러워해야 할 것만 같았다.

다음 날 한스는 검푸른 강물의 골짜기 아래 싸늘한 죽음으로 돌아온다. 그가 어떻게 물에 빠지게 되었는지 아무도 알 수 없었다. 한스의 장례식에 교장, 교사, 마을 목사, 친구들도 참석했다. 모두가 한스의 재능을 아까워하듯 한마디씩 했다. 이때 구둣방 주인 플라이크는 묘지 문을 나서는 학교 선생들을 향해서 한스를 이 지경에 빠지도록 도와준 셈이라고 질책하고, 우리 모두의 책임이라고 자책한다. 그의 죽음이 집단과 사회에 의해 자행된 타살이라는 것이다.

수레바퀴는 기성세대의 냉혹한 굴레이자 사고방식이다. 오직 남보다 뛰어나고, 먼저 앞서라고 가르쳐왔기 때문이다. 마침내 가엾은 젊은 영혼이 어른들의 무거운 수레바퀴에 아래에 깔린 것이다. 청소년들에게 좀 더 자유롭게 생각할 수 있는 여유와 사색의 시간이 필요하다.

누구나 감추고 싶은 아픔이 있다

더 리더 | 베른하르트 슐링크 지음, 김재혁 옮김, 이레

열등감과 수치심은 나약한 인간 내면 깊숙이 자리 잡고 있다. 여기에 비루함과 초라함이 기생하며 스멀스멀 자라난다. 열등감은 자기를 무가치로 여기고 파멸로 이끌지만 이와 달리 수치심은 부끄러움을 알기에 타인에게 사악하지 않다. 한나 슈미츠는 문맹이라는 열등감과 무지함에 의한 나치에 협력했던 수치심 사이에서 절망한다. 삶을 송두리째 부정하려는 그녀의 모습을 통해서 인간의 불안한 심리를 엿볼 수 있다.

《더 리더》의 부제는 '책 읽어주는 남자'이다. 단순히 책을 읽어주는 것만이 아니다. 10대 소년과 30대 중년 여성의 사랑, 내밀한 욕망과 에로티시즘, 숨기고 싶은 과거와 콤플렉스가 어지럽게 뒤엉켜 있다. 미하엘과 한나에게 책은 서로의 상처를 치유하는 소통의 도구였다. 소설은 과거(1958년)와 현재(1995년)를 넘나들며 두 사람의 인생 역정을 파노라마처럼 생생하게 보여주고 있다. 미하엘은 열다섯 가을부터 시작된 간염으로 인해서 몸은 자꾸만 약해져갔다. 학교에서 돌아오다가 힘겨움을 견디지 못하고 담장에 몸을 의지한 채 구토를 심하게 했다. 한나가 이 모습을 보고 물동이를 가져와 그의 얼굴을 깨끗이 씻겨주고, 지저분한 주변을 정리해준다.

고마움을 느낀 미하엘은 한나의 집을 다시 찾아가고 그들은 서로의 비밀을 간직한 연인 사이가 된다. 미하엘이 한나에게 사랑의 행위를 원하면 그녀는 먼저 책을 읽어달라고 요구하고, 미하엘은《오디세이》《에밀리아 갈로티》《카틸리나 탄핵》《간계와 사랑》등의 책을 읽어준다. 그들만의 의식이라고 할 수 있는 책 읽어주기, 샤워, 사랑 행위, 같이 누워 있기를 되풀이한다. 그러던 어느 날 한나는 아무 말도 없이 미하엘의 곁을 떠났다. 미하엘은 사랑의 배신감을 느끼고 오랫동안 심적인 갈등을 겪는다. 그녀가 갑자기 떠난 이유는 독일의 전차운전자 교육 때문이었다.

8년여 세월이 지나고 미하엘은 하이델베르크대학에서 법학을 전공하고 있었다. 재판 세미나 수업으로 참석한 나치 전범의 재판에서 피고인석에 앉아 있던 한나를 마주하게 된다. 그녀는 강제수용소 감시원으로 근무하면서 나치에 협력하고, 포로들의 죽음을 방조한 혐의를 받고 있었다. 재판이 진행되면서 미하엘은 한나가 무슨 이유로 문맹(文盲)이 되었는지 알 수 없지만 그녀가 숨기고 싶었던 비밀스런 부분들, 왜 지멘스에서 근무조장을 포기했는지, 필적 감정사와의 대면을 회피했는지 이유를 알게 된다.

재판장에서 한나는 자신이 보고서를 쓸 수 없는 처지임을 밝히고 변명할 수 있었지만, 그녀는 열등감에 사로잡혀 순순히 죄를 인정한다. 결국 그녀는 종신형을 선고받는다. 미하엘 역시 한나를 위해서 증언할 수 있었지만 은밀했던 지난 과거가 들통나는 것을 두려워한다. 그는 죄책감에서 조금이라도 벗어나고자 한나를 위해서 책을 읽고 카세트테이프에 녹음하여 교도소로 보낸다. 그러는 동안 한나는 스스로 글자를 배워 '꼬마야, 지난번 이야기는 정말 멋졌어. 고마워'라고 편지를 보낸다. 한나는 답장을 애타게 기다리지만 미하엘은 편지를 끝내 보내지 않는다.

한나가 사면 대상자로 뽑히자 미하엘은 후견인으로 교도소에 찾아가 그녀를 오랜만에 조우한다. 하지만 사면 받아 석방되던 날 아침 한나는 스스로 죽음을 선택한다. 그녀가 남긴 유품들을 살피던 미하엘은 자신의 고등학교 졸업식장에서 상장을 받고 있는 사진이 실린 스크랩된 신문 기사를 발견하고 가슴이 먹먹해진다. 한나는 줄곧 그에 대한 애틋한 사랑을 품고 있었다.

한나가 자살한 이유와 진실은 무엇이었을까? 문맹이라는 열등감에 연관된 상황들과 강제수용소에서 불법적인 행위가 대립하고 있다. 한나가 글을 읽고 쓸 줄 알게 되면서 교도소 내 도서관에서 다양한 강제수용소 책들을 접할 기회가 있었을 것이다. 책을 통해서 너무나 무지한 상태에서 저질렀던 과거의 간접 살인에 대해서 부끄러워하고, 속죄의 마음을 가지게 된 것이 아닐까? 인간의 무지함으로 인한 행위는 선악의 경계에서 모호해진다. 무지함에 의한 신념은 죄악이다.

인간은 자유다

그리스인 조르바 | 니코스 카잔차키스 지음, 이윤기 옮김, 열린책들

삶과 마주하여 얼마나 주도적으로 살았는지 반추할수록 부끄럽다. 주체성이 빈약했던 탓에 주변 환경과 분위기에 압도당해 길을 잃고, 기존 사회가 만들어놓은 틀과 기준에 억지로 맞춰 살아왔다. 나만의 기준이 없다면 의존적 삶에 매몰되어 자신의 고유성과 독립성을 망각하기 십상이다. 희미해져가는 나를 찾기 위해서는 경계를 초월한 자유로운 사고가 필요하다.

《그리스인 조르바》의 작가 니코스 카잔차키스의 자작 묘비명에는 "나는 아무것도 바라지 않는다. 나는 아무것도 두려워하지 않는다. 나는 자유다"라고 쓰여 있다고 한다. 소설 속의 주인공 조르바 역시 자유를 찾아가는 여정으로 가득하다. 1930년대 그리스 크레타 섬을 무대로 자유로운 영혼의 소유자 조르바(60대 남자)와 순수하고 지적인 화자(30대 남자) 사이에서 벌여지는 우정과 자유에 대한 인생의 깨우침을 주는 철학적 사유를 담고 있다.

내(화자)가 조르바를 처음 만난 것은 항구도시 피레에프스였는데, 조르바는 거기서 자기를 데려가 달라고 부탁한다. "젊은 선생, 당신은 이

유가 없으면 아무것도 못하는 사람이오? 무슨 일이건 그냥 하고 싶어서 하면 안 되는 거요?" 이후 조르바는 나를 두목으로 부르기 시작한다. 함께 크레타섬으로 가는 배 안에서 조르바는 왕과 크레타 출신 정치가를 놓고 옥신각신하는 승객들의 이야기를 듣고 빈정거리는 투로 자식들, 왕이니, 국민 투표니, 국회의원이니 해봐야 다 부질없는 것이라고 질책한다. 조르바는 세상과는 멀리 떨어져 있어서 눈앞에서 일어나는 사건들은 시대에 뒤떨어진 시답잖은 수작으로밖에 보이지 않았던 모양이다. 그의 정신은 세상을 훨씬 앞질러가고 있었다.

조르바는 크레타의 역사와 운명을 이야기하면서 그다지 나쁜 짓도 안 한 터키인들의 코를 도려내고, 귀를 잘라내고, 창자를 후벼파는 잔혹한 행위가 전능하신 하느님 뜻일까? 이 세상은 온통 수수께끼와 같고, 인간이란 야만스러운 짐승이며, 야수이며, 신이라고 신랄하게 비판한다.

"두목, 나는 아무것도 믿지 않소. 내가 사람을 믿는다면, 하느님도 믿고 악마도 믿을 거요. 그거나 그거나 마찬가지니까. 두목, 그렇게 되면 모든 게 뒤죽박죽이 되고 혼란이 빠지고 말아요. 두목, 인간이란 짐승이에요. 짐승이라도 엄청난 짐승이에요. 그래서 나는 아무것도 믿지 않아요. 오직 조르바만 믿지, 조르바가 딴 것들보다 나아서가 아니오. 조르바 역시 딴 놈들과 마찬가지로 짐승이오! 그러나 내가 조르바를 믿는 것, 내가 아는 것 중에서 아직 내 마음대로 할 수 있는 게 조르바뿐이기 때문이오. 나머지는 모조리 허깨비들이오. 나는 이 눈으로 보고 이 귀로 듣고 이 내장으로 삭여내어요. 내가 죽으면 만사가 죽는 거요. 조르바가 죽으면 세계 전부가 나락으로 떨어질게요."

조르바는 살해당한 과부와 세 살 때 죽은 아들을 회상하면서 감정에 복받쳐 "두목! 이놈의 세상에서 일어나는 일은 하나같이 부정, 부정, 부정입니다. 왜 젊은 것은 죽고 늙은 것들은 살아야 하나요. 나는 절대로 하느님을 용서할 수 없어요." 하고 탄식한다. 이후 사랑도 탄광 사업도 허망하게 끝나고 크레타섬을 떠나 각자의 길로 가기 위해서 이별을 준비할 때쯤 그의 전 재산이라고 할 수 있는 목재를 조르바에게 선물로 준다. 그들의 이별은 칼로 벤 듯이 깨끗했다.

5년이란 세월이 지난 후 조르바에 대한 그리움 때문에 몇 주일 만에 그에 대한 연대기가 완성되고, 무릎 위에는 탈고한 원고가 놓여 있었다. 펠로폰네소스의 산 뒤로 붉은 해가 질 무렵 조르바의 미망인이 보낸 한 통의 편지가 도착했다. 조르바의 죽음을 알리는 내용과 더불어, 이 마을을 지나게 된다면 손님으로 그날 밤을 쉬고, 아침에 떠날 때 산투르를 가지고 가라는 유언의 말을 전한다.

조르바가 자유주의자가 된 결정적인 이유는 터키와의 전쟁 당시 조국 그리스를 위한다는 명분으로 저질렀던 불법적인 행위에 대한 양심의 가책을 느꼈기 때문이다. 특히 그를 구해준 불가리아 여인(루드밀라)의 죽음에 따른 죄책감이 여성에 대한 각별한 연민과 사랑으로 승화된 것 같다. 인간에게 자유는 삶의 이유이고, 또 다른 영혼의 안식처이다.

모든 사람은 별들을 가지고 있다

어린 왕자 | 생텍쥐페리 지음, 최복현 옮김, 책이있는마을

생텍쥐페리의 《어린 왕자》는 어른들이 미처 생각하지 못하고, 인생에서 비관적으로 여겼던 부분에 대한 자성과 깨우침을 주는 우화로 가득하다. 어른들은 누구나 한때는 어린아이였음에도 불구하고 그들의 눈에 보이는 것과 어린이의 눈에 보이는 것은 많은 차이가 있다. 작품 속 어른들이 어린 왕자의 말을 제대로 이해하지 못하는 이유 중에 하나는 그들 마음속에 미리 정해진 답이 있었기 때문이다.

비행사인 주인공은 비행기 사고로 사하라사막에 불시착했다가 어린 왕자를 만났다. 지금까지 주인공이 그린 보아뱀 그림을 이해하는 사람이 없었지만 어린 왕자는 단번에 이해했다. 어린 왕자가 살다 떠나온 별은 B-612로 알려진 소혹성이었다. 이는 숫자를 좋아하는 어른들이 붙인 이름이었다. 어린 왕자의 별에 새로운 꽃이 피어났는데 그 꽃은 태어나자마자 변덕과 허영심으로 어린 왕자를 괴롭혔다. 자기가 가진 네 개의 가시로 호랑이 발톱을 당해낼 수 있다고 허세를 부렸다. 어린 왕자는 그 꽃을 의심하면서 불행해졌다. 어린 왕자는 지식을 넓히기 위해서 이웃 행성을 찾아 길을 나섰다.

첫 번째 별에는 모든 것을 다스리는 왕이 살고 있었다. 그는 명령하고 다스리는 것을 좋아하지만 실은 그 별은 너무 작아서 다스릴 것도 그의 명령을 수행할 신하도 없었다. 두 번째 별에는 자부심이 강한 사람이 살고 있었다. 자부심 강한 사람은 자기를 찬양하는 말 외에는 남의 말을 듣지 않았다. 세 번째 별에는 술고래가 살고 있었다. 그는 술 마시는 것이 부끄러워 이를 잊기 위해 술을 마신다고 했다. 네 번째 별에는 상인이 살고 있었다. 그는 쉬지 않고 하늘에 떠 있는 별을 세고 또 셌다. 별들을 소유하기 위해서 종이에 숫자를 적어 그것을 서랍에 보관했다. 다섯 번째 별은 가로등 하나와 그 가로등을 켜는 사람이 살고 있었다. 그는 가로등을 켜고 끄기를 반복하고 있었다. 그러다보니 그 별의 하루는 겨우 1분에 불과했다. 여섯 번째 별은 앞선 별보다 열배는 더 큰 별이었다. 그 별에 사는 지리학자는 한시도 서재를 떠나지 않고 탐험가들의 말만 믿고 연구하고 있었다. 마지막으로 방문한 별은 지리학자가 추천한 지구였다. 그곳에서 만난 여우는 어린 왕자에게 이렇게 말한다.

"길들여진다는 것은 관계를 맺는다는 뜻이야. 네가 나를 길들인다면 우리는 서로를 필요로 하게 되지. 길들이기 위해서는 우선 내 곁에서 약간 떨어져서 풀밭에 앉아 있어. 그리고 말을 하지 마. 말은 오해의 근원이니까. 그리고 날마다 넌 조금씩 더 가까이 다가앉는 거야. 예컨대, 만약 네가 오후 네 시에 온다면, 난 세 시부터 행복해지기 시작할 거야. 시간이 지날수록 더욱더 행복해질 거야."

모든 사람은 별들을 가지고 있다. 어떤 사람에게 별은 단순히 하늘에서 빛나는 희미한 불빛에 불과하지만, 여행하는 사람에게 별은 길잡이가 되기도 한다. 또한 학자에게는 연구해야 할 대상이고, 상인에겐 소유의 대상이 되기도 한다. 하지만 그런 별들은 모두 말이 없었다. 어린 왕자는 내게 마지막으로 고백한다.

"아저씨…… 내 꽃 말인데…… 난 그 꽃에 책임이 있어! 더구나 그 꽃은 몹시 연약하거든. 몹시도 순진하고, 별것도 아닌 네 개의 가시를 가지고 외부 세계에 대해 자기 몸을 방어하려고 하고……."

그런 다음 어린 왕자는 조금 망설이더니 한 발 내디뎠다. 그의 발목 근처에서 노란 빛이 한 줄기 반짝했을 뿐이었는데 나무가 쓰러지듯 그는 조용히 쓰러졌다.

현대의 물질적 풍요가 더해질수록 우리의 정신적 결핍은 더욱 커지는 것 같다. 어른들은 보이는 대로 보는 것이 아니라, 보고 싶은 대로 보기 때문에 진실을 파악하지 못하는 것 같다. 가장 중요한 것은 눈에는 보이지 않음을 다시금 새겨본다.

개인의 자유와 사회적 억압

주홍 글자 | 너새니얼 호손 지음, 김욱동 옮김, 민음사

　시대를 앞서거나 사회적 기준에 벗어난 삶을 산다는 것은 용기 있는 행동이다. 하지만 위험과 아픔을 동반하기 때문에 스스로 시련을 감내해야만 한다. 이들은 간혹 선각자가 되어 세상의 중심이 되거나, 시대의 희생양과 이단아가 되어 공동체 사회에서 고단한 삶을 살 수밖에 없는 운명을 맞이한다. 우리 사회는 다름을 결코 용납하지 못하고 무자비하게 차별한다. 공동체 집단의 양식과 틀은 법률이나 사회 통념으로 굳어져 통치수단으로 활용된다.

　사회 통념에 어긋난 행동에 대해서 사회와 공동체는 관습법에 따라 모욕적으로 처벌하는데, 이 과정에서 사람들은 이성적 판단보다는 감성적, 집단적 논리에 따르곤 한다. 집단으로부터 소외와 따돌림을 당한 당사자는 정신적으로 피폐화되고, 자아를 상실하게 된다. 인권이 열악한 시대와 국가에서는 남자보다는 여성들이 불합리한 공동체 문화와 사회 통념의 굴레에 부당한 피해자가 될 수밖에 없었다.

　《주홍글자》는 1850년 미국에서 출간 당시 엄격한 청교도 사회에 적지 않은 파장을 일으켰던 작품이다. 17세기에 영국에서 건너온 이주민들로

이루어진 보스턴의 청교도 마을에서 헤스터 프린이라는 여성이 십계명 중에 하나인 '간음하지 말라'는 계율을 어기고 사생아 딸을 낳는다. 마을 사람들은 심판을 통해서 헤스터 프린의 가슴에 간통(Adultery)을 상징하는 글자 'A'를 평생 달고 살아야 하는 처벌을 내린다. 반면 아서 딤스데일 목사는 자신의 죄를 차마 세상에 드러내지 못하고 죄책감에 사로잡혀 점점 쇠약해져간다. 한편 뒤늦게 미국에 도착한 헤스터 프린의 남편이자 의사인 로저 칠링워스는 간통의 상대자가 목사라는 사실을 우연히 알고, 신분을 드러내지 않은 채 목사의 주변에 머물면서 정신적으로 괴롭힌다.

세월이 흘려 7년여 동안 한순간도 희망이나 평화를 가져보지 못했던 아서 딤스데일 목사는 많은 사람들 앞에서 참회를 결심한다. 헤스터 프린이 수난을 당했던 그 처형대 쪽으로 고개를 돌리고, 그토록 사랑했던 헤스터 프린을 불러서 곁에 머물게 하고, 두 팔를 벌려서 딸 펄을 끌어안는다. 그 광경을 본 로저 칠링워스는 군중들 틈에서 나와 성직자로서 어리석은 행동을 하지 말라고 협박한다. 그러자 목사는 로저 칠링워스를 향해서 "나는 하느님의 도우심으로 이제 당신의 손아귀에서 벗어날 것이요!"라고 말하고 헤스터 프린의 부축을 받으며 처형대 위에 오른다. 그는 지난 과오를 모두 실토하고 처형대에서 힘없이 쓰러진다. 그의 딸 펄은 목사의 간청으로 입술에 입을 맞추었다. 그러자 마침내 마법이 풀렸다. 이 장엄한 비극의 장면은 그 아이의 동정심을 모두 싹트게 했다.

나중에 주홍 글자는 세상 사람들의 조소와 멸시를 받는 낙인이 아니라, 함께 슬퍼하고 두렵지만 존경하는 마음으로 바라보는 그 어떤 상징이 되었다. 노년에 헤스터 프린은 사랑 때문에 상처받고 시련을 겪고 있는 여성들을 위하여 위로와 상담을 통해서 스스로 자립할 수 있도록 도움을 준다. 그녀는 이 세상이 성숙하여 좀 더 밝은 시대가 오면 남녀 사이의 모든 관계가 서로 행복해지는 토대 위에 놓일 것이라고 믿음을 심어준다.

《주홍글자》는 마녀사냥식의 단죄를 통해서 불결한 여자로 낙인찍혀 고통을 당하지만 내면의 강인함으로 꿋꿋하게 생활하는 헤스터 프린의 모습을 잘 보여준다. 더불어 그 반대편에서 양심의 가책 때문에 늘 괴로워하는 목사의 모습을 통해서 공동체 사회의 모순과 자유와 사랑의 의미를 되새기게 한다. 결혼이라는 제도 아래 묶인 남녀 간의 사랑은 복잡한 법률적, 윤리적 의미를 내포하고 있다. 흔들리는 사회에서 서로의 믿음이 약해지면 인간은 불륜, 간음, 간통에서 자유롭지 못하다.

우리나라에서는 2015년 2월 26일 형법상의 간통죄에 대해 위헌 판결을 내렸다. 이는 신의 성실에 의한 부부간의 정조 의무보다는 인간의 존엄과 가치, 행복추구권을 중시하여 반영한 것으로 보인다. 시대에 따라서 사람들의 의식이 변화하듯 성(性)윤리적 측면에서 스스로 책임감을 가지고 통제와 절제가 필요하다.

한 번만 더 날아보자꾸나

날개 | 이상 지음, 김종년 옮김, 가람기획

거친 세상의 소용돌이에 빠진 나의 존재는 너무나 미약하다. 이상을 추구하면서 살고 싶다는 소박한 바람을 차치하고도 현실에서 일부러 드러내는 것도 너무나 버겁다. 진정성 없이 하루하루를 허투루 보내고, 대인관계는 가벼운 유희적 놀이에 취해서 속절없이 시간을 보내고 있다. 마치 날아야 하는 이유를 망각해서 퇴화된 날개로 인해 날지 못하는 도도새처럼 생존의 진정한 목표의식과 치열함을 잊어버린 것이 아닌지 이 작품 《날개》를 통해서 다시 한 번 나를 되돌아본다.

빼앗긴 나라에서 미쳐야 살아갈 수 있었던 시절에 작가 이상이 바라던 세상은 점점 멀어지고, 어두운 그림자만 가득할 뿐이다. 그는 추악한 세상을 향해 난해하고 문제적 작품을 남겨두고 27세의 짧은 생을 마감한다. 소설은 "박제가 되어버린 천재를 아시오? 나는 유쾌하오. 이런 때 연애까지가 유쾌하오"라는 문장으로 시작하고 있다. 자신의 참담한 내면을 우회적으로 표현한다.

주인공('나')의 아내는 매우 아름답고 매력적인 여인임을 알 수 있다. 이 33번지 18가구에 각기 빌려들은 송이송이 꽃들 가운데서도 특히 아름다운 한 떨기의 꽃으로 이 함석지붕 밑 볕 안 드는 지역에서 어디까지든지 찬란히 빛나고 있었다. 따라서 그런 한 떨기 꽃을 지키고, 아니 그 꽃에 매달려 사는 나라는 존재가 도무지 형언할 수 없는 거북살스러운 존재가 된다. 지독한 생활고로 인하여 사랑은 타락한다.

 무능력한 나와 돈벌이를 해야 하는 아내의 어긋난 사랑은 점점 파국의 운명을 맞이한다. 집에서 외간 남자와 은밀한 행위를 노골적으로 하기 위해서 아내는 나에게 한 달 동안 수면제를 아스피린이라고 속여 먹인다. 이때부터 나는 '나를 조금씩 죽이려던 것일까? 아내는 내가 자는 동안에 무슨 짓을 했나' 의심하며 혼돈에 빠져서 길거리를 배회한다. 몇 시간 후 미쓰코시 옥상에 주저앉아서 내 자라온 스물여섯 해를 회고해본다.

 몽롱한 기억 속에서는 이렇다 할 아무 제목도 불거져 나오지 않았다. 나는 거의 나 자신의 존재를 인식하기조차도 어려웠다. 아내에게 다시 돌아가야 하나 아니면 어디로 가야 될까 고민할 때쯤 정오 사이렌이 울렸다. 사람들은 모두 네 활개를 펴고 닭처럼 푸드덕거리는 것 같고 온갖 유리와 강철과 대리석과 지폐와 잉크가 부글부글 끓고 수선을 떨고 있는 것 같은 찰나! 불현듯 겨드랑이가 가렵다. 그것은 내 인공의 날개가 돋았던 자국이다. 오늘은 없는 이 날개, 머릿속에서는 희망과 야심이 말소된 페이지가 사전 넘어가듯 번뜩였다. 나는 걷던 걸음을 멈추고 그리고 일어나 한 번 이렇게 외쳐보고 싶었다.

날개야 다시 돋아라. 날자. 날자. 날자. 한 번만 더 날자꾸나. 한 번만 더 날아보자꾸나.

《날개》에서는 식민지 국가에서 사는 지식인의 암울한 자화상, 시대의 아픔과 억압에 의해 위축된 자의식을 엿볼 수 있다. 하지만 내용이 함축적, 다중적 의미로 인해 다소 혼란스럽다. 무능력한 남편을 대신하여 스스로 몸을 팔아서 생계를 책임지는 아내의 비윤리적 행위에 대하여 논란은 있지만 삶에 대한 하나의 선택으로 이해할 필요가 있다. 아내의 부도덕보다는 남편의 무능력과 비굴함이 비판받아야 한다. 주인공은 매번 모욕을 당하면서도 아무런 저항조차 못하는 패배주의에 찌든 인간성 상실의 전형을 보여준다.

인간은 알 수 없는 세계에 대한 무한한 동경과 날고 싶은 욕망을 꿈꾼다. 하지만 이카로스의 날개처럼 비극을 예고한다. 태양에 가까워지면 밀랍이 녹기 때문에 조심해서 날아야 한다는 경고를 잊은 채 높이 날아올랐고, 태양의 뜨거운 열기에 날개를 붙인 밀랍이 녹아 떨어져 죽음을 맞이한다. 인간은 멈출 수 없는 욕망 때문에 추락의 운명을 가지고 있다.

이상과 현실 그리고 예술혼

달과 6펜스 | 윌리엄 서머싯 몸 지음, 송무 옮김, 민음사

인생에서 중요한 것은 주도적 삶의 영위이다. 하지만 사람들은 자신을 망각하고 타인의 시선과 기준에 맞추어 살고 있다. 우리나라는 사회적 알람에 민감한 편이다. 제때에 학교에 진학해야 되고, 제때에 졸업해야 되고, 제때에 취업해야 하고, 제때에 결혼해야 하고, 제때에 자식을 가져야 하고……, 죽을 때까지 사회적 시그널에 반응해야 한다. 이로 인해 정작 하고 싶은 일보다는 해야만 하는 일에 치중할 수밖에 없고 이상과 현실 사이에서 길을 잃기 십상이다. 세상 속에서 아무것도 하지 않는다면 실패도 없고, 어느 누구의 비난도 받지 않겠지만, 미지의 영역을 향해 도전할 때 자신이 살아 있음을 새삼 느낄 수 있다.

《달과 6펜스》는 제1차 세계대전이 끝난 이듬해인 1919년 출판되었다. 특이한 화풍으로 알려진 프랑스 인상파 화가 폴 고갱의 타히티섬에서의 생활을 작가 서머싯 몸이 취재하여 이를 소설화한 작품으로 널리 알려져 있지만 실제 고갱의 삶과는 다소 차이가 있다. 작품은 주인공 스트릭랜드의 친척인 '나'가 서술하는 형식을 취하고 있다.

마흔 무렵에 스트릭랜드는 그림을 그리기 위해서 파리로 떠난다. 화목한 가정과 안정된 직장을 버리고 고독한 예술의 길을 선택했다. 파리

에 머물면서 질병과 가난으로 곤란한 상황에 처하지만 그의 예술적 능력을 알아본 화가인 더크 스트로브로부터 후원을 받는다. 처음에는 스트로브 부인의 심한 반대에 부딪혀 아픈 스트릭랜드를 집 안에 들이지 못했지만 나중에는 그녀의 지극한 보살핌과 간호를 통해서 정신과 육체가 회복된다. 하지만 스트로브에게 고마움보다는 냉소적 태도로 일관하여 그를 비참하게 만든다. 또한 남편을 배신하고 자신을 선택해준 스트로브의 아내 블란치를 자살에 이르게 한다.

어느 날 스트로브는 스튜디오 구석진 곳에서 스트릭랜드가 그린 블란치 누드 그림을 발견하고서는 질투심을 느끼기보다는 경외심을 갖게 할 정도의 뛰어난 예술작품이라고 감탄한다. 스트릭랜드가 오랜 방랑 끝에 프랑스령 타히티섬에 정착한다. 섬에 들어온 지 2, 3년이 지난 후 나병과 1년여 동안 눈이 먼 상태였던 스트릭랜드가 마침내 죽음을 맞이했다. 그가 살았던 집 방바닥에서 벽, 천정까지 기이하고 정교한 그림으로 가득 채워진다. 뭐라 형언할 수 없이 기이하고 신비로웠다. 숨이 막히고, 이해할 수도, 분석할 수도 없었다. 그림은 처음에는 5프랑, 10프랑에 불과했지만 스트릭랜드가 죽은 이후 3만 프랑 이상의 엄청난 가격으로 팔린다.

《달과 6펜스》에서 '달'은 안정된 신분에서 벗어나 스트릭랜드가 선택하고자 한 예술을 향한 이상과 열정이다. 반면에 '6펜스'는 필연적으로 맞닥뜨려야 하는 경제적, 사회적 환경 그리고 암울한 현실이다. 실제로 스트릭랜드는 그림을 그리기 위해서 가족의 희생, 주변의 비난과 위험을 감수했었다. 한편 처음에 가정을 버리고 떠난 그에게 저주의 악담을 퍼부었던 부인은 스트릭랜드가 성공하자 과거에 그의 아내였음을 자랑스러워하는 모습을 보면서 인간의 속물근성이나 이율배반적인 모습을 엿볼 수 있다.

 우리는 나이가 들수록 새로운 시작 앞에서 머뭇거리고 주저하다가 포기하기 십상이다. 시작은 또 다른 아픔과 상처를 동반하고 있다는 것을 삶의 경험을 통해서 잘 알고 있기 때문이다. 그럼에도 불구하고 자신의 성장을 위해서 새로운 도전을 해야 한다. 열정 앞에서 나이는 단순한 숫자에 불과하다.

맑은 영혼으로 세상을 보다

사흘만 볼 수 있다면 | 헬렌 켈러 지음, 이창식 · 박에스더 옮김, 산해

보통의 사람들은 자아를 찾기 위한 노력한다. 이를 위해서 첫째, 자기만의 생각을 피력할 수 있는 글을 쓰거나 그림을 그린다. 둘째, 시와 글귀를 머릿속으로 외우고 읊조린다. 셋째, 땀을 흘리는 육체적 노동이나 운동을 한다. 이러한 행위는 스스로 자신하고 교감을 나눌 수 있는 계기가 된다. 신체적으로 열악한 상태에 처해 있다면 자신을 다스리고 타인과 소통하기 위해서는 일반인들보다 훨씬 각고의 노력과 고통을 감내해야 한다.

헬렌 켈러(1880~1968)는 시각과 청각 중복 장애인이었다. 이러한 장애에도 불구하고 앤 설리번 선생의 헌신적 지도와 본인의 노력을 통해서 언어적 문제를 해결한다. 자신과 처지가 비슷한 장애인, 가난하고 차별받는 사람들을 위하여 강연과 저서를 통해 용기를 심어준다. 헬렌 켈러가 친한 친구를 만났는데 마침 숲속을 오랫동안 산책하고 돌아오던 참이었다. 헬렌 켈러가 숲속에서 무엇을 보았냐고 물었을 때 친구는 무심히 별거 없다고 대답한다.

헬렌 켈러는 많은 사람들이 정상적인 눈을 가지고 있음에도 실제로 보는 것이 드물다는 사실에 매우 안타까워한다. 그리고 자신이 사흘만

볼 수 있다면 무엇을 하고 싶은지를 생각하며 간절한 마음으로 쓴 수필이 바로《사흘만 볼 수 있다면》이다. 그녀의 맑은 영혼으로 그려본 세상은 우리가 무심코 지나쳤던 인간의 가치, 자연의 섭리, 감각의 소중함을 새삼 느끼게 한다. 헬렌 켈러가 보고 싶었던 사흘간의 여정은 다음과 같다.

첫째 날에는 어린 시절 바깥세상을 활짝 열어준 앤 설리번 선생님의 얼굴을 오랫동안 바라볼 것이다. 그리고 친구들의 얼굴을 들여다보며 내면에 깃든 아름다움의 외적인 증거를 가슴에 새길 것이다. 또한 아기 얼굴 위에 오래도록 시선을 둔 채 순진무구한 모습을 볼 것이다. 오후에는 숲을 산책하며 자연의 경이로움에 흠뻑 취할 것이다.

둘째 날에는 새벽 일찍 일어나 밤이 낮으로 바뀌는 그 전율어린 기적을 확인할 것이다. 태양이 잠든 대지를 깨우는 장엄한 빛의 장관을 하염없이 바라볼 것이다. 나머지 일정은 세상의 과거와 현재를 바라보는 일에 매진할 것이다. 먼저 인간의 진화 과정과 지구의 압축된 역사를 알 수 있는 자연사박물관의 유물을 관람할 것이다. 그다음은 인간의 영혼의 다양한 측면을 볼 수 있는 메트로폴리탄미술관에 전시된 예술품을 감상할 것이다. 저녁에는 한가로이 연극이나 영화를 볼 것이다.

셋째 날에는 도심 한복판에 서서 사람들을 바라보며 그들의 삶을 이해하려고 노력할 것이다. 그녀의 눈은 언제나 행복과 불행 모두에 주목할 것이다. 그녀를 즐겁고 행복하게 해주는 광경들도 있지만, 불행하고 비참한 광경에 눈을 감고 외면하지 않을 것이다. 그것에 눈감는 것은 마음과 정신에 눈감는 것이기 때문이다. 헬렌 켈러는 내일 당장 귀가 안 들리게 될 사람처럼 음악 소리, 새의 지저귐, 오케스트라의 강렬한 연주를 듣기를, 내일이면 촉각이 모두 마비될 사람처럼 만지고 싶은 것들을 만지기를, 내일이면 후각도 미각도 잃을 사람처럼 꽃향기를 맡고, 맛있는 음식을 음미해보기를 권한다. 신체의 모든 감각을 최대한 활용하라고 당부한다.

오늘을 살고 있는 우리들에게 삶의 소중함을 일깨워주기 위하여 미국의 철학자 랄프 왈도 에머슨은 '그대가 헛되이 보낸 오늘은 어제 죽은 이가 그토록 살고 싶어 했던 내일이다' 라는 잠언을 남겼다. 우리는 결코 자신의 처지를 비관하거나 후회나 아쉬움 따위로 시간을 낭비해서는 안 된다. 내 인생의 주인공은 바로 '나'이기 때문이다.

부끄럼 많은 생애를 보냈습니다

인간 실격 | 다자이 오사무 지음, 김춘미 옮김, 민음사

거대한 사회 속 내 존재의 미미함을 자각하곤 한다. 살아 있어도 살아 있는 것 같지 않은 느낌을 받는다. 암담한 세상과 흔들리는 운명 앞에서 내 존재를 잊은 채 살아가기 십상이다. 나를 찾아가는 길은 열려 있기도 하지만, 때론 굳게 닫혀 있다. 그 길에서 사람들과 경쟁하며 상처받는 나약한 존재이지만, 다른 한편으로는 누군가에게 아픔을 주는 사악한 존재일 것이다. 자유롭지 못한 삶의 공허함 속에서 오늘도 그 무언가의 의미를 찾기 위해 애쓰는 존재이다.

"나는 그 사나이의 사진을 석 장을 본 적이 있다"로 소설 《인간 실격》은 시작된다. 세 장의 사진을 통해서 앞으로 전개 될 세 가지 수기의 내용과 의미를 엿볼 수 있다. 소설 속 주인공 요조는 부잣집 도련님으로 성장했지만 어른이 되어서는 여러 여자들과 사랑과 이별을 되풀이하면서 매번 자살을 시도하고 죽음을 기다린다.

첫 번째 사진은 여러 여자들 사이에 끼여 있는 열 살 무렵의 유년 시절을 담고 있는데 왠지 추하고 묘하게 욕지기가 솟게 하는 표정의 사진이다. 나는 지금까지 이렇게 괴상한 표정의 소년을 본 적이 한 번도 없다. 요조는 늘 인간에 대한 공포에 떨며 자신의 고뇌는 가슴속 깊은 곳

에 있는 작은 상자에 담아둔 채, 그 우울함과 긴장감을 숨기고 또 숨긴 채 그저 천진난만한 낙천가인 척 가장하면서 익살스럽고 약간은 별난 아이로 성장했다. 아무한테도 호소하지 못하는 이 고독한 냄새를 많은 여성들이 본능적으로 맡게 된다. 즉 여성들이 보기에 사랑의 비밀을 지켜줄 남자로 보였다.

 두 번째 사진 속의 사나이는 교복 차림이다. 자세히 보면 역시 어딘지 악몽 비슷한 섬뜩한 것이 느껴지는 것이었다. 나는 지금까지 이렇게 이상한 미남을 본 적이 한 번도 없다. 요조는 그 당시 쓰네코를 만나면서 동질감과 사랑의 마음을 갖게 된다. 같이 잠을 잔 후 새벽녘에 그녀의 입에서 죽음이라는 단어가 처음 나왔다. 그날 밤 두 사람은 가마쿠라의 바다에 뛰어들었지만 그녀만 죽고, 요조는 살아남았다. 등 뒤로 있는 높은 창에서 석양에 물든 하늘이 보였고 기러기가 '여자'라는 글씨를 그리며 날고 있었다.

 세 번째 사진은 가장 기괴하다. 이제는 나이를 짐작할 수도 없을 정도다. 사람 몸뚱이에다 짐을 끄는 말의 목이라도 갖다 붙이면 이런 인상이 되려나? 나는 지금까지 이렇게 기묘한 얼굴의 남자를 본 적이 한 번도 없다. 요조가 교바시 근처 스탠드바에서 하루 종일 술에 취해 지내고 있을 때 그에게 술을 끊으라고 권하는 젊은 여자가 있었다. 그녀는 작은 담배 가게에서 일하는 열일곱 여덟 정도 되는 요시코라는 처녀였다. 나중에 그녀와 결혼으로 얻은 작은 기쁨도 잠시 더 큰 비애로 그의 삶은 휘청거린다.

그에게 만화 그리는 것을 후원해주던 상인과 요시코가 집안에서 정사하는 장면을 친구와 함께 목격했다. 모든 것이 최악의 상황으로 변해버린 그는 점점 술독에 빠지고, 나중에는 모르핀에 중독된다. 심신 미약 상태가 지속되자 결국에는 정신병동에 수용된다. 정신병동에 머물면서 행복도 불행도 느끼지 못하는 더 이상 인간이 아닌 상태로 살아간다. 그가 지금까지 아비규환으로 살아온 인생에서 깨우친 진리는 '모든 것은 그저 지나간다'였다.

요조는 인간의 삶이라는 것을 도무지 이해할 수 없다고 했다. 그래서 부끄럼 많은 생애를 보내왔다고 에둘러 표현한 것이다. 우리가 인생을 살면 살수록 영혼은 상처받고 세파에 찌들기 마련이지만 결코 순수함을 잊어서는 안 된다. 또한 상처받은 영혼을 달래주는 것은 현실에서 도피하는 것이 아니라 또 다른 나와 맞서 이겨내야 한다.

인간 욕망의 두 얼굴

파리대왕 | 윌리엄 골딩 지음, 유종호 옮김, 민음사

진심을 내면 깊숙이 숨기며 살아야 하는 오늘날, 인간들은 서로의 진정한 얼굴을 보기 어렵다. 하지만 집단적 광기가 지속되거나 고립될 위기에 처해지면 숨겨진 본성이 차츰 드러나게 마련이다. 지배하려는 권력 욕구와 이로 인한 피지배자 사이에서 갈등은 필연적이다. 제목에 나오는 파리는 단순한 의미가 아니다. 악마를 상징한다. 고대의 서양에서는 파리가 악령을 옮긴다고 여겼으며, 대부분의 병들은 악령이 퍼트린다고 믿었다. 옛 팔레스타인에서 숭배했던 신들 중 하나였던 악마의 이름 바알제불은 곤충의 왕을 뜻한다. 작가 윌리엄 고딩은 '인간 본성의 결함에서 사회의 결함의 근원을 찾아내려는 것이 이 작품의 주제'라고 피력한다.

핵전쟁의 위험으로부터 탈출하던 영국 소년들을 태운 비행기가 격추당하여 추락한다. 조종사를 비롯한 승무원들은 모두 죽고 대여섯 살부터 열두 살의 소년들만 겨우 살아남아 외딴 산호섬에 고립된다. 랠프는 봉화를 피우고, 오두막을 짓자고 주장하지만, 잭은 줄곧 사냥의 필요성 역설하여 분열의 조짐이 보이기 시작한다. 이 와중에 랠프 일행이 바다 저편에서 배가 지나가는 모습을 발견하지만 산꼭대기의 봉화는 이미 꺼진 상태였다. 당번을 맡고 있었던 쌍둥이들도 사냥을 가고 없었다.

한쪽에는 동경과 좌절된 상식의 세계가 있었고, 다른 한쪽에는 사냥과 술책과 신나는 흥겨움과 멋있는 솜씨의 세계가 있었다. 그날 저녁 랠프는 지금까지 섬에서 일어난 일을 주지시키고 규칙을 만든다. 불과 연기를 계속 올려 신호로 삼을 것, 산꼭대기 이외의 장소에선 절대 불을 피우지 않도록 했다. 회합이 끝날 무렵 잭이 성난 목소리로 "도대체 넌 뭐야? 가만히 버티고 앉아서 이것저것 지시나 하고, 사냥도 못하고" 하며 랠프에게 거칠게 반박한다. 이때 랠프는 잭에게 소리쳤다. "넌 규칙을 깨뜨리고 있어! 우리들이 지금 가지고 있는 것이라고는 규칙뿐이니까 말이야!" 그러나 잭은 빌어먹을 규칙이라고 무시한다. 자기 패거리는 강한 힘을 가지고 있기 때문에 짐승을 사냥할 수 있다고 주장한 다음 일행과 함께 나가버린다.

그때쯤 섬에 괴물이 살고 있다는 이야기가 돌아 온 섬을 공포로 몰아가고 있었다. 겁에 질린 소년들은 섬에 괴물이 있다고 믿게 되지만, 사이먼은 소년들이 죽은 시체를 보고 착각했으며 정작 괴물은 어떤 외적 존재가 아니라 심리적 공포에 억눌린 각자의 마음속에 있다고 말한다. 하지만 사이먼은 잭의 패거리에 의해 살해당하고 만다. 결국에는 집단적 야만에 빠진 사냥꾼 패거리들이 불을 차지하기 위해서 랠프 일행을 습격하고, 점점 상황은 악화되어 두 집단은 목숨을 걸고 싸움을 시작한다. 그 와중에 잭의 패거리들에 의해 피그(근시 소년)가 바위에 깔려 죽고, 발언권의 상징을 가지고 있었던 소라 역시 산산조각 나버린다. 싸움 도중에 잭이 던진 창끝에 상처 입은 랠프는 추격을 피하여 도망가지만 포위망에 걸려 절체절명의 위기를 맞이한다. 랠프는 간신히 죽음의 문턱에서 연기를 보고 찾아온 해군 장교의 도움으로 살아남는다. 랠프를 죽음의 벼랑까지 몰고 갔던 그 집요한 광경을 쭉 지켜보았던 해군 장교는 "그보다는 더 좋은 모습을 보여줄 수 있었을 텐데" 하고 질책한다. 소년들은 몸을 떨며 흐느낀다.

랠프는 잃어버린 천진성과 인간 본성의 어둠과 지혜롭던 친구의 죽음이 슬퍼서 마구 울었다. 집단적 광기가 지속될수록 인간은 공포를 느끼고 이성은 마비되기 쉽다. 그리고 질서를 유지하기 위해서 폭력이 동원되고 서열을 통한 통치가 정당화된다. 권력 앞에 인간은 한없이 작아지는 존재이다. 썩은 동물의 사체를 찾아다니는 파리들처럼 스스로 타락에 빠져 허우적대고 온갖 비리와 추잡함으로 자기 파멸을 맞이한다.

비워야 울림이 있다

무소유 | 법정 지음, 범우사

과연 내 삶은 행복한가? 나는 잘살고 있는 걸까? 요즘 나의 머릿속이 온통 뿌옇고 마음은 안정되지 못하고 심란하다. 허영심만 가득하고 비워지지 않는 마음 탓에, 세상에 대한 욕구불만이 넘치고, 생각의 조잡함은 부질없는 고민에 빠지곤 한다. 아집은 무모한 억지가 되어 가족과 이웃을 고달프게 하고 있다. 특히 물질적 풍요로움이 높아지고 이로 인한 상대적 빈곤감과 경제적 열악함은 나를 더욱 초라하게 할 뿐이다. 보잘것없는 것들로 채워진 나의 머리를 비워야 한다.

1976년에 출간된 법정 스님의《무소유》는 시대를 초월하여 무수한 욕망과 집착에 빠진 마음을 맑게 해주는 것 같다. 여기서 무소유란 아무것도 갖지 않는다는 것이 아니라 불필요한 것을 갖지 않는 것을 의미한다. 그동안 나 역시 생활에 대한 편리함과 게으름으로 인하여 별 생각 없이 구입했던 물건들에 대한 가치를 잊어버린 것 같다. 각종 운동기구, MP3, 캠코더, 읽지 않는 잡지와 책들은 방치된 장식품에 불과하고, 집안의 컴퓨터는 학습의 도구가 아니라 잔인한 게임과 유희의 용도로 바뀌었다. 스마트폰은 나를 위한 생각보다는 쓸데없는 가십성 뉴스를 검색하는 도구이고, 이제는 눈과 손에서 멀어지면 불안하다.

우리는 필요에 의해서 물건을 갖지만 때로는 그 물건 때문에 마음이 쓰이게 된다. 따라서 무엇인가를 갖는다는 것은 다른 한편 무엇인가에 얽매이는 것이다. 그러므로 많이 갖고 있다는 것은 그만큼 많이 얽혀 있다는 뜻이다.

법정 스님은 물건이 주는 편리성에 빠져 거기 얽매이고, 너무 많은 물건을 소유하면서 오히려 번잡해지기만 하고 그 소중함을 깨닫지 못하는 것을 경계한다. 넘치지 않고 약간 부족한 듯 소박하며 단순한 삶을 지향해야 한다고 가르친다.

오늘날 사람들은 너나 할 것이 없이 부동산 투기 및 재테크에 빠져 있다. 로또 복권으로 일확천금을 꿈꾸고 부동산 투자, 주식 투자로 부를 축적하기 위하여 열심이다. 법정 스님은 "우리들의 소유 관념이 때로는 눈을 멀게 한다. 그래서 자기의 분수까지도 돌볼 새 없이 들뜬다. 그러나 언젠가는 빈손으로 돌아가야 한다"고 충고하고 있다. 법정 스님은 본래무일물(本來無一物)을 설파하고 있는데, 이는 본래 한 물건도 없다는 뜻으로 세상에 태어날 때 가지고 온 것도 아니고, 이 세상을 하직할 때 가져가는 것도 아니기에 지나친 소유에 대하여 우려한다.

법정 스님의 따뜻한 인품을 알 수 있는 대목이 있다. 그는 생전에 만나는 사람마다 따뜻한 눈길을 보내주고, 한 사람 한 사람 그 얼굴을 익혀두어 이다음 세상 어느 길목에선가 우연히 서로 마주칠 때, 정답게 손을 마주 잡을 수 있도록 지금 이 자리에서 익혀두고 싶다고 했다. 그가 머물었던 강원도 허름한 오두막 벽에는 숫타니파타에 나오는 한 구절이 붙여져 있었다.

홀로 행하고 게으르지 말며, 비난과 칭찬에도 흔들리지 말라. 소리에 놀라지 않는 사자처럼, 그물에 걸리지 않는 바람처럼 진흙에 더럽혀지지 않는 연꽃처럼, 무소의 뿔처럼 혼자서 가라.

법정 스님의 다비식은 생전에 약속했던 것처럼 육신은 평소에 입던 가사 한 겹과 대나무 평상위에 모셔져 간소히 치러졌고, 모든 저서 역시 절판함으로써 이승과의 인연을 정리했다. 사람은 오래 사는 것이 문제가 아니라 어떻게 사느냐가 중요하다는 것을 생의 마지막 순간까지 실천했다. 소유하는 것은 한순간에 불과함을, 무소유를 통해서 보다 근원적인 깨달음과 자유의 가르침을 준 법정 스님을 떠올리는 것만으로도 삶의 많은 부분에서 변화가 생길 것이다.

고요한 것은 조급한 것의 주인

도덕경 | 노자 지음, 오강남 풀이, 현암사

노자의 《도덕경》은 인간의 도리와 덕목에 대한 철학적 담론을 담고 있다. 젊은 시절에 책을 처음 접했을 때는 별 감흥 없이 그저 무위도식하면서 자유롭게 살자는 내용이라고 생각했다. 미천한 경험과 젊은 나이였기에 심오한 인생의 의미를 전혀 이해하지 못했다. 나이가 들고 나서야 《도덕경》의 진정한 의미를 깨닫게 된다. 세월이 더해질수록 깊은 성찰을 느끼게 하는 책이다.

《도덕경》이 제왕과 CEO들을 위해 쓰인 책이라고 하는 데는 그만한 이유가 있다. 통찰력과 혜안의 안목을 넓히고 지도자가 갖추어야 할 가르침이 가득하다. 기원전 6세기경 노자가 지은 것으로 알려져 있는데 전체 글자 수가 5천 자에 불과하고, 짧은 81편의 글을 담고 있지만 여기에 담긴 의미는 헤아릴 수 없을 만큼 넓고 깊다. 잘 알려진 내용 '도가도(道可道) 비가도(非可道), 명가명(名可名) 비가명(非可名)'은 전체의 내용을 축약하고 있다. "도라고 할 수 있는 도는 영원한 도가 아니며, 이름 지을 수 있는 이름은 영원한 이름이 아니다." 세상의 모든 것은 변화하고 이름이 붙여지는 순간 그 존재는 더 이상 그곳에 머물러 있지 않다는 의미다.

우리는 무수한 상호작용 속에서 도와 덕을 찾기 위해 헤매고 있다. 길고 짧음도 서로의 관계에서 나오고, 높고 낮음도 서로의 관계에서 비롯된다. 잘한다는 것, 못한다는 것 역시 기준을 어디에 두느냐에 따라 인식이 달라진다. 기준이 없는 사람은 결코 자신의 삶에 주인공이 될 수 없으며, 흔들리는 사람은 시류에 매몰되기 십상이다. 노자는 자기를 앞세우지 않기면 앞서게 되고, 자기를 버리면 자기를 보존하게 된다고 말한다. 즉 자신을 비워야 진정으로 나를 완성할 수 있다는 것이다.

한줌도 안 되는 권력으로 사람들을 무시하는 경우를 주변에서 종종 본다. 화무십일홍처럼 그 권세는 결코 오래가지 못한다. 자기를 낮추고 남을 높이는 겸허한 자세가 필요하다. 자기절제를 아는 사람은 정해진 선을 지키고자 노력하고, 부족함을 아는 사람은 흔들리지만 항상 성장하는 사람이다. 발끝으로 서는 사람은 단단히 설 수 없고, 다리를 너무 벌리는 사람은 걸을 수 없다. 스스로 드러내려는 사람은 밝게 빛날 수 없고, 스스로 자랑하는 사람은 그 공로를 인정받지 못하고, 스스로 뽐내는 사람은 오래갈 수 없다. 순간의 눈속임이 통하는 것은 잠시 뿐이며 임시방편으로 자신을 높일 수 있지만 이 또한 오래가지 못한다. 자신을 높이는 것은 내가 아닌 타인이기 때문이다. 다듬지 않는 통나무가 마름질을 당하면 이름이 생긴다. 이름이 생기면 멈출 줄도 알아야 한다. 멈출 줄을 알면 위태롭지 않다. 우리는 성공이나 출세의 길에서 한순간 몰락하는 기업가, 정치인을 숱하게 본다. 넘치는 사람은 분명한 선이 없기에 실수를 하게 마련이다.

《도덕경》 말미에 나오는 국가와 지도자의 덕목은 지금 읽어도 전혀 고루하지 않다. 좋은 국가는 열 가지 기계가 있으나 쓰이지 않도록 하고, 백성 목숨을 중요하게 여겨 멀리 이사 가는 일이 없게 하고, 배와 수레가 있어도 타는 일이 없고, 갑옷과 무기가 있어도 내보일 일이 없도록 해야 한다는 것이다. 또한 가장 훌륭한 지도자는 사람들에게 그 존재 정도만 알려지는 지도자이고, 그다음으로 좋은 지도자는 사람들이 두려워하는 지도자이며, 가장 좋지 못한 지도자는 사람들의 업신여김을 받은 지도자라고 했다.

생각의 크기가 곧 세상의 크기

장자 | 장자 지음, 오강남 풀이, 현암사

현실은 언제나 냉혹하고 아득하다. 절망과 괴로움에 점점 지쳐가는 현실 속에서 얽매이지 않고 자유로운 삶을 영위하려면 또 다른 생각의 날개가 필요하다. 통찰력은 자연의 섭리를 이해하고, 끊임없는 변화와 혁신으로 길러진 안목으로 세상을 바라볼 때 생긴다. 《장자》를 통해서 한 치 앞도 보지 못하는 무지함을 일깨워 성찰한다.

흔히 접하고 읽는 《장자》는 전체 33편으로 구성되었다. 이중 장자가 직접 저술한 것은 내편 7편이고, 나머지 26편은 후대의 편집자들이 의견을 덧붙이는 과정에서 추가된 것으로 보고 있다. 《장자》는 일반적 상식을 뛰어넘는 독특한 해학과 우화로 가득하기에 깊은 상념에 빠지게 한다. 장자가 바라본 세상은 어떤 것이고 무엇을 말하고 있는지 되새겨본다.

우리는 마치 인생의 의미를 깨우치고, 세상 이치를 달관한 것처럼 거리낌 없이 행동하는 사람들을 종종 본다. 이런 유형의 사람들은 실상은 별 볼일 없기에 자신의 무능력을 감추려고 애쓴다. 장자가 말하는 참된 인생은 끊임없이 변화하고 성장하는 삶이다. 또한 쉼 없이 변화하는 거친 질서 속에서 어려움을 극복하고 정상에 우뚝 선 사람만이 인생의 달콤한 열매를 맛 볼 수 있음을 역설하고 있다.

첫 편에 나오는 소요유(逍遙遊), 즉 '훨훨 날아 자유롭게 노닐다'는 무한한 자유를 위한 변화와 의지를 담고 있다. 장자의 가르침은 자연의 변화를 이해하고 스스로 깨닫는 것이다. 태풍 속에서 큰 나무는 송두리째 뿌리가 뽑혀나가지만 흔들리는 갈대는 잘 견디어낸다. 강하다는 것과 약하다는 것은 실은 겉으로 보이는 허상일 뿐이다. 자연은 그대로 머물지 않기에 세상의 변화의 중심에 있듯이 인간도 변화에 순응하면서 굴복하지 않는 초월적 상태에서 참다운 인생의 의미를 느낄 수 있다.

'산목' 편에 나오는 빈 배 이야기는 인간관계에 대한 깊은 의미를 담고 있다. 배로 강을 건너는데 처음에 빈 배 하나가 떠내려 오다가 그 배에 부딪히면 아무리 고약한 사람일지라도 화를 내지 않는다. 하지만 사람이 타고 있으면 심한 다툼의 원인이 된다. 배에 사람이 있고, 없음에 따라 마음이 변화하는 이유는 자신의 고유의 영역이 침해받았다고 여기고 반발하기 때문이다. 자기만의 세계를 고집한다는 것은 생각의 편협성을 의미하기도 한다. 결국 사람과의 우호적 친분을 유지하기 위해서는 먼저 배타적 마음을 비우는 것이 필요하다.

《장자》는 인생의 심오한 의미를 담고 있다. 우물 안 개구리에게 바다를 설명할 수 없듯이, 하루살이는 내일을 알 수 없고, 매미는 계절의 변화를 알 수 없다. 세상의 크기는 오직 자신이 알고 있는 크기 안에서 결정된다. 독단과 아집에 빠진 사람은 앎의 세계에 도달할 수 없다. 계절이 바뀌면 또 다른 계절이 오듯이 변화는 천천히 다가와 순식간에 사라진다. 머물러 있다는 것은 퇴보를 의미한다. 무조건 비우는 사람은 어리석은 사람이다. 비우기만 반복하면 결국 체념이 되기 때문이다. 현명한 사람은 적당한 채움과 비움을 되풀이하여 끊임없이 성장하는 마음의 근육을 만들어 미래를 준비한다.

깨어 있는 정신, 검소한 삶

월든 | 헨리 데이비드 소로우 지음, 강승영 옮김, 이레

 행복하고 즐거운 삶을 위해서는 잘살아야 한다. 하지만 현대는 잘산다는 것의 기준이 모호한 시대이다. 삶의 가치가 전도된 사회에서 잘사는지 여부를 판단하는 기준은 오직 물질적 측면으로만이 치우쳐 있다. 사람들은 예전보다 더 많은 돈, 더 넓은 집, 더 큰 자동차를 소유하고 있음에도 여전히 만족하지 못하고 불행하다고 생각하고 있다. 반면 가난한 서민들은 집과 자동차를 구입하면서 빌린 은행의 대출금을 갚기 위해서 하루하루 힘들게 살아가고 있다. 부의 넘침과 가난의 결핍 속에서 우리의 정신은 여전히 곤궁하다.

 《월든》을 더 잘 이해하기 위해서는 작가 소로우(1817~62)의 사상과 흔적을 살펴볼 필요가 있다. 소로우는 미국의 멕시코전쟁과 노예제도를 반대하고 인두세(성인 남성 대상) 납부를 거부하여 한때 감옥에 수감되는 곤욕을 치렀다. 이후 강연과 저술 활동을 펼치다가 1862년 결핵에 걸린 후 44세 짧은 생을 마감했다. 그는 인류 보편적인 가치인 인권을 존중하고, 전쟁을 반대한 평화주의자였다. 소로우는 1845년 7월 4일부터 1847년 9월 6일까지 2년 2개월가량 매사추세츠주의 콩코드 근처 호숫가에 손수 지은 통나무집에 기거하면서 그곳의 동식물들과 함께하

고, 농사짓고, 명상을 하며 지냈다. 이 체험을 수필 형식으로 쓴 책이 바로 《월든》이다. 단순히 자연에 대한 예찬뿐 아니라 문명사회의 왜곡된 현상과 문제에 대한 비판을 담고 있다.

'숲 생활의 경제학'에서는 근검절약과 소박한 삶의 실천을 다루고 있다. 사람들은 별 생각 없이 이웃 사람들이 소유하고 있으니까 나도 가져야 한다는 생각으로 주택을 구입하여 결국에는 큰 빚을 지게 된다. 작가는 평생 가난에 쪼들리며 살아가는 사람들을 안타까워하고 있다.

우리가 이사를 가는 목적이 무엇인가? 쓸모없는 물건들을 버리자는 것이 아닌가? 이승에서 저승으로 갈 때도, 이승의 것들은 태워버리자는 것이 아닌가? 그렇지 않으면 이러한 덫들을 우리의 허리띠에 매달고 이것들을 질질 끌면서 우리가 숙명적으로 가야 할 거친 황야를 힘들게 가야만 한다.

'나는 어디서, 무엇을 위하여 살았는가?' 부분에서는 전원생활의 즐거움과 소소한 행복을 담고 있다. 그는 즐겁게 살기 위해서는 '간소하게, 간소하게, 간소하게' 살라고 당부하고 있다.

소로우는 대다수 사람들이 글을 읽을 줄 아는 것만으로, 또는 남이 읽어주는 글을 듣는 것만으로 만족하여 한 권의 좋은 책, 즉 성경의 가르침에 몸을 맡겨버리고 남은 평생을 무기력하게 살면서 가벼운 읽을거리로 지적 능력을 소모시키고 있음을 아쉬워하고 있다. 그는 콩코드 지역의 어른들과 청소년들을 위한 양질의 교육이 필요함을 역설하고 있다. 각 마을이 하나의 대학이 되어 교양 교육을 실시하고, 문화예술의 후견인 역할을 하는 것이다. 그리고 세계의 현인과 학자들을 마을로 초빙하여 그들의 지혜를 배울 수 있도록 해주고 싶어 했다.

필요하다면 강에 다리 하나를 덜 놓고, 그래서 조금 돌아서 가는 일이 있더라도 그 비용으로 우리를 둘러싸고 있는 보다 어두운 무지의 심연 위에 구름다리 하나라도 놓도록 하자.

인간 문명의 진화가 거듭될수록 생활의 편리함은 증대되었지만 아날로그적 감수성은 사라지고 있다. 인간들의 소유물이 많아질수록 그들의 거친 탐욕도 늘어날 뿐이다. 끝없는 탐욕은 사회와 타인을 아프게 하는 거친 칼날이자 자신의 자유로운 삶을 저해하는 커다란 벽이다. 소로우는 간소한 생활을 통해서 물질적 풍요가 행복의 가치 기준이 아님을 보여주었다.

행복은 내 안에 있다

꾸뻬 씨의 행복 여행 | 프랑수아 를로르 지음, 오유란 옮김. 오래된미래

당신은 행복하십니까? 누구나 행복을 갈구하지만 마주한 현실은 늘 불만족스러워 점차 정신적 무기력과 피로감에 지쳐간다. 행복을 위하여 학교에서 공부하고, 직장 다니고, 결혼하는 등 더 나은 미래와 삶을 꿈꾼다. 하지만 타인과 비교하는 순간 그다지 행복함을 느끼지 못하고 매번 아쉬움 속에서 절망한다. 지나친 욕심은 맑은 눈을 멀게 하듯 잔뜩 깨지고 더러운 유리창으로 바라보면 창밖의 아름다운 풍경도 뿌옇고 희미해 보일 뿐이다. 사물을 너무 가까이 바라보면 구체적 실체를 인지하기 어렵듯이 약간 거리를 두고 전체를 조망할 필요가 있다. 우리의 삶도 마찬가지다. 무조건 앞만 보고 속도에 연연할 때 고달픔과 수고로움이 더해질 뿐이다.

《꾸뻬 씨의 행복 여행》속 파리는 다른 지역의 사람들보다 물질적 풍요로움이 넘쳐나지만 시민들은 불만과 우울증으로 인해 정신적 질환이 가득하다. 또한 불행하지 않으면서 스스로 불행하다고 느끼는 사람들이 많아지고 도시는 이들을 위한 정신과 의사만 늘어날 뿐이다. 마음의 아픔을 치료하는 몇몇 정신과 의사들조차 약을 복용하고 환자들을 상담하고 있다는 것에 심한 자괴감을 가진다. 마침내 꾸뻬도 점점 불행

하다고 느끼게 되고 이러한 삶을 탈피하고자 여행을 결심한다. 성공한 정신과 의사인 주인공이 행복의 비밀을 찾고자 여러 나라를 여행하면서 보고, 느끼고, 생각한 것을 자신만의 관점으로 행복 리스트를 작성한다.

꾸뻬는 먼저 중국으로의 여행을 시작한다. 그는 비행기 비즈니스 클래스 안에서 편안함을 느끼는 반면에 옆 좌석에 있던 사업가 비비엥은 의자에 불편함을 느낀다. 꾸뻬는 이코노미 클래스를 탈 예정이었지만 항공사의 배려로 운이 좋게 비즈니스 클래스를 타게 된 반면에 비비엥은 줄곧 퍼스트 클래스를 이용하다가 한 단계 아래인 비즈니스 클래스를 이용하게 된다. 꾸뻬는 행복은 자신을 다른 사람과 비교하지 않을 때 생겨나며, 때때로 뜻밖에 찾아온다고 생각한다.

중국에서 은행업에 종사하고 있는 친구인 뱅쌍을 만났다. 그는 꾸뻬보다 일곱 배나 많은 돈을 벌고 있음에도 만족하지 못하고 3백만 달러를 번 이후에는 직장을 그만둘 계획을 세운다. 꾸뻬는 많은 사람들이 더 큰 부자가 되고 더 중요한 사람이 되어야 행복해진다고 생각하는 것을 아쉬워한다. 그의 두 번째 여행지는 아프리카의 독재국가였다. 이 국가는 독재자의 악독한 통치 때문에 여러 선진국에 의해 한동안 무역 금지 조치를 당해 빈곤에 허덕이고 있었다. 꾸뻬는 좋지 않은 사람에 의해 통치되는 나라에서는 행복한 삶을 살기가 더욱 어렵다는 것을 경험한다. 그곳에서 무장 강도들에게 납치당하여 죽음의 위기를 맞이하지만 다행이 그가 정신과 의사이고 수첩에 적힌 행복에 대한 메모 덕분에 무사히 풀려난다. 꾸뻬는 행복은 살아 있음을 느끼는 것이라고 생각한다. 세 번째 여행지는 미국이었다. 그곳에서 행복에 관한 세계적 권위를 가진 전문가 교수를 만나게 된다.

꾸뻬가 그동안 여행하면서 메모했던 행복의 리스트를 보여주자 그 교수는 행복은 다른 사람의 의견을 너무 중요하게 생각하지 않는 것이라고 조언한다. 현재의 삶과 원하는 삶의 차이를 생각해보길 권한다. 중국에서 다시 만난 늙은 수도승은 진정한 행복에 대하여 의미 있는 가르침을 주었다.

"인간의 마음은 행복을 찾아 늘 과거나 미래로 달려가지요. 그렇기 때문에 현재의 자신을 불행하게 여기는 것이지요. 행복은 미래의 목표가 아니라, 오히려 현재의 선택이라고 할 수 있지요. 지금 이 순간 당신이 행복하기로 선택한다면 당신은 얼마든지 행복할 수 있습니다. 그런데 안타까운 것은 대부분의 사람들이 행복을 목표로 삼으면서 지금 이 순간 행복해야 한다는 사실을 잊는다는 겁니다."

당당하게 삶을 즐겨라

몰입의 즐거움 | 미하이 칙센트미하이 지음, 이희재 옮김, 해냄

고요한 마음이 속절없이 흔들린다. 나약한 인생이 불어오는 바람에 날리듯, 내 자신을 정처 없는 낙엽 신세로 만든다. 되는 것도 없고 안 되는 것도 없는 삶이지만 무엇 하나 쉽게 이루어지는 것이 없다는 생각에 새로운 시작을 앞두고도 움츠러든다. 젊은 시절 야성의 본능은 사라지고 스스로 길들여진 삶을 선택한지 오래다. 내 앞에 무수한 길이 열려 있었지만 작은 상처에도 아파하고 주저했다. 돌이킬 수 없는 지난 삶들의 아픈 흔적들이 여전히 나의 앞길을 가로막고 있다. 참다운 삶을 위한 몰입이 말처럼 쉽지 않다.

개인의 자유가 보장되는 시대에 살지만, 정작 자신을 위해 자유롭게 쓸 수 있는 시간은 억압당하는 환경으로 가득하다. 텔레비전은 거대한 정보의 보고이기도 하지만 생각을 거세시키고 시간을 빼앗는 억압 도구일 뿐이다. 집에서 텔레비전을 없애기 전까지는 뉴스와 스포츠 중계를 빠짐없이 챙겨보는 것이 일상이었다. 어느 순간 부질없다는 생각을 하게 되었고, 시간을 낭비하고 살고 있는 내 모습이 한심하게 느껴졌다. 과감히 텔레비전을 없앤 후 다행스럽게 독서와 운동하는 시간이 훨씬 늘었다.

미국 심리학자 미하이 칙센트미하이가 이 책에서 강조하는 몰입의 즐거움은 다소 생소한 개념인 것 같지만 평소에 경험한 내용들도 많이 담고 있다. 작가는 "몰입은 삶이 순간에 물 흐르듯 행동이 자연스럽게 이루어지는 느낌"이라고 설명하고 있다. 즉 몰입 상태에 빠진 사람은 완전히 정신을 집중한다. 잡념이나 불필요한 감정의 여지를 남기지 않는다. 자의식은 사라지고 자신감은 평소보다 커진다. 시간 감각에도 변화가 온다. 한 시간이 1분처럼 금방 흘러간다. 자신의 몸과 마음을 여한 없이 쓸 때 사람은 일 자체에서 소중한 가치를 발견한다.

작가는 삶을 훌륭하게 가꾸어주는 것은 행복감이 아니라 깊이 빠져드는 몰입(Flow)이라고 주장한다. 단순히 몰입해 있을 때는 행복하지 않는다. 행복을 느끼려면 내면의 상태에 깊은 관심을 기울여야 하고, 그러다보면 정작 눈앞의 일을 소홀히 다루기 때문이다. 달리 표현하면 몰입하지 않고도 행복을 맛볼 수 있지만 이는 외부적인 상황에 대한 의존도가 높은 편이다. 반면 몰입에서 오는 행복은 스스로의 힘으로 만든 것이어서 더 의미 있다. 사람들은 대체로 자기가 가장 좋아하는 일을 할 때 몰입을 경험한다.

몰입의 성과를 이루기 위해서는 어떻게 해야 할까? 첫째, 무슨 일이 일어나고 있고 그 원인이 무엇인지를 명확히 이해하는 데 관심을 갖는다. 둘째, 지금의 방식이 업무에 임하는 유일한 방법이라는 수동적 자세에서 탈피한다. 셋째, 대안을 모색하면서 더 좋은 방법이 나타날 때까지 실험을 멈추지 않는다. 특히 삶의 질을 높이기 위해서는 주인의식을 가져야 한다. 가능한 자신이 원하는 일을 늘리고, 집중력을 높이고 의식을 명료하게 만들면 내면의 조화를 이룰 수 있다.

작가는 참다운 삶의 영위를 위해서는 과거와 미래를 현재와 조화롭게 연결시키라고 조언한다.

희망은 과거에서 오지 않는다. 그렇다고 현재에서 갑자기 솟아오르는 것도 아니다. 또 가상의 미래로 뛰어본들 우리의 처지는 달라지지 않는다. 과거의 사실과 미래의 가능성을 현재의 시점에서 이해하려고 꾸준히 노력할 때 비로소 우리는 삶의 길을 깨달을 수 있다.

주체적인 삶을 살기 위해서는 수동적 자세에서 벗어나 능동적인 대처가 필요하다. 텔레비전 프로그램에 소중한 시간을 빼앗기고, 자신이 응원하는 스포츠 팀의 승패에 일희일비하기보다는 스스로 땀 흘려 운동하는 것이 더 나은 행복의 지름길이다.

4

온전한 관계와 사랑을 가꾸는 독서

사람은 사랑 없이 살 수 있는가?
각기 다른 대답을 할지라도, 이 질문의 정답은 정해져 있다.
그건 바로 '아니오'이다.
사람은 사랑 없이는 결코 단 한 순간도 살 수 없는 존재이다.
설령 육체적으로는 생명을 부지할 수 있더라도
사랑 없이는 영혼을 온전히 지킬 수 없기 때문이다.
그렇다면 사랑을 책으로 배울 수 있을까?
이에 대한 내 답은 '그렇다'이다.
온전한 관계를 맺고 사랑을 가꾸는 데 도움을 주는 데
책 읽기가 효과적인 이유는 나와 전혀 다른 환경에서 살아가는
다양한 사람들을 가장 빠르고 쉽게 만날 수 있는 방법이
바로 책 속 다양한 등장인물들을 만나는 것이기 때문이다.

사랑의 기술 | 지하생활자의 수기 | 변신 | 당신들의 천국 | 베니스의 상인 |
설국 | 생의 한가운데 | 엄마를 부탁해 | 상실의 시대 | 위대한 개츠비 | 표해록 |
허삼관 매혈기 | 세일즈맨의 죽음 | 독일인의 사랑 | 이기적인 유전자 |
오만과 편견 | 탁류 | 자기 앞의 생 | 무탄트 메시지 | 젊은 베르테르의 슬픔

사랑은 인식이 아니라 배움과 실천이다

사랑의 기술 | 에리히 프롬 지음, 황문수 옮김, 문예출판사

현대사회에서 사랑은 너무나 광범위하고 추상적인 표현으로 쓰이고, 사용되어 그저 공허한 느낌으로 다가온다. 인스턴트식 사랑이 넘쳐나고, 물질적 잣대에 의해 순수한 사랑보다는 계산적 사랑이 늘어나고 있다. 하지만 이 책 《사랑의 기술》에서는 타인을 사랑하는 능력이 없다면 자신의 사랑도 성공할 수 없다는 것을 자각시켜주고 있다. 이 책의 책날개에는 의학자이자 연금술사인 파라켈수스의 잠언이 쓰여 있다.

아무것도 모르는 자는 아무것도 사랑하지 못한다. 아무 일도 할 수 없는 자는 아무것도 이해하지 못한다. 아무것도 이해하지 못하는 자는 무가치하다. 그러나 이해하는 자는 또한 사랑하고 주목하고 파악한다.

우리는 흔히들 아는 만큼 보인다고 한다. 여기서 앎이란 그저 본능적으로 느끼는 것이 아니라 배우거나 경험하여 모르는 것을 깨달으려는 것이라고 할 수 있다. 사랑은 어느 순간에 느끼지 못하다가 부지불식간 감정으로 다가온다고 많은 사람들은 생각하고 있다. 《사랑의 기술》에서는 어떻게 사랑을 할 것인가를 고민하기보다는 어떻게 사랑을 받을 것인가에 치중하는 현대인들의 사랑 방식에 의문을 제기하고 있다.

사랑은 기술인가? 기술이라면 사랑에는 지식과 노력이 요구된다. 혹은 사랑은 우연한 기회에 경험하게 되는, 다시 말하면 행운만 있으면 누구나 겪게 되는 즐거운 감정인가? 일시적 감정이나 본능은 배울 필요가 없는 것이지만, 기술은 그것을 익히기 위해서 많은 노력이 필요하다. 작가는 사랑의 기술에 대한 습득 과정을 이론의 습득과 실천의 습득으로 구분하고 있다. 한 예로 누군가 인간의 신체와 관련한 이론적 지식을 모두 배웠다 하더라도 그 사람을 의사로 인정할 수는 없다. 의학 기술을 완전히 습득하려면 상당한 시간 동안 실습과 실무를 통해 이론적 지식과 실천적 기술의 조화를 이뤄내야 한다. 꽃을 사랑한다고 말하면서도 꽃에 물을 주는 것을 잊어버린 사람을 본다면, 우리는 그 사람이 꽃을 사랑한다고 믿지 않을 것이다. 사랑은 사랑하고 있는 자의 생명과 성장에 대한 적극적 관심이다. 이러한 능동적 관심이 없으면 사랑도 없는 것이다.

에리히 프롬은 남녀 간의 성에 대한 남다른 의견을 피력하고 있다.

남성의 성 기능의 절정은 준다는 데 있다. 남성은 자기 자신을, 자신의 성기를 여자에게 준다. 오르가즘의 순간에 남자는 정액을 여자에게 준다. (…) 만일 줄 수 없다면 그는 성적 불능자이다.

여자의 경우 비록 약간 더 복잡하기는 하지만, 사정은 다르지 않다. 여자도 자기 자신을 준다. 여자는 그녀의 여성으로서의 중심을 향해 문을 열어준다. (…) 주는 행위가 불가능하다면, 받기만 한다면, 그녀는 불감증이다.

결국 남녀 간의 사랑은 받는 것이 아니라 주는 것이라는 얘기다. 작가는 사랑이 없는 성행위는 한순간을 제외하고는 두 인간 사이의 간격을 좁혀주지 못한다고 말한다. 단지 행위 자체만을 목적으로 할 경우 의미 없는 결과를 초래할 뿐이라는 것이다.

《사랑의 기술》에서는 사랑을 실천하고 조금 더 열정적인 삶을 영위할 수 있는 몇 가지 방법을 소개하고 있다. 첫째, 훈련이 필요하다. 훈련된 방식으로 이 기술을 실행하지 않는다면 이 기술에 숙달되지 못할 것이다. 둘째, 정신 집중이다. 어떤 기술을 습득하는 데 필수조건이다. 셋째, 인내가 필요하다. 기술을 숙달하려고 노력해본 사람은 얼마나 많은 인내가 필요한지 잘 알 것이다. 마지막으로 최고의 관심이다. 그 기술이 최고로 중요한 것이 아니라면 누구나 이 기술을 배우려고 하지 않을 것이다. 우리가 사랑의 기술을 배우려고 한다면 모든 상황에 객관적이기 위해 노력해야 하고 이성적 능력을 함양해야 한다. 점점 사랑의 의미가 퇴색되고 있는 요즘, 여전히 사랑은 유효하다.

타인과의 교감은
삶을 풍요롭게 한다

지하생활자의 수기 | 표도르 도스토예프스키 지음, 이동현 옮김, 문예출판사

나는 병적인 인간이다. 나는 심술궂은 인간이다. 나는 남의 호감을 사지 못하는 인간이다.

이 소설의 모든 것을 암시하고 있는 첫 구절이다. 병적이라는 단어가 주는 효과는 뭔가 음산하고 부정적인 성격의 인물을 연상하게 한다. 주인공 지하생활자는 현대의 은둔형 외톨이와 비슷하다. 자기만의 세계의 사로잡혀 타인과 소통하지 못하고 소외되고 상실감에 빠져 산다. 그는 생계를 위해서 공무원 생활을 하다 친척의 유산 상속 덕분에 자발적인 은둔 생활을 한 것이라고 변명하지만 그의 행동은 야비하고 비굴하다. 그럼에도 나름의 타당한 이유를 끊임없이 설명하고 있다. 이는 악다구니를 쓸수록 더욱 희미해져가는 존재감과 세상에 대한 원망으로 가득한 울부짖음인지도 모르겠다. 정신적으로 피폐해진 지하생활자는 사실 러시아 사회가 만들어낸 부산물이다. 또한 오늘날 사회가 만들어낸 우리들의 모습이기도 하다.

《지하생활자의 수기》의 작가 도스토예프스키처럼 고난과 고초를 겪은 사람이 또 있었던가? 간질병으로 인한 육체적 고통은 그의 숙명이었

는지도 모르겠다. 본격적인 시련은 1849년 미하일 페트라셰프스키가 주재하는 사회주의 모임의 회원이라는 이유로 체포되면서 시작되었다. 그는 사형 판결을 받았고, 총살형이 집행되기 직전에 황제의 명으로 시베리아에 유형을 가는 것으로 감형되었다. 이후 1854년까지 옴스크에서 유배 생활을 했다. 이 시기의 체험이 《지하생활자의 수기》를 쓰는 데 모티프가 되었다. 1864년 발표된 《지하생활자의 수기》는 주인공의 긴 독백으로 이루어져 있다. 1부 '지하의 세계', 2부 '진눈깨비의 연상'으로 구성된 소설은 단순한 형식과 구조임에도 불구하고 주인공의 복잡한 심리 묘사로 인해서 문맥 전체를 이해하는 데 어려움이 있다.

1부에서 주인공은 자신의 실체와 지하생활자가 된 이유를 장황하게 설명하고 있다.

나는 짓궂은 인간이 되지 못했을 뿐만 아니라, 결국은 아무것도 되지 못한 위인이다. 악인도 될 수 없었고, 선인도, 비열한 사람도, 정직한 인간도, 영웅도, 벌레도 될 수 없었다. 지금 나는 내 방구석에서 최후의 나날을 보내면서 슬기로운 인간은 제정신으론 아무것도 될 수 없다.

결국 아무것도 될 수 없었던 것은 본인은 슬기로운 인간이었기에, 그러한 사회에서 결국 부적응할 수밖에 없었다는 얘기다. 사회가 문제지 자신은 문제가 아니라는 것이다.

2부에서 주인공은 생활 속 사건들을 서술하고 있다.

만약에 우리의 변덕스런 소원이 이루어진다면 그때는 오히려 곤란을 느낄 것이다. 시험 삼아 우리에게도 좀 독립성을 부여하고, 우리 손에서 밧줄을 풀어 활동 범위를 넓혀줘 보라. 그렇게 하면 우리는 곧 그전처럼 다시 감독해주기를 애원할 것임이 틀림없다.

사회구성원이 되어 안정감을 얻는 것이 사실은 끊임없이 타성에 길들여진 결과다. 그래야 상대적인 편안함을 느끼기 때문이다.

인간의 추악함과 비열함, 소외와 상실은 특정 개인만의 문제가 아니다. 은둔형 외톨이가 늘어나는 것은 사회와 우리 모두의 책임이다. 소설 첫 구절에서 자신을 병적인 인간이자 심술궂은 인간이라고 넋두리하고 있지만 정작 병적인 사회, 심술궂은 사회, 호감을 주지 못하는 사회에서는 누구나 지하생활자로 전락할 수 있음을 역설한다. 왜냐하면 인간은 심리적으로 너무나 나약한 존재이기 때문이다. 우리는 대부분 눈앞에 보이는 것만이 진실이고 전부라고 생각하며 살고 있다. 비록 보이진 않더라도 가장 중요한 것을 놓쳐선 안 된다. 사회 속에서 서로의 마음을 이해하는 데 필요한 따뜻한 시선은 보이지 않아도 가장 소중하다.

고통을 함께 나누는 것

변신 | 프란츠 카프카 지음, 전영애 옮김, 민음사

인간은 누군가의 기억 저편으로 멀어져갈수록 타인이 되는 존재다. 아무리 특별하고 애틋한 관계를 유지했더라도 처지나 상황 변화에 따른 불화가 지속되면 회복하는 데 상당한 시일이 걸린다. 가족 역시 마찬가지다. 인간관계를 유지하는 것이 유기적 상호작용이다. 하지만 이기심에 매몰되면 사랑과 정은 멀어진다. 하물며 평소와 달리 흉측하게 변한 모습을 본다면 가족들은 더욱 난감해할 것이다.

산업 발달로 인한 인간의 경제활동은 필연적으로 복잡해지고 구조화되고 있다. 그런 사회의 틈바구니에서 《변신》의 주인공은 가족의 생계를 책임지기 위해 직장을 다니고 있다. 그러던 어느 날 가족의 생계를 책임졌던 주인공이 이제는 모든 이들에게 걱정과 근심을 야기하는 존재가 되었다. 결국 주인공은 원망과 폐기처분의 대상이 되어야 했다.

작가 프란츠 카프카는 체코의 수도 프라하에서 독일어를 사용하는 유대인 가정에서 태어났지만, 유대인과 독일인 어디에도 속하지 못한 채 이방인으로 살았다. 그런 연유에서인지 그의 소설은 주로 인간 문명의 부조리에 의한 인간 소외와 상실을 다루고 있다. 그는 보험회사 직

원과 소설가로 지내다가 폐결핵으로 41세에 생을 마감했다. 그는 죽기 전 가장 친한 친구에게 자기의 모든 원고를 불태워버릴 것을 부탁했지만 다행히 그 약속은 지켜지지 못했다. 약속을 어긴 친구로 인해 카프카의 《변신》은 세상 밖으로 나올 수 있었다.

 어느 날 아침 불안한 꿈에서 깨어난 주인공 그레고르는 자신이 한 마리 흉측한 해충으로 변해 있음을 발견한다. 외판원인 그레고르는 평소 제시간에 맞춰서 기차를 타기 위해 걱정하고, 불규칙적이고 부실한 식사를 하고, 결코 지속되지도 정들지도 않는 인간관계로 인해서 매일 긴장감과 고된 삶을 살고 있다. 그럼에도 직장을 그만둘 수 없는 이유는 부모님이 진 빚을 갚아야 하고 가족의 생계를 책임지고 있기 때문이다. 흉측한 해충으로 변한 상태에서도 그레고르의 마음은 직장으로 향하고 있다. 평소 기상 시간 새벽 4시, 기차를 타야 할 시간 새벽 5시, 하지만 오늘 기상 시간은 아침 6시 30분, 다음 기차 시간 7시……. 여전히 시간에 쫓기며 강박관념에 사로잡힌다.

 결국 그레고르는 죽음을 맞이한다.

 그의 등에 박힌 썩은 사과, 온통 부드러운 먼지로 덮인 곪은 언저리도 그는 어느덧 거의 느끼지 못했다. 감동과 사랑으로써 식구들을 회상했다. 그가 없어져버려야 한다는 데 대한 그의 생각은 아마도 누이동생의 그것보다 한결 더 단호했다. 시계탑의 시계가 새벽 세 시를 칠 때까지 그는 내내 이런 텅 비고 평화로운 숙고의 상태였다. 주위가 밝아지기 시작하는 것도 그는 보았다. 그러고는 그의 머리가 자신도 모르게 아주 힘없이 떨어졌고, 콧구멍에서 마지막 숨이 약하게 흘러나왔다.

"시계탑의 시계가 어느덧 새벽 세 시를 향하고 있었다"는 표현은 어쩌면 인생의 종점을 향해 치닫고 있는 암울한 기분을 암시한다.

그의 죽음 이후 가족에게는 새로운 일상이 기다리고 있다. 오랜만의 가족 여행을 통해서 더 이상 장래가 암담하지 않을 것이라는 희망을 이야기하고, 부부는 딸을 위해서 착실한 남자를 찾아야 할 때가 된 것 같다는 생각을 한다. 이러한 결말은 가족의 의미가 점점 퇴색된 비정한 현실을 떠오르게 한다. 가치 있는 인간, 쓸모없는 인간의 규정은 인간 존재의 불안정성을 의미한다. 오늘 가치 있는 인간이 내일은 쓸모없는 인간으로 전락할 수 있기 때문이다. 인간 존엄이 사라진 냉혹한 사회에서 그 누구도 예외일 수 없다.

우리들을 위한 천국은 없다

당신들의 천국 | 이청준 지음, 문학과지성사

　동상은 단순히 누군가를 기념하는 상징물이 아니라 그 이상의 정치적 의미를 갖는다. 동상은 인간 욕망의 끝자락에 조용히 자리 잡고 있지만 어느 순간에 폭풍처럼 일어나서 모든 것을 쓸어버리는 탐욕의 산물이다. 소설의 제목 《당신들의 천국》은 배타적인 의미다. 나와 우리가 아닌 당신들의 천국은 하루 빨리 벗어나고 싶은 지옥일 뿐이다. 소록도의 환자들에겐 낙원이 없었다. 환자들에게 낙원이 없는 한 소록도에는 낙원이 없는 것이다. 단지 사람들의 거짓된 마음 속에만 소록도의 천국은 존재할 뿐이다.

　조백헌 원장이 온 첫날 두 사람의 탈출 사고가 있었다. 이는 원장이 새로 부임해올 때마다 일어나는 일종의 선물이다. 탈출 이유에 대해서 어느 나환자가 조 원장에게 비웃듯이 "당신들이 모르는 일이라면 우리도 모르는 일이오"라고 내뱉는다. 그 말의 실상은 '당신이 스스로 알아보시오, 그자들이 왜 이 섬을 빠져나가고 싶어 하는지. 그리고 당신은 정직한 대답을 듣기를 두려워하고 있지는 않는지 생각해보시오'라는 뜻이다. 이는 더 이상 소록도가 낙원이 아니라는 것을 조 원장 스스로 알아내야 한다는 의미였다.

비극의 시작은 30여 년 전 일본인 주정수 원장으로부터 비롯된 것이다. 그는 소록도를 나환자들이 오순도순 서로를 위로하며 의지하며 살아갈 고향을 만들자고 설득하였고, 인간으로서의 최소한의 긍지와 보람을 누리자고 격려했다. 또한 병사와 의료 시설을 늘리고 생활환경과 후생시설을 새로이 만들어주었다. 하지만 그는 약속을 지키는 대신 이곳에 자신의 동상을 세웠다. 배반의 진실은 곧 드러났다.

어느 날 아침, 평의회 위원이면서 동상 건립에 혁혁한 공을 세운 이순구가 이웃에 살고 있는 청년(이길용)에게 칼에 죽음을 맞이한다. 이 사건이 지난 1년 후 그 동상의 주인공마저 어느 보은 감사일에 자신의 동상 앞에서 청년(이춘성)의 비수에 죽음을 맞이했다. 이 때문에 나환자들은 주정수 이후에도 새로운 원장만 오면 번번이 주정수 원장의 새 동상을 보곤 했던 것이다. 누구든지 이곳에만 오면 주정수 원장의 동상을 새로 세우고 싶어 했다. 더러는 성공하고 더러는 실패도 했지만, 어느 쪽이나 원장이 섬을 떠나고 나면 섬에 남는 것은 배반뿐이었다.

조백헌 원장의 마음속에 여전히 동상을 지니고 있는지 의문이지만, 그는 축구팀을 만들고 시합을 통해서 승리를 맛보게 함으로써 나환자들에게 자신감과 살아 있음을 느끼게 한다. 이후 대규모 오마도 간척사업을 시작한다. 바다를 막는다는 것이 그리 쉬운 것이 아니었기 때문에 서약서를 통해서 자신을 위한 어떠한 공훈이나 명예도 좇지 않고, 우상도 만들지 않음을 명세하고 추진한다. 하지만 오마도 일대 주민들에 의한 공사장 습격이 있었고, 한 달이 지났음에도 여전히 돌독이 솟아오를 기미가 안 보이고, 설상가상으로 채석장 붕괴 사고와 장사하는 여인을 겁탈하는 불상사가 발생하기도 했다.

조백헌 원장이 진퇴양란의 처지에 몰려 있을 때 황 장로는 두려움 없이 공사를 계속할 것을 충고한다. 공사장 일은 겨울 추위와 상관없이 강행되었고, 2월 하순 무렵에 그토록 기다리던 오동도와 풍남반도를 연결하는 제1호 방조제를 시작으로 제2호, 제3호 방조제를 완성했다. 하지만 태풍으로 인하여 둑은 흔적도 없이 사라져버렸고, 이러한 실패는 또 다른 배반을 잉태했다. 사람들은 예전에 주정수 원장 때와 같이 조 원장의 피를 원하고 있었다. 원생들이 무겁게 조 원장의 책임을 묻고 단죄하고자 하지만 이상욱의 지독한 추궁으로 황 장로가 한발 물러섬으로써 일단락되었다.

소설은 윤해원과 서미연의 결혼식과 더불어 조 원장이 한가로이 축사 연습을 하는 것으로 마무리된다. 이상욱이 조백헌 원장에게 쓴 편지에 "당신은 인간의 천국을 지어주려는 것이 아니라 문둥이의 천국을 지으려 한다"는 질책이 들어 있었다. 소록도를 문둥이의 천국으로 만든다는 것은 더욱 문둥이를 문둥이답게 만들고, 고분고분한 환자로 길들이는 것이다. 울타리가 둘러쳐진 천국은 진짜 천국이 될 수 없다. 왜냐하면 그들은 환자 이전에 인간이기 때문이다.

선택하면 다 내놓고
위험을 감수해야 한다

베니스의 상인 | 윌리엄 셰익스피어 지음, 최종철 옮김, 민음사

인간은 환경에 따라 달라져 희비가 엇갈리는 운명에 처하곤 한다. 사람들은 스스로 운명을 개척하고, 능동적으로 살고 있다고 생각한다. 하지만 실상은 사회 체제와 제도에 순응하면서 살고 있는 경우가 많다. 선과 악을 구별하여 옳고 그름을 말하는 것 또한 기준이 명확하지 않다. 대부분의 사람들은 시대를 주도하는 힘에 의해 지배당하며 살고 있다. 《베니스의 상인》의 등장인물 중 샤일록의 행동이 나름대로 이해가 가는 이유도 이 때문이다. 당시 유대인이 겪어야 했던 비인간적인 차별 앞에, 악착같이 돈을 버는 것만이 그에게 삶의 이유였음을 어느 정도 수긍할 수 있을 것 같다.

샤일록이 매정하고 야비한 고리대금업자가 될 수밖에 없는 운명이라면 안토니오와 바사니오는 베니스의 기독교인으로써 사회적으로 안정되고 존경받는 위치에 있었기 때문에 샤일록과 상반된 삶을 산다. 인간으로서 기독교인이나 유대인이 동일하므로 감정이나 육체적 고통에 대한 차별은 죄악이라고 울부짖는 샤일록의 목소리가 와닿는다.

바사니오는 젊은 시절 방탕한 생활로 재산을 탕진하고 시간을 낭비한 것에 대하여 철저히 반성한다. 다시 기회를 준다면 올바른 삶을 살 것

이라고 다짐하며 안토니오에게 도움을 요청한다. 그는 포셔의 구혼자가 되어 그녀와 결혼하는 것을 인생의 전환점으로 삼고자 한다. 안토니오의 모든 재산이 바다에 나가 있는 상태이기 때문에 돈을 빌려주지 못하는 상황에서 고리대금업자 샤일록에게 부탁한다. 샤일록은 계약조건에 명시된 일정한 금액 또는 총액을 되갚지 못할 경우 안토니오에게 심장에 가까운 부위의 살을 1파운드 잘라내는 조건으로 돈을 빌려준다.

 샤일록은 그동안 유대인으로서 받은 극심한 멸시와 천대를 복수하듯이 되갚아주려 한다. 기독교인들이 가르쳐준 비열한 짓을 실행할 것이고 잔인하게 대할 것이라고 말한다. 불행하게도 안토니오의 배는 기한 내에 도착하지 못했고, 그는 수감되는 신세가 된다. 샤일록은 안토니오에게 기독교인들에게 절대 굴복하지 않고 계약대로 처리할 것이라고 냉혹하게 대답한다. 샤일록과 안토니오 사이가 좋지 않은 이유는 예전에 안토니오가 샤일록의 저고리에 가래침을 뱉은 적이 있고, 또한 공개적인 장소에서 고리대금업자라고 멸시를 했기 때문이다.

 재판장에서 공작은 샤일록에게 자비심과 동정심을 기대한다고 설득한다. 하지만 단지 살코기 한 덩이 때문에 그러는 것이 아님을, 안토니오에게 가지고 있는 뿌리 깊은 증오와 모종의 혐오감 때문에 소송하는 것이 아님을 강조한다. 오히려 기독교인들의 비인간적이 처사를 지적하며 자신의 정당함을 호소한다.

 법정에 법학 박사 복장으로 변신한 포셔가 등장하여 판결을 내린다. 살을 자르되 피를 흘리면 안 되고, 정확히 일 파운드 이상도 이하도 자르면 안 된다. 만약 조금이라도 다르면 샤일록의 죽음과 재산을 몰수한다고 결정을 내린다. 이에 대하여 샤일록은 부당하다고 생각하지만 이를 수용하고 베니스를 떠나기로 결심한다. 샤일록은 개인감정보다는 유대인으로서 부당한 대우와 멸시에 대한 반감으로 안토니오를 죽이고자 했지만 결국 실패한다.

안토니오와 바사니오의 두 사람의 관계는 단순한 우정이라기보다는 돈과 사랑으로 복잡하게 얽혀 있다. 바사니오와 포셔의 사랑은 다분히 계산적이고 순수하지 못한 의도가 깔려 있다. 안토니오와 샤일록 두 사람의 갈등도 어쩌면 바사니오의 욕심으로부터 시작된 것이 아닐까? 포셔는 세 개의 궤짝 중에서 현명한 선택을 하는 구혼자를 만나 결혼하려 한다. 그렇다면 누가 포셔와 결혼하게 되었을까? 어떤 궤짝을 열어야 포셔의 정혼자가 될 것인가?

금궤에는 '다수가 원하는 걸 얻으리라', 은궤에는 '너 자신의 가치만큼 얻으리라', 납궤에는 '다 내놓고 위험을 감수해야 한다'는 문장이 각기 새겨져 있다. 구혼자들 중에서 먼저 모로코가 선택한 금궤에서는 '빛난다고 다 금은 아니다'라는 글귀가, 아라곤이 선택한 은궤에서는 '그림자에 입 맞추는 자들은 행복의 그림자만 누리는 법'이라는 글귀가, 마지막으로 바사니오가 선택한 납궤에서는 '보는 대로 선택하지 않은 그대는 운이 좋았고 선택 또한 옳았다'라는 글귀가 나왔다. 납궤를 선택한 바사니오가 포셔의 정혼자가 된 점은 많은 여운을 남긴다.

사랑과 이별은 또 다른 성장이다

설국 | 가와바타 야스나리 지음, 유숙자 옮김, 민음사

사람들은 삶의 공허함을 채우기 위해서 사랑을 갈망한다. 남녀 간 사랑의 첫 마음은 설렘과 조바심으로 가득하다. 그다음에는 욕정과 더불어 소유욕이 차고 넘친다. 이후 사랑은 갈수록 종잡을 수 없는 미로에 빠져든다. 길을 잃어버린 사랑으로 헤매다가 다시금 사랑의 의미를 찾고자 노력한다. 부질없고 허무한 사랑으로 변했을지라도 눈처럼 희고 맑은 사랑으로 회복하여 가슴속에 품은 채 살아가고 싶어 한다.

《설국》의 주인공 시마무라는 도쿄에서 서양 무용을 연구하며 일정한 직업도 없이 고독과 허무함을 가득 안고 여행을 즐기는 사람이다. 그가 어린 게이샤 고마코와의 만남을 떠올리며 눈 고장의 온천을 다시 찾는 장면에서 소설은 시작된다.

국경의 긴 터널을 빠져나오자, 눈의 고장이었다. 밤의 밑바닥이 하얘졌다. 신호소에 기차가 멈춰섰다.

여기서 긴 터널은 고통스런 삶의 여정이고, 눈이 의미하는 것은 순백의 아름다움과 아픔을 씻어내는 치유의 도구를 상징할 것이다.

손가락으로 기억하는 여자와 눈에 등불이 켜진 여자 사이에 무슨 일이 있는지, 무슨 일이 일어날지, 어쩐지 시마무라는 마음속 어딘가에 보이는 듯한 느낌이다. 아직 저녁 풍경이 비치던 겨울에서 덜 깨어난 탓일까. 그 저녁 풍경의 흐름은, 그렇다면 흐르는 시간의 상징이었던가 하고 그는 문득 중얼거렸다.

여기서 손가락으로 기억하는 여자는 고마코이고, 눈에 등불이 켜진 여자는 요코이다. 고마코는 춤선생 아들 유키오의 약혼자이고, 요코는 유키오의 새 애인이었다. 유키오는 위중한 병에 걸려 있었고 고마코는 병원비를 마련하기 위해 게이샤가 되었다.

고마코가 아들의 약혼녀, 요코가 아들의 새 애인, 그러나 아들이 얼마 못 가 죽는다면, 시마무라의 머리에는 또다시 헛수고라는 단어가 떠올랐다. 고마코가 약혼자로서의 약속을 끝까지 지킨 것도, 몸을 팔아서라도 요양시킨 것도 모두 헛수고가 아니고 무엇이랴.

시마무라의 허무한 독백은 고마코와 요코 그리고 유키오 세 사람의 이해할 수 없는 사랑의 몸부림 탓이다.

다음 날 시마무라가 도쿄로 돌아가기 위해 역으로 가는 길에 고마코가 배웅을 나선다. 그때 요코가 급히 달려와 유키오의 생명이 위독하다고 전하지만 고마코는 기어코 돌아가지 않으려 한다. 시마무라는 자기 탓에 고마코가 임종도 지켜보지 못한 것이 아닐까 싶어 유키오라는 남자가 마음에 남아 있었다. 고마코는 언제나 유키오 이야기를 꺼린다. 유키오가 약혼자가 아니라고 하지만, 그의 요양비를 벌기 위해 게이샤로 나선 것을 보면 특별한 사이임에 틀림없다. 도쿄로 돌아간 시마무라는 1년 후 다시 눈의 고장을 찾는다. 돌아온 그는 유키오의 무덤에서 요코를 발견한다.

그는 곤충들이 고통스럽게 죽어가는 모습을 유심히 관찰하고 있었다. 가을 날씨가 쌀쌀해지면서 그의 방 다다미 위에는 거의 날마다 죽어가는 벌레들이 있었다. 날개가 단단한 벌레는 한번 뒤집히면 다시 일어나지 못했다. 벌은 조금 걷다가 넘어지고 다시 걷다가 쓰러졌다. 계절이 바뀌듯 자연도 스러지고 마는 조용한 죽음이었으나, 다가가보면 다리나 촉각을 떨며 몸부림치고 있었다. 이들의 조촐한 죽음의 장소로서 다다미 여덟 장 크기의 방은 지나치게 넓었다. 시마무라는 죽은 곤충들을 버리려 손가락으로 주우며 집에 두고 온 아이들을 문득 떠올리기도 했다.

죽음은 소멸과 망각이다. 하지만 새로운 희망을 잉태하기 때문에 죽음이 모든 것을 불태워버리는 것이 아니다.

어느 날 영화를 상영하던 창고가 불타는 것을 발견한 시마무라와 고마코는 은하수가 흐르는 밤을 가로질러 화재가 난 창고에 도착한다.

타다 남은 불꽃 쪽에 펌프 한 대가 비스듬히 활 모양으로 물을 뿌리는 가운데, 그 앞으로 문득 여자의 몸이 떠올랐다. 그런 추락이었다. 여자의 몸은 공중에서 수평이었다. (…) 물을 뒤집어쓴 타다 남은 시커먼 나무들이 어지러이 흩어진 속에서, 고마코는 게이샤의 긴 옷자락을 끌며 비틀거렸다. 요코를 가슴에 안고 돌아오려 했다. 필사적으로 버티려는 얼굴 아래, 요코의 승천할 듯 멍한 얼굴이 늘어져 있었다. 고마코는 자신의 희생인지 형벌인지를 안고 있는 모습이었다. (…) 발에 힘을 주며 올려다본 순간, 쏴아 하고 은하수가 시마무라 안으로 흘러드는 듯했다.

유키오의 죽음에 따른 요코의 죽음은 짙은 비애로 가득하지만 은하수처럼 빛난다. 고마코의 헌신적인 사랑이 결국 헛수고일지라도 순수한 그녀의 존재는 오래도록 우리 가슴속에 남는다.

사랑과 죽음은
또 다른 생의 의미이다

생의 한가운데 | 루이제 린저 지음, 전혜린 옮김, 문예출판사

1950년에 출간된 《생의 한가운데》는 슈타인 박사와 니나의 미묘한 사랑, 그리고 생의 한가운데에서 펼쳐지는 치열하고 애잔한 삶에 대한 이야기다. 니나가 살던 시대는 여성의 사회적 지위와 권한이 열악한 환경이었다. 그럼에도 니나는 사회적 규범과 억압을 타파하고 어떤 남자에게도 의존하지 않는 진취적이고 도전적인 삶을 살고 싶어 했다. 슈타인 박사와 니나의 관계를 설명하는 것이 그리 쉽지 않다. 두 사람의 엇갈린 사랑은 복잡한 미로같이 막막함이 가득하다.

그는 죽음의 문턱에서 니나의 38살 생일에 맞춰서 헬레네에게 소포를 보내달라고 부탁한다. 우편배달부가 가지고 온 소포 안에는 18년 동안 수집한 니나의 모든 기록과 함께 부치지 못한 슈타인의 편지와 일기가 들어 있었다. 니나가 소포를 받을 시점은 이미 그는 고인이 되었기에 사랑에 대한 최종 선택의 여지를 그녀의 몫으로 남겨주었다.

내가 지은 죄란 결단을 회피했다는 것이오. 나는 그것이 비겁했기 때문일까 스스로에게 물어보오. 그러나 그렇지 않소. 아마 유약했기 때문일 것이오. 그러나 의식이 끊임없이 주의하도록 경고하고, 모든 경우의 장단점을 일일이 다 고려해보라고 명령한다면 어느 누가 결단을 내릴 수 있겠소.

그에게 '결단'은 곧 니나와의 이별이다. 그녀가 그의 사랑을 받아주지 않을 것을 알면서 결단을 내린다는 것은 곧 삶의 상실의 의미다. 또한 진실하지 못한 삶의 태도에 대한 자책이다.

니나는 사회가 정해준 여성의 삶에 대해서 경멸하듯이 말한다.

"나는 죽고 싶은 거예요. 사는 것보다 여기에 사는 것보다 훨씬 아름다운 것이 있다는 것을 알고 있으니까요. 공부하고, 먹고, 자고, 직업을 갖고, 결혼하고, 아이를 낳고, 그게 뭐예요? 그것만으로는 부족해요. 사람은 그것이 습관이 되어버리고 마치 그것에 의의가 잇는 것처럼 스스로 타이르는 거예요."

실은 여자의 일생이 대부분 관습이라는 틀에 얽매어 있다고 볼 수 있다. 오직 진실하고 자유로운 삶을 추구하는 그녀로서는 속절없는 현실과 영원하지 않는 한시적 삶에 대한 비탄으로 가득하다.

니나는 외딴 소도시에 머물며 글쓰기 외에는 모든 것이 허무한 상황에서, 폐결핵 환자와의 사랑 아닌 사랑을 시작한다.

가끔 그는 제게 키스를 했고 저는 어느 날인가 마멸돼가는 그의 육체에 구토를 느꼈을 때까지 그것을 용납했습니다. 나의 저항을 그는 죽음의 냄새가 나니까 자기를 버리려는 것이라고 하더군요. 그에게 구토를 느낀다고 말할 수는 없었습니다.

상대방에게 일방적인 헌신을 바라는 것은 사랑이 아니다. 그녀 역시 잘 알고 있지만 폐결핵 환자에 대한 이해와 연민이 가득하다. 그녀는 이미 사랑만이 그를 살릴 수 있다는 것을 알고 있기 때문이다.

슈타인 박사의 마지막 일기는 니나에 대한 그리움으로 가득하다.

니나의 목소리가 내가 들은 최후의 것이리라. 니나의 눈이 내가 기억하는 최후의 것이리라. 니나를 위해서 나는 기억을 해야겠다. 나는 많은 죄를 본다. 생의 죄. 이 아무런 변화도 더 있을 수 없는 이 순간의, 이 통찰의 고통은 아주 크다.

슈타인 박사는 사랑과 좌절 그리고 인생의 여정에서 생의 한가운데로 한 번도 제대로 뛰어들지 못했다. 죽음을 앞두고서 그는 더 이상 생의 변화를 기대할 수 없다는 것에 절망한다.

슈타인에게 니나는 삶의 전부였지만 그녀에게는 부담스러운 또 다른 연민의 대상일 뿐이다. 슈타인은 이기적인 사랑을 한 것이다. 하지만 달리 생각해보면 니나는 사랑할 수 없지만 사랑해야 되는 상황이다. 왜냐하면 슈타인에게 그녀의 사랑이 필요하다는 것을 알고 있기 때문이다. 결국 니나는 어느 누구도 사랑하지 못했지만 죽은 슈타인을 통해서 사랑을 알게 된 것은 아닐까? 만약 그렇다면 슈타인은 죽은 것이 아니라, 니나가 살아 있는 한 그 역시 존재하게 되는 셈이다. "니나의 목소리가 내가 들은 최후의 것이리라. 니나의 눈이 내가 기억하는 최후의 것이리라."

사랑할 수 있는 한 사랑하라

엄마를 부탁해 | 신경숙 지음, 창비

　나의 엄마는 일찍이 부모님을 여의고, 전남 해남에서 광주시 광산구의 외딴 마을로 시집와서 빈곤한 살림살이와 평지풍파의 세월 속에서 자식들을 키우기 위해 농사는 물론 도시에 나가 온갖 품팔이를 하시느라 몸 성한 곳이 없었다. 이런 아픈 몸에도 불구하고 봄부터 여름 내내 마늘을 비롯한 옥수수, 고추, 깨 등 여러 농작물을 가꾸기 위해서 들녘에서 일하다가 급기야 응급실에 실려가셨다. 신장투석을 시작한 이후 언제나 카랑카랑했던 목소리는 사라지고, 사소한 말에도 눈물을 왈칵 쏟아내는 연약한 여인이 되어버렸다. 이런 처지에서도 자식들에게 해준 것이 없음을 자책하고, 혹시나 짐이 되지 않을까 노심초사하시는 모습을 보면서 나는 차마 고개를 들 수 없었다.

　《엄마를 부탁해》의 배경이 되는 그 당시 농촌은 대부분 형편이 어려워 자녀들을 제대로 교육하기 힘들었다. 특히 여자들은 고등학교에 진학하는 경우가 아주 드물었고, 어린나이에 일자리를 찾아 공장에 취직하는 경우가 많았다. 이러한 현상은 농촌의 황폐화 더불어 부모와 자식 간의 생이별을 초래했다. 작가 역시 공장에 다니면서 산업체 고등학교에 다녀야 했고, 그 시절 반성문을 읽어본 선생님의 권유로 소설가의 꿈을 키웠다고 한다. 이 책의 구성은 독특한 형식으로, 너(큰딸), 그(큰아들 형철), 당신(남편), 나(박소녀, 엄마)의 고해 및 독백으로 이루어져 있다.

　엄마를 잃어버린 지 일주일째 접어들고 있었다. 가족들은 엄마를 찾기 위한 전단지 만들기에 여념이 없음에도 불구하고 엄마에 대한 기억들은 조각난 퍼즐처럼 황망하기 그지없다. 너(큰딸)에게 엄마는 처음부터 엄마였다. 엄마에게도 첫걸음을 뗄 때가, 열두 살 혹은 스무 살 시절이 있었다는 것을 상상해본 적이 없었다. 여자가 아닌 누구의 엄마라는 이름으로 살아왔기 때문이다. 어려운 가정 형편 때문에 중학교 진학이 어려웠지만 여자도 배워야 한다는 신념으로 유일한 결혼 패물인 반지를 팔아서 큰딸을 중학교에 입학시킨다.

　엄마의 두통은 수시로 엄마의 육체를 공격하고 있었다. 그(형철)에게 본격적으로 미안하다고 말하기 시작한 것은 중학교를 졸업한 시골의 여동생을 도시의 그에게 데려다준 이후부터다. 그는 자신이 청년 시절에 꾼 꿈을 이루지 못한 것만 생각했지 엄마의 꿈을 좌절시킨 것은 생각지 못했다. 엄마는 평생 그가 하고 싶은 것을 하지 못하게 한 게 엄마 자신이라고 여기며 살았다는 것을 깨달았다. 그의 꿈이 엄마에게는 또 다른 희망이었기 때문이다.

　"저기, 내가 태어난 어두운 집 마루에 엄마가 앉아 있네. 엄마가 파란 슬리퍼에 움푹 파인 내 발등을 들여다보네. 내 발등은 푹 파인 상처 속으로 뼈가 드러나 보이네. 엄마의 얼굴이 슬픔으로 일그러지네. 나의 겨드랑이에 팔을 집어넣네. 내 발에서 파란 슬리퍼를 벗기고 나의 두 발을 엄마의 무릎으로 끌어올리네. 엄마는 웃지 않네. 울지도 않네. 엄마는 알고 있었을까. 나에게도 일평생 엄마가 필요했다는 것을."

너(큰딸)는 모든 슬픔을 두 팔로 끌어안고 있는 피에타상 앞에서 차마 하지 못한 한마디가 입술 사이에서 흘러나왔다. "엄마를, 엄마를 부탁해."

지독한 가난과 정신적 결핍의 시절, 엄마는 세상의 통로이자 중심이었다. 하지만 예상치 못했던 엄마의 부재로 인하여 상실감과 공허함이 애처롭다. 여자가 아닌 엄마의 삶이란 어쩌면 자식들에게 무한정 헌신과 희생만 해야 하는 숙명인지 모르겠다. 어떻게 엄마의 사랑을 다 헤아릴 수가 있을까!

사랑은 이유가 없다

상실의 시대 | 무라카미 하루키 지음, 유유정 옮김, 문학사상사

사랑의 갈망은 본능적인 이끌림과 더불어 서로 공유하는 느낌에서 시작된다. 육체를 탐닉하는 것은 쾌락의 추구와 존재 확인의 몸부림이다. 철부지 시절의 어설픈 사랑은 허무함으로 가득하여 좌절하고 슬퍼하고 분노하지만, 시간이 흐르면 그 사랑의 상처들은 삶의 고귀한 뿌리가 된다. 학교를 졸업하고 마주한 세상은 위선과 허구로 둘러싸인 것처럼 보인다. 부조리한 세상에 살아야 한다는 두려움이 기성사회에 대한 반항과 불신으로 연결된다. 기성세대의 눈에는 타락과 방종으로 비춰질 수도 있지만 이면에는 나를 찾고자 하는 처절한 고심의 흔적이 자리한다.

무라카미 하루키는 사람이 사람을 사랑한다는 의미를 그려보기 위해서 《상실의 시대》를 집필했다고 한다. 주인공 와타나베는 18년 전 아련한 추억 속의 나오코를 회상하면서 희미해져버린 기억을 조금씩 거슬러 올라간다. 나오코는 기즈키의 여자 친구이며, 기즈키는 와타나베의 친구였다. 세 사람은 종종 더블데이트를 즐겨했고 한동안 묘한 관계를 유지한다.

5월의 어느 날 당구장에서 같이 시간을 보낸 후 기즈키는 의문의 자살을 한다. 곁에 있었던 친구의 죽음은 와타나베에게 헤아릴 수 없는

아픔의 근원이 되어 정신적 공허함과 상실감을 안겨준다. 나오코 역시 예전의 화사함이 사라지고, 무미건조한 생활로 웃음을 잃은 채 지낸다. 이후 두 사람은 연인 아닌 연인 사이로 어색한 만남을 이어간다.

4월 중순 나오코의 스무 살 생일에 맞추어 축하 파티를 했다. 창 밖에서는 비가 계속 내리고 있었다. 그날 밤 와타나베는 그녀와 사랑을 나눈다. 그렇게 하는 것이 옳았는지 아닌지 확실하지 않다. 와타나베는 기즈키와 나오코가 같이 잤을 것이라고 생각해왔는데, 나오코가 처음이었다는 사실에 크게 당황한다.

동맹 휴학이 철회되고 강의가 재개되었지만 와타나베는 대학 교육이 전혀 무의미하다는 결론에 도달한다. 단지 대학 생활을 견디는 훈련 기간으로 삼는다. 이후 교토의 정신요양소에서 치료를 받고 있는 나오코를 찾아간다. 그녀는 기즈키가 죽은 후 사람을 사랑한다는 게 도대체 어떤 건지 모르겠다고 말한다. 하지만 기즈키가 살아 있었다면 아마 사랑을 나누다가 조금씩 불행해졌을 것이라고 생각한다. 그녀는 성장의 고통 같은 과정을 치러야 할 때 그 대가를 지불하지 않는 바람에 그 고지서가 이제야 돌아온 것이라고 자책한다. 그녀는 작은아버지의 죽음과 언니 역시 아무런 유서도 없이 열일곱 살 때 자살한 집안 내력 때문에 죽음에 대한 트라우마가 가득하다.

다시 시간이 흘러 1969년, 와타나베의 주변 사람들은 이미 저만큼 앞장서서 가고 있는데 자신의 시간만은 진창 속에서 맴돌고 있다고 느낀다. 정신요양소에 있는 나오코는 심각한 환청에 시달리고, 병세는 점점 악화되어 일상적인 대화가 어려운 상태가 된다. 결국 8월 말 나오코는 죽음을 맞이하고 한 줌의 재로 남는다. 그녀의 죽음 앞에 와타나베는 어떠한 진리도 사랑하는 이를 잃는 슬픔을 치유할 수 없음을 깨닫는다. 아픔과 고통을 짊어지고 깊은 어두운 미로 속으로 들어간다. 그동안의 숱한 방황의 끝에서 와타나베는 구원의 여신인 미도리에게 전화를 걸었다. 그녀와 모든 걸 다시 시작하고 싶었기 때문이다. 대체 여기가 어디란 말인가? 그는 아무데도 아닌 장소의 한가운데에서 계속 미도리를 부르고 있었다.

사람이 사람을 사랑하는 이유는 살아 있음을 느끼고, 살고자 하는 욕망의 표현이다. 사랑은 이별을 수반하기에 상처를 받을 수밖에 없지만 이런 과정을 통해서 성숙하고, 성장한다. 머리로는 헤아릴 수 없지만 가슴으로 품을 수 있는 무수한 사랑이 우리를 설레게 한다.

사랑과 욕망, 그 쓸쓸함에 대하여

위대한 개츠비 | 스콧 피츠제럴드 지음, 이화승 옮김, 반석출판사

미국 하면 누구라도 능력만 있으면, 혹은 그렇지 않더라도 운이 좋다면 성공할 수 있는 기회의 땅으로 알려져 있다. 사람들은 아메리칸 드림을 이루기 위해 땀 흘리고, 때로는 온갖 수단과 방법을 가리지 않는다. 성공 신화의 이면에는 점차 파멸로 치닫는 인간의 처절한 몸부림과 삶의 어두운 그림자가 드리워진다. 꿈은 밝은 불빛으로 채워져서, 결국 그 빛 때문에 인간은 불나방이 된다. 모닥불 빛에 현혹되어 거침없이 자기 몸을 뜨거운 불꽃에 던지고, 속절없이 죽음을 맞이하기도 한다.

《위대한 개츠비》는 주인공 개츠비가 사랑을 다시 찾기 위해서 돈을 쫓고, 그 사랑 때문에 희생을 감수하지만 결국에는 사랑하는 이와 주변 사람들에게 철저히 외면당하고 쓸쓸한 죽음을 맞이하는 내용이다. 소설의 시대 배경인 1920년대를 흔히 '재즈와 광란의 시대'라고 일컫는다. 제1차 세계대전 이후부터 미국의 대공황 이전까지의 1920년대는 재즈와 춤이 유행했으며 주가가 크게 상승하고, 부자가 된 사람들은 호화 파티를 열어 환락이 절정을 맛보았다. 당시 금주법이 실시됐지만 오히려 밀주가 성행하여 사회적인 문제로 부각된 때이기도 하다.

소설은 화자 닉 캐러웨이가 여름에 겪었던 일련의 사건들과 개츠비를 회상하는 것으로 시작된다. 개츠비는 이웃에 살고 있는 닉에게 의도적으로 접근한다. 자신 소유의 최고급 자가용, 수상비행기를 보여주고, 화려한 별장의 파티에도 초대하여 그의 호감을 얻는 데 성공한다. 나중에 닉은 개츠비가 자신의 사촌인 데이지를 만나기 위한 행동이라는 것을 알고 갈등하지만 결국에는 데이지를 만날 수 있게 도움을 준다.

과거 개츠비는 제1차 세계대전이 발발하자 대위로 참전했고, 그곳에서 상류층 출신의 데이지를 만나 사랑에 빠진다. 하지만 전쟁의 혼란스러운 상황에서 소식이 끊어지고 만다. 데이지는 잠시 개츠비를 기다리지만 불안한 생활을 더 이상 참지 못하고 시카고 출신의 부호인 톰 뷰캐넌와 결혼한다. 데이지의 결혼 생활은 불행의 연속이었다. 톰의 행동은 지나치게 거칠었고, 또한 자동차 정비공 윌슨의 아내인 머틀 부인과 내연의 관계를 맺고 있었기 때문이다.

개츠비와 재회한 그녀는 예전에 느꼈던 사랑의 감정을 느낀다. 하지만 남편 톰은 특별히 유명인이 아니면서 막대한 부를 가진 개츠비에 반감을 가진다. 자신의 아내 데이지와 친밀한 사이임을 알게 되자 더욱 심한 질투를 느낀다. 어느 날 개츠비 소유의 차를 빌려 운전하던 데이지가 사고로 머틀 부인을 죽음에 이르게 한다. 이런 사실을 알고 있던 톰은 윌슨에게 개츠비가 한 행동이라고 허위로 말한다. 이를 듣고 격분한 윌슨은 개츠비를 향해 총구를 겨누고 방아쇠를 당긴다.

개츠비의 데이지에 대한 헌신적 사랑, 물불을 가리지 않고 성취한 꿈과 야망은 결국 허무한 죽음으로 막을 내린다. 그의 죽음은 그토록 사랑한 데이지에 의해 비롯된 것이지만, 그녀는 전혀 개의치 않고 여행길에 나섰다. 그동안 개츠비의 사랑과 죽음을 가깝게 보았던 닉은 아메리칸 드림의 허망함과 절망을 느끼고 뉴욕을 떠나기로 결심한다. 닉은 개츠비를 생각하며 상념에 잠긴다.

부두 끝 초록색 불빛과 황홀한 미래를 기대하듯이 내일이 되면 우리는 더 빨리 달릴 것이고 물결을 거슬러 가는 배처럼 끊임없이 과거 속으로 떠밀려가면서도 계속 전진할 것이다.

세상의 인심이란 이해관계에 의해서 좌우되기 쉽다. 성공했을 때는 주변에 사람들이 몰려들지만 몰락했을 때는 정작 아무도 남아 있지 않기 때문이다. 하지만 이러한 인간의 속물적인 속성을 이해하고 받아들여야 한다. 이 또한 세상의 이치이기 때문이다. 사랑이 헛된 욕망으로 뒤덮여 있으면 그 사랑은 길을 잃기 십상이다. 방향을 잃은 사랑은 서로에게 깊은 상처만 남기고 아픔으로 가득할 뿐이다. 물질적 풍요로움이 더할수록 순수한 사랑이 유난히 그리워지는 요즘이다.

우리 시대가 요구하는
'최부 리더십'

표해록 | 최부 지음, 김찬순 옮김, 보리

　진정한 리더십은 위기의 순간에 진면목을 드러낸다. 세계 3대 중국 기행문은 일본의 승려 엔니(793~864)가 당나라의 불교 성지를 기록한 《입당구법순례행기》, 이탈리아 상인 마르코 폴로(1254~1324)가 원제국에서 약 24년간 머물면서 기록한 《동방견문록》, 그리고 조선 선비 최부(1454~1504)의 《표해록》을 꼽을 수 있다. 이중에서 《표해록》은 망망대해에서 표류하여 죽음의 고비를 넘기고, 의도치 않는 상황에서 명나라 북경을 비롯한 주요 도시를 방문한 여정의 기록이다. 최부의 뛰어난 학문적 능력과 통찰력, 리더십이 없었다면 일행은 살아 돌아오지 못했을 것이다. 성종 18년(1487) 나주 출신 최부는 제주 지역으로 도망쳐온 노비나 범법자를 육지로 송환하는 추쇄경차관으로 부임한다. 최부는 급작스런 부친상 소식에 서둘러 귀향하려 한다. 사람들이 궂은 날씨를 염려하여 만류했지만, 최부 일행은 위험을 무릅쓰고 1488년 1월 3일 43명(제주 사람 35명)이 화북포구에서 출발한다. 얼마 못 가 성난 파도와 폭풍에 항로를 이탈하자 일행들은 최부에게 모든 비난과 불만을 토로한다. 그는 이러한 상황이 자신으로부터 비롯된 것임을 인정하고, "같은 동포로서 친형제와 같으니 살게 되면 모두 함께 살 것이고 죽게 되면 함께 죽을 것이다." 하면서 그들의 마음을 다독여준다.

안의는 최부가 신사에 제사를 지내지 않아 신의 부정을 받게 된 것이라고 원망한다. 이에 최부는 어찌 혼자 제사를 지내지 않았다 해서 마흔 여명이 지낸 제사를 무시할 수 있는지 되묻고, 배가 길을 잊고 헤맨 것은 험난한 날씨 때문인데 미신에 젖어 남의 탓을 하는 것은 가당치 않는 것이라고 꾸짖는다. 바다에 표류하는 동안 일행들의 형태가 확연히 나뉜다. 첫 번째, 표류하는 내내 누워서 일어나지 않고 아무리 물을 퍼내라고 해도 들은 척도 않는 사람. 두 번째, 열 번 불러야 한 번 응하는 정도로 마지못해 일에 참가하는 사람. 세 번째, 낮에는 근실하다가 밤에는 흥청거리거나 처음에는 부지런히 하다가 나중에는 늑장을 부리는 사람. 네 번째, 낮이건 밤이건 변함없이 온힘을 다해 배의 운행을 돕는 사람 등이다.

이중에서 몇몇 아전들은 힘든 일에 앞장서거나 무리를 지도 감독하고 배를 잘 보수하여 전원이 무사히 돌아가기를 힘쓴다. 그러나 도적떼를 만나 다시 표류한 뒤로는 희망을 잃어 최악의 상태가 지속된다. 배 또한 모진 파도에 부딪혀 크게 손상되어 쉴 새 없이 물이 넘쳐난다. 이때 최부가 "물이 이렇듯 새어들고 사람들이 이렇듯 해이해졌거늘, 부질없이 높은 척 잘났다고 앉아서 보고만 있다가 빠져 죽는 것이 어찌 옳겠는가" 하고 자책하면서 직접 물을 퍼내자 다른 사람들도 동참한다.

표류한 지 14일 만에 우두외양에 도착한 다음 날 배 여섯 척이 접근했다. 최부는 그들의 말과 행동을 수상히 여기고 도망을 결심한다. 일행들이 주저하지만 아전 등을 데리고 배에서 먼저 내리자 여러 군인들도 뒤를 따른다. 만약에 그곳에 계속 머물었다면 일행은 비명횡사했을 것이다. 왜냐하면 관원들이 공훈을 세우려 왜선이 해안에 침범해서 약탈했다 허위 보고했기 때문이다. 최부 일행은 지나가는 마을마다 왜적이나 해적으로 의심받아 무수한 고초를 당한다. 파총관 유택이 최부에게 심문을 마친 후 비로소 대우해주고 일행을 안심시켜 북경으로 보내 귀국하도록 조치해준다.

그처럼 위중한 상황에서도 최부는 15세기 명나라의 해안 방비 상태와 그들의 일상생활과 문화 전반을 꼼꼼히 기록하고 있다. 또한 농업에 활용 가능한 수차의 원리까지 기록하여 그의 이용후생의 정신이 엿보인다. 이때의 경험을 바탕으로 최부는 충청도에서 가뭄이 들었을 때 수차를 만들어 농민들에게 큰 도움을 준다. 하지만 불행하게도 1504년(51세) 갑자사화 때 김종직 문집을 가지고 있었다는 죄목으로 연산군에 의해 안타까운 죽임을 당한다.

최부는 까마득한 바다 위에서 배가 침몰할 절체절명의 순간에서도 절망하거나 낙심하지 않고 고군분투한다. 혼돈에 빠져 있는 일행들 앞에서 평정심을 유지하고, 높은 신분임에도 몸을 사리지 않고 앞장서 그들로부터 무한 신뢰를 얻는다. 또한 명나라의 해적 및 관리들에게 핍박을 받고 수차례 위험에 처하지만 뛰어난 학문적 소양과 현명한 처세로 의연하게 수습한다. 요즘 대형사고가 터져도 책임지는 고위층이 없고, 위험에 빠지면 혼자만 살겠다고 아우성치는 세태를 보면 그의 리더십이 새삼스레 위대해 보인다.

그렇게 아버지가 된다

허삼관 매혈기 | 위화 지음, 최용만 옮김, 푸른숲

아버지라는 이름이 무겁고 무겁다. 아버지가 된다는 것은 가장으로써 헌신과 희생을 감내하며 가족의 안녕과 행복을 위해서 자신의 모든 것을 바쳐야 하는 존재다. 이 소설에서 피는 생명과 죽음의 이중적 의미를 가지고 있다. 수혈이 필요한 사람들에게는 생명수가 되지만 지나친 매혈은 자신의 몸을 망치기 십상이다. 하지만 내 몸을 생각하는 본능적 생각보다는 자식을 위해서 죽음도 불사하는 뜨거운 부성애를 느끼게 한다. 가진 것은 없지만 아버지라는 이름으로 거친 세상과 맞선다.

주인공 허삼관은 가난한 노동자이다. 그의 마을에서는 건강한 남자만이 피를 팔 수 있기에 자랑스럽게 삼촌과 피를 팔기 위해서 병원에 찾아간다. 허삼관은 피를 팔고 받은 35원으로 장가갈 생각으로 꽈배기 서시라고 불릴 정도로 미모가 뛰어난 허옥란에게 청혼하여 우여곡절 끝에 결혼에 성공한다. 허삼관은 애들 이름을 일락, 이락, 삼락이라고 짓는다. 이락이의 얼굴에서는 허삼관의 코를, 삼락이의 얼굴에서는 허삼관의 눈매를 읽었다. 그러나 일락이의 얼굴에서는 허삼관의 흔적을 찾을 수 없었다.

허옥란이 하소용의 강압에 의해서 일락이를 가지게 된 것으로 밝혀지자 그때부터 허삼관은 일락이를 미워한다. 어느 날 일락이가 대장장이 방씨 아들의 머리를 돌로 찍어버려 치료비를 물어줄 처지에서 허삼관이 병원비를 주지 않자 방씨는 집안의 물건을 가져가버린다. 허삼관은 살림살이를 되찾기 위해서 피를 판다.

1958년이 되자 가뭄이 심해지고 걸식하는 사람이 갈수록 늘어난다. 허삼관 가족도 옥수수죽만 먹는 날이 무려 두 달이 되자, 밥 한 끼 먹이기 위해 허삼관은 다시 피를 판다. 친아들이 아닌 일락에게는 따로 50전을 주고 나머지 가족들을 데리고 국수를 먹으러 간다. 화가 난 일락이는 하소용의 집으로 찾아가서 아버지라고 부르고 국수를 사달라고 하지만 쫓겨난다.

몇 년이 흐른 후, 일락이가 피골이 상접한 채로 돌아온 후 곧바로 농촌 작업장으로 가야 할 처지에 놓인다. 허삼관은 선착장까지 배웅하면서 병원에서 피를 뽑은 후 30원을 꺼내 일락이의 손에 쥐어준다.

이후 이락이네 부대의 생산 대장이 허삼관의 집을 찾아왔을 때 달랑 2원밖에 가진 것이 없었다. 얼마 되지 않아 다시 피를 뽑는 것은 불가능했지만 혈두(병원에서 피를 사고파는 사람)에게 눈물로 하소연해서 겨우 허락을 받고 그 돈으로 극진히 접대해준다. 이락이가 아픈 일락이를 업고 집에 돌아왔을 때 간염이 심각한 상태였다. 허삼관은 병원비 마련을 위해서 다시 피를 뽑아서 충당할 생각을 한다. 아픈 일락이와 허옥란을 상하이의 큰 병원으로 먼저 보내고 뒤를 따른다.

사흘째에 린푸에서 피를 팔았고, 그날 오후 바이리의 병원에서 피를 팔고 나와, 병원 맞은편에서 식사를 하려고 했지만 몸이 아파서 움직일 수가 없었다. 나흘 후 쑹린 병원의 혈두는 초췌한 허삼관의 모습을 보고 내쫓았다. 허삼관은 병원 밖으로 나와 햇볕에 얼굴을 충분히 그을었다고 생각한 후 다시 병원으로 들어갔다. 방금 내쫓았던 혈두는 그를 알아보지 못했다. 피를 뽑자, 허삼관은 비틀거리며 그대로 땅바닥에 쓰러지고 말았다. 그는 또다시 창닝에서 피를 판 다음 차를 타고 상하이로 가기로 결정한다. 새벽에 상하이에 도착해 일락이가 입원한 병실에 들어서자 다섯 명의 환자가 누워 있었고, 오직 한 침대만 비어 있었다. 이미 죽었구나 생각 할 때 쯤 허옥란이 예전보다 상태가 호전된 일락이를 부축하고 있었다.

지금까지 허삼관은 매혈을 통해서 친자식이 아닌 일락이뿐만 아니라 가족 모두를 살린 것이다. 허삼관에게 피는 가장 소중한 보물이기 때문에 단 한 번도 자신을 위해 피를 판 적이 없었다. 오직 자식들을 위해서 목숨 같은 피를 팔았기 때문이다. 나중에 늙어서 피를 팔수 없음을 한탄한 이유는 가족에게 더 이상 도움이 되지 못한다는 속상한 마음 때문이었다. 아버지의 또 다른 이름은 희생과 책임이다.

우리 시대 아버지의 꿈과 좌절

세일즈맨의 죽음 | 아서 밀러 지음, 강유나 옮김, 민음사

　서민 가정은 아파트 대출금, 자동차 할부금, 학자금 대출 등 빚에 쪼들려 갚아야 할 돈은 늘어나고 여기에 각종 세금, 보험료, 통신비, 공과금, 아이들 학원비 지출로 저축은 꿈도 꾸지 못하고 살고 있다. 더구나 집안의 가장이 직장에서 예상치 못하게 해고되면 가족들의 생존은 큰 위험에 빠진다. 가장들은 내일의 희망보다는 오늘을 근근이 버티면서 사는 고단한 삶으로 점철되어 있기 마련이다.

　《세일즈맨의 죽음》은 미국의 대공황 직후의 소시민 몰락을 담고 있지만, 오늘날 우리 사회의 대량 해고와 청년 실업에 따른 가족 갈등의 어두운 모습과 크게 다르지 않다. 누구나 젊은 시절 원대한 꿈과 야망을 가지고 거침없이 미래를 향해 질주하지만 나이가 들수록 점점 현실의 벽에 가로막혀 속절없이 무너져 더 이상 뛸 힘이 남지 않는다. 자신의 좌절된 꿈을 다시 한 번 자식들에게 기대하지만 성공은커녕 변변한 직장도 못 구하고, 사회에서 낙오되는 모습을 보면 상실감은 더욱 커질 것이다.

　주인공 윌리의 직업은 세일즈맨으로 과거에는 유능한 직원으로 인정받고 큰 성과를 거두었지만, 예전의 영광에 도취되어 현실의 흐름을 제

대로 읽지 못하고 오히려 사장과 불화로 30년 넘게 근무했던 회사에서 일방적으로 해고당한다. 이후 일상의 모든 것이 혼란에 휩싸인다. 윌리는 자신에게 닥친 초라함을 애써 감추기 위해 두 아들에게 모든 희망을 걸게 된다. 두 아들이 어릴 적부터 특별하고, 영리하고, 똑똑하여 꼭 성공할 것이라 믿어왔기 때문이다. 이러한 기대는 바람이 되고, 바람은 두 아들에게 커다란 부담감이 되어 오히려 아버지와 불화의 요인이 된다.

우수한 운동선수였고 성실했던 큰아들 비프가 갑자기 사회 부적응자가 된 표면적 이유는 아버지의 불륜에 의한 충격이겠지만 실은 자신의 뚜렷한 인생의 목표가 없었기 때문이다. 둘째아들 해피 역시 진지한 생활보다는 여자들과 어울려 지내는 것을 낙으로 삼는다. 그러다보니 허황된 말과 과장스러운 태도로 자신을 치장하지만 실상은 보잘것없는 상점의 말단 직원에 불과했다. 윌리는 자기만의 사업을 하고 싶어 하던 비프, 허황되지만 성공에 대한 열정이 가득했던 해피와 점차 갈등에 휩싸인다. 마침내 부자 사이에 해묵은 감정이 폭발하고 이들은 각자의 길을 고집한다.

윌리의 마지막 선택은 자동차 사고를 위장한 자살이었다. 보험금으로 큰아들의 사업 자금을 지원해주고 싶었기 때문이다. 하지만 적은 보험금은 간신히 장례를 치르고 마지막 주택 할부금을 갚는데 사용 될 뿐이었다. 윌리의 무덤 앞에서 부인 린다는 "오늘 주택 할부금을 다 갚았어요. 그런데 이제 집에는 아무도 없어요. 이제 우리는 빚진 것도 없이 자유로운데" 하며 흐느낀다.

우리나라는 세계 13위 규모의 경제대국으로 성장했다. 반면 자살률은 인구 10만 명당 30여 명으로 OECD 국가 중 1위다. 높은 자살률은 여러 이유가 있겠지만, 한 번 뒤처지면 회복하기 어려운 약육강식의 사회구조도 크게 한 몫을 할 것이다. 오늘날 자본주의 사회는 한 번의 실수나 실패를 용납하지 않고 인생의 패배자, 낙오자로 낙인찍어 죽음에 이르게 하고 있지 않는지 돌이켜보아야 할 때다. 새삼스레 가족의 진정한 행복은 어디서 오는지, 무엇인지 다시 한 번 생각하게 한다.

순수한 사랑은 생명이다

독일인의 사랑 | 막스 뮐러 지음, 차경아 옮김, 문예출판사

물질적 풍요가 넘쳐나지만 남녀 간 사랑은 혼란스러움으로 가득하다. 조건과 조건의 만남이 되기도 하고, 본능적 욕망에 의한 거친 사랑, 정서적 교감이 메마른 가벼운 일회용 사랑으로 변질되었다. 사랑의 본질은 순수함이다. 순수한 사랑은 크다거나 작다거나 하는 비교가 있을 수 없고, 사랑하는 사람은 오로지 온 마음과 온 영혼, 온 힘과 온 정성을 다할 때 이루어진다.

비교언어학자로 유명한 막스 뮐러(1823~1900)가 지은 《독일인의 사랑》은 우리에게서 잊혀져간 순수한 사랑을 다시 한 번 일깨워주고 있다.

주인공 '나'의 집 근처 낡은 교회 맞은편 커다란 저택에는 마리아라는 소녀가 살고 있는 집이다. 그녀는 태어날 때부터 불치병을 앓고 있었다. 나와 그녀의 사랑은 어린 시절로 거슬러 올라간다. 어느 따뜻한 봄, 마리아의 생일날에 마리아는 손가락에 끼고 있던 반지 중 하나를 키스와 함께 선물했다. 반지는 그녀가 세상에 없을 때 기억해달라는 의미였지만 나는 이해하지 못하고 다시 되돌려주었다. 이 일은 나와 그녀 사이의 지고지순한 인연의 계기가 된다. 내가 대학생이 되어 고향집에 머물고

있는 동안 마리아로부터 한 통의 편지를 받고 다시 재회한다. 그녀의 새 끼손가락에 끼워진 반지가 눈에 들어왔다. 그 옛날 그녀가 나에게 주었고, 내가 그녀에게 돌려주었던 반지였다. 반지를 통해서 서로의 마음과 마음이 이어지고 있음을 느끼지만, 나는 그녀의 병색이 더욱 짙어가는 것을 안타까워한다. 나는 마리아에게 연민을 느끼고 곁을 지켜주기로 결심하면서 아름다운 삶이 열리게 된다. 매일 저녁 만나 진솔한 대화를 하였고, 대화가 거듭될수록 가늠할 수 없는 정서를 지닌 여인을 들여다보는 내 눈도 떠지게 된다. 어느 날 그녀가 "안녕히 가세요" 하면서 머리에 손을 얹자 온몸으로 전류가 흐르듯 전율을 느낀다. 나는 그날 밤 백양나무가 사나운 바람 속에 서 있는 꿈을 꾸었다. 하지만 나뭇가지의 잎새는 전혀 흔들리지 않았다. 그 후 궁중 고문관인 늙은 의사가 찾아와서 마리아를 더 이상 만나지 말라고 당부한다. 마리아의 상태가 악화되어 시골로 요양을 보내기로 했기 때문이다.

이별을 앞두고 나는 안타까움을 토로한다.

아, 인간은 왜 이다지도 삶을 유희하는 것일까. 매일 매일이 마지막 날일 수도 있으며, 잃어버린 시간은 곧 영원의 상실임을 생각하지 않고, 왜 이렇듯 자신이 행할 수 있는 최선의 것과 누릴 수 있는 최고의 아름다움을 하루하루 미룬단 말인가!

나는 시골 성에서 요양 중인 그녀를 다시 만나 신과 인생에 대한 깊은 이야기를 나눈다. 마리아는 죽음을 예견하고 마지막 작별을 한다. "내가 너무 당신의 생에 깊이 들어간 거예요. 나처럼 병든 가엾은 인간이 당신한테 동정 이상의 감정을 불러일으키리라고는 생각지도 않았어요." 애써 자책한 후, "왜 당신은 나를 사랑하나요?"라고 묻는다. 나는 단호하게 대답한다. "마리아! 어린애한테 왜 태어났느냐고 물어보십시오. 꽃한테 왜 피었느냐고, 태양에게 왜 비추느냐고 물어보십시오. 나는 당신을 사랑하도록 되어 있기 때문에 사랑하는 겁니다. 신은 당신에게 고통스러운 삶을 주셨지만 그 고통을 당신과 나누도록 보내신 겁니다. 당신의 고통은 곧 나의 고통이어야 합니다." 결국 마리아는 나의 사랑을 받아준다. 마리아가 하늘나라로 떠난 후에도 사랑은 여전히 나의 가슴속에 머물고 있었다.

오늘처럼 고요한 여름 날, 홀로 푸른 숲속에서 자연의 품에 안겨 저 바깥에 인간들이 있는지 아니면 이 세상에 오로지 나 혼자 외톨이로 살고 있는지 알 수 없는 상태에 이르면 기억의 묘지에서는 소생의 바람이 일기 시작한다. 죽어버린 생각들이 되살아나고, 엄청난 사랑의 힘이 마음속으로 되돌아와 지금까지도 그윽하고 바닥을 알 수 없는 눈으로 나를 바라보는 저 아름다운 존재를 향해 흘러간다.

믿음 없는 거친 사랑은 서로의 마음에 상처를 주고 영혼까지 피폐화시킨다. 반면 순수한 사랑은 죽음마저도 극복하는 힘이 되어준다.

유전자의 전략적 선택

이기적인 유전자 | 리처드 도킨스 지음, 홍영남·이상임 옮김, 을유문화사

인간은 어떻게 만들어 졌을까? 인간의 세포 속에는 23쌍의 염색체가 들어 있는데 이중 염기서열이 곧 그 유전정보(피부색, 성격, 체질)를 결정한다. 이러한 DNA는 먼 조상으로부터 면면히 이어져 후손들에게 전해지고 있다. 인간의 탄생은 아버지의 DNA와 어머니의 DNA를 반반씩 물려받고 있으며, 부모의 혈액형에 의하여 자식들의 혈액형이 결정된다. 일부 유전적 질환 역시 가족력의 영향이 있음은 의학적으로 증명된 사실이다. 과학의 힘으로 유전자를 극복하게 된다면 수많은 질병에서 해방되고, 노화 방지 및 인류의 원대한 꿈인 생명 연장을 앞당길 수 있다.

영국의 동물행동학자인 리처드 도킨스의 《이기적 유전자》는 찰스 다윈의 적자생존과 자연선택을 유전자 특징의 관점에서 저술했다. 그는 유전자를 다음과 같이 정의하고 있다.

40억 년이란 세월 속에서 고대 자기 복제자의 운명은 어떻게 되었을까? 그들은 절멸하지 않았다. (…) 오늘날 자기 복제자는 덜거덕거리는 거대한 로봇 속에서 바깥세상과 차단된 채 안전하게 집단으로 떼 지어 살면서, 원격 조정기로 바깥세상을 조정한다. 그들은 당신 안에도 내 안에도 있다. 그들은 우리의 몸과 마음을 창조했다.

자기 복제자(DNA)가 세상 모든 생명체의 주인이며, 모든 DNA는 생존과 자기 번식을 최우선으로 삼는다는 다소 충격적인 개념이다. 그렇다면 인간의 이기적 행동은 어떻게 설명할 수 있을까? 작가는 우리가 타인에게 호의를 베푸는 이유는 앞으로 내가 위험에 처했을 때 도움을 받고자 하는 이기심 때문이라고 주장하고 있다.

리처드 도킨스는 다양한 생명체들의 이기적 행동 사례를 들고 있다. 검은머리 갈매기는 이웃 갈매기가 잠시 둥지를 비울 때 어린 어린 새끼들을 잡아먹는다. 사마귀는 교미가 끝난 후 암놈이 수놈을 잡아먹는다. 성공적 유전자의 일반적 특성은 자기 생존의 죽음을 번식한 뒤로 미루는 경향이 있다. 당신의 조상 중에는 단 한사람도 어려서 죽은 자가 없다. 어려서 죽었다면 당신의 조상이 되지 않았을 것이다.

바이러스는 우리의 몸과 같은 유전자 집합체에서 이탈된 유전자이다. 바이러스는 단백질 옷을 입은 순수한 DNA이다. 이들 바이러스는 반역의 유전자로부터 진화된 것으로, 정자와 난자라고 하는 일반적 운송 수단에 얽매이지 않고 생물의 몸에서 몸으로 직접 공중을 여행하는 신세이다. 인간이 다른 생물체와 다른 점은 문화이다. 그는 유전적 진화의 단위가 유전자라면, 문화적 진화와 관련해서는 밈(meme)이라는 개념어로 설명하고 있다. 밈은 새로운 복제자로 지칭되면 문화, 문화적 돌연변이다. 이러한 문화가 인간들에게 상호 전달되면서 진화를 일으킨다는 것이다. 밈의 예는 곡조, 사상, 표어, 의복의 유행, 건축물을 만드는 비법 등이다. 유전자가 유전자 풀 내에서 퍼져나갈 때 정자나 난자를 운반자로 하여 이 몸에서 저 몸으로 뛰어다니는 것과 같이, 밈도 밈 풀 내에서 퍼져나갈 때에는 넓은 의미로 모방이라 할 수 있는 과정을 거쳐 뇌에서 뇌로 건너다닌다. 이러한 전달의 매체가 되는 것은 인간에게 영향력을 갖고 있는 언어, 문자, 개인의 전례라는 것이다.

 이기적 유전자론은 자칫 비관적 운명론에 빠질 위험성을 내포하고 있다. 모든 문제를 유전자 탓으로 '머리가 나쁘다. 타고난 재능이 없다. 운동 감각이 둔하다' 등의 말로 책임을 회피할 수 있기 때문이다. 하지만 유전자로는 설명할 수 없는 인간의 의지력을 간과해서는 안 된다. 다소 지능지수가 낮거나 허약한 체질이어도 후천적 노력으로 극복한 사례가 무수히 많기 때문이다.

남과 여, 결혼의 조건

오만과 편견 | 제인 오스틴 지음, 윤지관·전승희 옮김, 민음사

많은 사람들이 즐겨 읽고 좋아하는 소설 중에 하나가 《오만과 편견》이다. 다소 진부한 연애와 사랑 이야기로 보이지만, 정서적으로 공감되는 내용이 적지 않다. 또 주인공을 통해서 대리만족을 하기 위해 이 책을 찾는 독자들도 많을 것이다. 우리는 사랑하기 때문에 결혼을 한다. 하지만 결혼은 남녀 간 이해관계가 맞아떨어져야 성사된다. 흔히들 결혼의 우선 조건으로 여자는 미모, 남자는 경제력이라지만 사회통념을 벗어난 사랑이야기는 신데렐라, 백마 탄 왕자, 미녀와 야수 등의 다양한 신화를 만들어 냈다.

작가 제인 오스틴(1775~1817)은 결혼을 하지 않고 독신녀로 살다가 42세 짧은 생을 마감했지만 이 작품에는 결혼이 가져다주는 행복과 환희가 듬뿍 담겨 있다. 모든 제도와 풍습이 그렇듯이 결혼 또한 시대와 사회적 세태를 반영하고 있기에 《오만과 편견》을 통해서 그 당시의 결혼관을 엿볼 수 있다. 소설은 젠트리 계층(귀족계급과 시민계급 사이) 베넷 가의 다섯 자매를 중심으로 전개되고 있다. 베넷은 아내의 속물적 사고방식을 싫어하지만 너그럽게 받아주는 자상한 남편이자, 딸들에게 한없이 너그러운 아버지였다. 그의 재산은 아들이 없는 탓에 먼 친

척인 남자에게 한정 상속 받도록 정해져 있었다. 때문에 베넷 부인은 다섯 딸들을 명망가 부잣집으로 시집을 보내는 것이 인생의 목표였다. 다섯 딸들 중에서 첫째 딸 제인이 가장 아름다웠고, 주인공이자 둘째 딸 엘리자베스는 현명하고 쾌활한 성격이었다. 베넷 역시 엘리자베스를 가장 신뢰하고 예뻐했다.

부자 상속자인 빙리라는 청년이 네더필드 파크로 이사 오면서 마을 처녀들에게 초미의 관심사가 된다. 다섯 자매들 역시 빙리와 인연을 맺기 위해 노력한다. 매리턴 무도회에서 제인과 빙리는 서로의 호감을 가진다. 빙리의 친구 다아시는 거대한 영지와 2만 파운드 이상의 재산을 가지고 있는 멋지고 훤칠한 몸매와 잘생긴 청년이었다. 하지만 오만한 태도로 역겹고 불쾌한 인물로 전락한다. 다아시가 무도회에 참석한 주변 여인들을 폄훼하는 이야기를 우연히 듣게 된 엘리자베스는 더욱더 그를 싫어한다. 특히 다아시가 언니 제인과 빙리의 결혼을 반대한 것을 오해하여 불신이 더욱 깊어진다. 우여곡절 속에서 막내 여동생 리디아와 장교 출신 위컴의 결혼 문제를 다아시가 해결해준 것을 계기로 그들의 사랑이 본격적으로 시작된다. 다아시는 귀족 집안이고 부자임에도 불구하고 점차 오만함을 버리고 순수한 눈으로 세상을 보게 된다. 엘리자베스 역시 그동안 다아시와 관련된 편견을 해소하고, 그의 따뜻한 마음을 받아들인다.

엘리자베스의 사랑의 결실은 조건이나 배경보다는 사람의 인품과 됨됨이를 먼저 생각했기 때문이었다. 만약에 다른 여자들처럼 다아시의 신분과 재산을 보고 접근했다면, 그들의 사랑은 이루어지지 않았을 것이다. 디아시 역시 그런 엘리자베스의 순수한 마음을 믿었기 때문에 조건 없는 사랑이 결국 행복한 결혼으로 이어진 것이다. 요즘도 결혼의 조건으로 학벌이나 재력과 같은 배경이 중요한 잣대가 되고 있다. 하지만 이러한 조건들이 절대 기준이 되어서는 안 된다. 조건에 앞서 서로 사랑하는 마음이 가장 중요하다. 진정한 사랑 앞에 어떠한 상황도 장애가 될 수 없음을 알려주는 이 소설을 오만과 편견 없이 정독하기를 권한다.

식민지 국가와 여인의 수난사

탁류 | 채만식 지음, 하서

 인간은 사회적 환경에 철저히 영향을 받는 나약한 존재다. 근대 이전의 여성들은 남성에 비해 선택의 폭은 좁고 제한적이었다. 자신의 의지와 상관없이 타인으로부터 선택이 강제로 정해질 경우 점점 무기력에 빠지기 마련이다. 관습적으로 여자는 수동적이고 더욱 여자답게 길들여진다. 《탁류》의 시대 배경이 되는 1930년대 우리나라는 일본의 식민지로 전락했으며, 많은 사람들은 비굴하고 의지박약해져 제 스스로는 아무것도 하지 못하게 되었다. 자주성을 빼앗긴 나라에서는 자발적 노예들만 양산할 뿐이다.

 작품 제목이 의미하듯 작품의 분위기는 탁하고 어둡다. 예쁘고 착한 주인공 초봉은 가난이라는 수렁에 빠진다. 가난은 마치 올가미처럼 몸부림치면 칠수록 자신을 더욱 옭아맸다. 설상가상으로 비열하고 폭압적인 남자들에 의해 상처만 더해질 뿐이다. 초봉이의 아버지 정 주사(군청의 군서기를 지냄)는 미두 투기의 실패로 여섯 식구의 끼니를 걱정할 지경에 이른다. 초봉은 평소에 좋아했던 남승재라는 청년이 있음에도 불구하고 아버지의 강권에 못 이겨 외형적으로 성공한 듯 보이는 은행가 고태수와 결혼한다. 행복해야 할 결혼 생활이 고태수의 온갖 사기행각이 드러나고, 곱사등이 장형보의 모략으로 점차 파국으로 치닫게 된다. 마침내 내연녀 집에서 고태수가 비명횡사하던 그날 밤 초봉은 장형보로부터 겁탈을 당한다. 이후 초봉은 자존감을 상실하고 자포자기하듯 짙은 절망의 어둠속에 빠져든다.

도망치듯 군산을 빠져나와 서울로 가는 도중 초봉은 다시 아버지 친구 박제호의 꼬임에 빠져서 육체를 빼앗기고 마지못해 그와 동거를 시작한다. 그리고 몇 달 후 딸 송희를 출산한다. 이후 장형보가 찾아와서 초봉의 딸이 실은 자신이 겁탈했던 그날 밤 잉태한 아이라고 협박한다. 그동안 초봉에게 싫증을 느끼고 있었던 박제호는 송희가 친딸이 아님을 알게 되자 급기야 부녀를 곱사등이에게 넘기기로 결심한다. 그녀는 날카로운 울부짖음으로 그 상황을 부정하고자 하지만 피할 수 없는 운명임을 알고 딸을 지킨다는 명분으로 속절없이 형보에게 의탁한다. 형보는 낮에는 고분고분했지만 밤이 되면 발정 난 짐승처럼 그녀의 육체를 거칠게 탐했다. 행여라도 거절하면 그녀는 초죽음이 되도록 매질을 당했다.

백화점에 취직한 여동생 계봉과 같이 살게 되면서 형보는 그녀마저 희롱의 대상으로 삼고 몹쓸 짓을 하려고 한다. 초봉은 줄곧 침울한 상태에서 생의 의미이자 분신인 송희를 심하게 학대하던 형보를 무참히 살해한다. 초봉은 여태까지 숨죽으면 참고 지내왔던 지난 과거를 청산하고자 악의 원흉인 형보를 죽인 것이다. 그녀는 소중한 딸과 여동생을 지키기 위해서 자신의 뜻을 관철한다. 주체적인 삶을 상실했던 여인이 드디어 살아 있음과 살고자 하는 희망의 의지를 보여준다.

초봉이의 불행의 시작은 아버지의 사업 실패와 가난이 원인이기도 하지만 실상은 그녀의 주체성과 자존감 결여 탓이 더 크다. 그녀는 속절없는 운명 앞에서 "고태수와 결혼한 것도 마음이 무른 탓이요, 장형보에게 욕을 보이게 한 것도 자신이 만만해 보였기 때문이고, 박제호의 계집이 된 것도 확실하게 거절하지 못한 자신의 탓"이라고 넋두리하고 있다. 식민지 국가가 겪어야 했던 치욕스런 과거는 오랜 시간 우리의 정신을 피폐화시켜왔다. 친일파와 기회주의자들은 '물지 못할 거면 짖지도 말라'는 논리로 노예적 삶을 합리화했기 때문이다. 삶의 주체성을 잃어버리면 자신의 선택이 아닌 타인의 선택에 의해 지배받을 뿐이다. 소설 속 주인공 초봉은 나라를 빼앗긴 식민지 국가의 또 다른 얼굴이다.

사람은
사랑할 사람 없이는 살 수 없다

자기 앞의 생 | 에밀 아자르 지음, 용경식 옮김, 문학동네

인간은 주변의 환경에 의해 삶의 길이 나뉜다. 자기의지와 상관없이 태어나서 생로병사의 운명 앞에서 속절없이 쓰러져간다. 사람은 누군가로부터 태어났지만 결국에는 홀로 거친 세상과 마주해야 한다. 에밀 아자르(로맹 가리)의 《자기 앞의 생》은 창녀의 자식으로 버림받은 아랍인 소년 모모와 폴란드 태생의 유태인 출신으로 한때는 창녀였고, 창녀들의 아이들을 몰래 맡아 기르고, 아우슈비츠의 공포에 짓눌려 사는 로자 아줌마가 부조리와 황량함이 가득한 사회에서 사랑을 실천하는 슬픈 이야기를 담고 있다.

엘리베이터가 없는 열악한 건물 7층에서 로자 아줌마가 모모와 같은 처지의 아이들을 돌보고 있었다. 주인공 모모는 왜 태어났는지, 정확히 어떻게 해서 태어났는지 알지 못했다. 자신이 아랍인이라는 사실을 학교에 가서야 알게 된다. 그는 줄곧 열 살로 알고 있었지만 실제로는 열네 살이었다. 모모는 하밀 할아버지한테 "사람은 사랑 없이 살 수 있나요?" 하고 묻는다. 할아버지가 부끄러운 듯 고개를 숙이면서 "그렇단다"라고 대답하자 모모는 갑자기 울음을 터트렸다. 하밀 할아버지가 철부지 모모를 위하여 일부러 거짓말을 하고 있음을 알고 있었기 때문이다.

한번은 식료품점에서 달걀을 하나 훔쳤다. 이를 알게 된 주인아주머니는 화를 내기보다는 오히려 달걀을 하나 더 집어주고 뽀뽀를 해주었다. 한순간 그는 희망 비슷한 것을 맛보았다. 언젠가 모모는 칼페르트 거리의 개 파는 가게에서 몰래 훔쳐온 푸들(쉬페르)를 끔찍이 사랑하게 되었다. 그 개 때문에 심리적 위기상황을 몇 차례 모면한다. 나중에는 쉬페르에게 더 좋은 여건에서 살 수 있도록 해주기 위해서 500프랑을 받고 마음씨 좋아 보이는 부인에게 팔아버린다. 그는 받은 500프랑을 하수구에 버리고 나서 길바닥에 주저앉아서 송아지처럼 울었다. 하지만 마음만은 행복했다.

로자 아줌마에게 7층 계단은 공포의 대상이었다. 아줌마가 헉헉대면 올라와 의자에 푹 주저앉아 숨 고르는 시간이 길어지면 길어질수록 모모는 점점 더 겁이 났다. 갈수록 그녀의 정신쇠약이 심해지고 있었다. 그녀는 유태인 대학살 전인 열다섯 살 무렵의 사진을 한 장 가지고 있었는데, 지금의 그녀와 비교하다보면 속이 상해서 배가 다 아플 지경이었다. 생이 그녀를 파괴한 것이다. 모모는 수차례 거울 앞에 서서 생이 나를 짓밟고 지나가면 나는 어떤 모습으로 변할까를 상상해보곤 했다.

로자 아줌마는 죽음을 앞두고 모모에게 당부했다.

"모모야 항상 명심해라. 엉덩이는 말이다 하느님이 인간에게 주신 것 중에서 가장 신성한 것이란다. 인간이 동물과 다른 것은 바로 그 것 때문이야. 아무리 돈을 많이 준다고 해도 그런 짓을 하면 안 돼."

모모는 죽은 그녀의 몸에 향수를 몽땅 뿌려주고, 자연의 법칙을 감추기 위해 온갖 색깔로 그녀의 얼굴을 칠하고 또 칠했다. 그러나 그녀의 몸뚱이는 어느 곳 하나 성한 데 없이 썩어갔다. 모모는 로자 아줌마를 너무나 사랑했고, 세월이 흘렀어도 여전히 그녀를 보고 싶어 한다.

작품 속에 등장하는 인물들은 몸을 팔고 사는 여자들과 그녀들이 낳은 자식이지만 데리고 살 수없는 아이들, 트랜스젠더, 프랑스로 이주해 온 아랍인, 유태인, 흑인 등이다. 이들은 사회적으로 소외되었지만 사랑이 가득하다. 하밀 할아버지는 말한다.

"삶은 완전히 희거나 검은 것은 없는 것 같다. 흰색은 흔히 그 안에 검은색을 숨기고 있고, 검은색은 흰색을 포함하고 있는 거지."

사람 때문에 고독과 절망에 시름하지만 다시 사람들에 의해 치유되기도 한다. 생은 누구에게나 주어지는 것이 아니기에 쉽게 삶의 가치를 망각해선 안 된다.

지구에 사는 모든 생명은 하나다

무탄트 메시지 | 말로 모간 지음, 류시화 옮김, 정신세계사

《무탄트 메시지》를 읽으면서 〈아바타〉라는 영화가 연상되었다. 인류는 지구의 고갈된 에너지 자원을 해결하기 위하여 새로운 행성을 찾아 나선다. 자원이 가득한 행성(신비한 숲)을 발견하고 그곳에서 살고 있는 나비족을 쫓아내고자 원주민들의 삶의 터전인 숲을 황폐화시킨다. 〈아바타〉 속 나비족처럼 유럽인들에 의한 호주 대륙의 발견은 그곳 원주민들에게는 불행의 시작이었다. 절망적인 상황 속에서 호주의 '참사람 부족'이 주는 메시지는 자연과 조화를 이루고, 모든 생명체와 더불어 사는 삶의 중요성을 알려주고 있다. 특히 문명화된 세상 속 우리들의 탐욕과 거친 이기심들을 우회적으로 비판하고 있다.

미국 출신 백인 여의사인 말로 모간은 호주의 참사람 부족민 62명과 사막을 4개월가량 여행하면서 그들만의 다양한 삶의 방식을 체험하고 경험한다. 원주민들은 말로 모간을 부를 때 사용한 이름은 무탄트였다. 무탄트는 돌연변이라는 뜻이고, 어떤 중요한 변화가 일어나서 원래의 모습을 상실한 상태를 말한다. 특히 원시의 자연을 파괴하고, 원주민을 쫓아내고, 거대한 도시를 건설한 백인들을 지칭한다.

말로 모간은 이들과 함께하면서 새로운 삶의 방식을 배우고 깨닫는다. 처음 그녀는 배가 고파 쓰러지는 한이 있어도 절대로 벌레를 먹진 않겠다는 생각을 했다. 그 순간 큰 교훈을 배우고 있었다. '절대로'라는 말을 절대로 하지 말라! 세상에는 자신이 좋아하는 게 있고 싫어하는 게 있지만 '절대로'라는 다짐은 삶의 예기치 않은 상황에서 여지없이 무너진다는 것을 깨닫게 된다. 또한 야생의 자연에 적응하면서 하룻밤 자고 나면 늘 새로운 기운이 생겨나는 것에 감사함을 느낀다. 목을 축여주는 한 모금의 물에 대해서도, 그리고 단맛에서 쓴맛까지 혀에 느껴지는 모든 맛에 대해서도 감사히 여기고 경이롭게 받아들인다.

참사람 부족만의 독특한 삶의 지혜를 몇 가지 엿볼 수 있다. 어느 백인의 무덤 앞에서 부족 중 한 사람이 십자가 표시를 고쳐 것을 보고 왜 그런 행동을 했냐고 묻자 부족민은 우리는 당신들의 방식에 동의하지도 않고 또 받아들이지도 않지만, 당신들의 입장을 존중하기 때문이라고 말한다. 어느 날 자연치료 요법을 통해서 부족민의 부러진 다리를 치료하는 모습을 보고 그녀는 의사가 환자를 치료하는 근본적인 힘은 오직 한 가지라는 사실을 알게 된다. 의사들은 몸에 침입한 병균을 죽이고, 주사를 놓고 환자를 도와줄 수는 있다. 하지만 그 때문에 환자의 몸이 치료되는 것은 아니다. 사람들 각자의 병을 고치는 치료사는 바로 자기 자신이다. 그리고 남을 해치면 그것은 자기 자신을 해치는 일이고, 남을 도우면 그것은 바로 자신을 돕는 것이라고 깨닫는다.

참사람 부족이 캥거루에게 배웠던 교훈은 뒷걸음질을 치지 않는다는 점이다. 삶을 돌이켜보면 실수를 하거나 잘못된 선택을 한 것처럼 보이는 경우가 있다. 존재의 어떤 차원에서 보면 그 당시로서는 그것이 최선의 행동이었고, 언젠가는 뒷걸음질이 아니라 앞으로 내디딘 발걸음이었다는 사실이 밝혀질 것이다. 참사람 부족은 무탄트들이 먼 미래를 생각하지 않고, 남들과 분리된 자기 자신만을 생각하는 것을 아쉬워한다. 그들은 영원을 생각하고 지나간 선조들, 아직 태어나지 않은 후손들, 그리고 지금 지구별에 살고 있는 모든 생명은 하나임을 강조하고 있다. 너무 늦기 전에 모든 생명이 하나라는 사실을 깨닫고, 지구를 파괴하고 서로 해치는 것을 어서 빨리 중단하길 바라고 있다. 그동안 문명화라는 이름으로 자행된 수탈의 역사가 정당화되어왔다. 이로 인한 부작용은 점점 현실로 나타나고 있다. 동물들이 살 수 없는 자연환경은 결국 인간들에게 큰 재앙이 될 것이다.

영원한 사랑을 꿈꾸다

젊은 베르테르의 슬픔 | 요한 볼프강 폰 괴테 지음, 박찬기 옮김, 민음사

남녀의 사랑은 참으로 복잡하고 오묘하다. 누구나 사랑에 빠지면 자신도 모르게 이성적 판단을 상실하고 감성과 본능에 충실하기 마련이다. 순수함으로 시작하지만 사회적 가치와 마주하면 사랑은 더 이상 머리로 헤아릴 수 없다. 사회적 통념과 윤리는 인간다움의 실현보다는 개인의 자유 의지를 제어하고 통제하는 기능으로 진화했다. 억압된 사회는 이루어질 수 없는 사랑을 양산할 수밖에 없다. 사랑이 벼랑 끝에 서면 인간은 죽음으로 또 다른 사랑을 실천하고자 한다.

1772년 5월, 괴테는 독일 베츨라어의 고등법원에서 일하면서 소설 속 주요 인물들의 모티브가 되는 샤를로테 부프, 요한 케스트너, 헤르트, 카를 예루잘렘을 만나게 된다. 괴테는 샤를로테 부프를 사랑했지만 그녀에게는 이미 요한 케스트너라는 약혼자가 있었다. 그는 이에 상심하여 고향으로 내려온다. 친구 카를 예루잘렘은 유부녀였던 헤르트 부인을 사랑했지만 실연당하고 자살로 생을 마감한다. 《젊은 베르테르의 슬픔》은 괴테 자신의 겪었던 상처와 친구의 죽음을 한 차원 높은 사랑의 서사시로 재탄생시킨 소설이다.

젊은 변호사 베르테르는 이미 정혼자가 있었던 로테에 대한 사랑이 깊어질수록 그녀를 자주 만나지 않겠다고 몇 번이고 결심을 했다. 내일은 집에 머무르겠다고 스스로 굳게 다짐하지만 막상 날이 새고 그 내일이 오면 어떻게든 이유를 찾아 그녀 곁에 와 있는 자신을 발견한다. 베르테르가 뜨거운 마음으로 다가갈수록 약혼자가 있는 로테는 깊은 고뇌와 고민을 하게 된다. 그의 거침없는 사랑을 받아주기도 거절하기도 쉽지 않은 상황이었다. 그녀 역시 베르테르에 대한 사랑이 꿈틀거리지만 사랑 이면에 보이지 않는 사회적 편견이 가득했기 때문에 주저한다.

어느 날 베르테르는 마음에도 없는 절교를 선언한다. 로테는 그에게 무엇이든 한 번 손댄 것을 끝까지 고집하는 정열과 격렬한 성격을 탓하고 자신을 파멸로 이끌고 있음을 자각하라고 충고한다. 그녀는 다른 사람의 소유인 자신을 왜 가지려고 하는지, 소유할 수 없다는 바로 그 점이 베르테르의 욕망을 자극하는 것은 아닌지 묻는다. 12월 21일 월요일 아침, 베르테르는 자살 직전 로테에게 편지를 남긴다.

당신을 위해서 스스로 몸을 바쳐 희생하겠다는 것에 대한 확신입니다. 로테! 내가 침묵을 지킬 필요가 어디 있습니까? 우리 세 사람 가운데, 한 사람은 사라져야 합니다. 내가 그 한 사람이 되려는 겁니다. 로테! 당신은 영원히 내 소유인 것입니다. 나는 꿈을 꾸는 것도 망상에 잠겨 있는 것도 아닙니다. 무덤 가까이에 있는 나의 마음은 더욱 밝아지고 머리는 점점 또렷해집니다. 우리는 저세상에서 다시 만날 겁니다. 권총은 당신의 손을 거쳐서 왔습니다. 당신이 직접 손을 대고 만졌던 권총이기에 나는 천 번이나 그것에다 키스를 했답니다. 로테! 나는 두려워하지 않고, 차갑고 무서운 술잔을 손에 들어 죽음의 도취를 다 마셔버리렵니다. 로테! 당신을 위해서 목숨을 바치고 싶었습니다. 당신을 위해서 이 몸을 바치는 행복을 누려봤으면 했던 것입니다.

베르테르는 자기 자신보다 로테를 더 사랑했기에 자신의 죽음을 통해서 영원한 사랑을 꿈꾸고자 한 것이다. 시대가 변하면서 이성간 사랑에 대한 해석도 달라진다. 개인의 성적 결정권과 사회적 통념이 충돌하면서 사랑은 또 다른 모습으로 다가온다. 사랑에는 이유가 없다지만 그 사랑에는 반드시 책임이 뒤따라야 한다.

5

진정한 배움에 이르는 지혜의 책읽기

지식을 쌓기 위한 독서와 지혜를 얻기 위한 독서는 완연히 다르다.
지식과 지혜의 차이점을 알지 못한 채 독서하는 것은 위험하다.
지식이란 새로운 것을 알게 된 것을 의미하고,
지혜란 단순히 아는 것에 그치지 않고 사색을 통하여
깨달음을 얻는 과정을 포함하기 때문에 쉽지 않은 것이다.
독서를 거의 하지 않는 현대인들에게 있어서는
지식의 책읽기가 지혜의 책읽기보다 더 우선되는 듯하다.
다양하고 심도 있는 지식을 저장하는 것 또한 중요하지만,
진정한 배움을 통해 자신을 성장시키는 지혜의 책읽기를 권한다.

남한산성 | 군주론 | 1984 | 국화와 칼 | 국가론 | 짜라투스트라는 이렇게 말했다 |
깨진 유리창 법칙 | 난장이가 쏘아 올린 작은 공 | 동물농장 | 고리오 영감 |
징비록 | 소크라테스의 변명 | 앵무새 죽이기 | 역사란 무엇인가 | 역사의 연구 |
삼국지 경영학 | 맹자평전 | 정의란 무엇인가 | 자유론 | 퇴계와 고봉, 편지를 쓰다

역사는 현재와 과거의 끊임없는 대화이다

남한산성 | 김훈 지음, 학고재

 소설가 이병주는 "햇빛에 바라면 역사가 되고, 달빛에 물들면 신화가 된다"고 했다. 역사가 주는 의미와 중요성은 과거 사실의 기록일 뿐만 아니라 현재를 사는 사람들의 거울이 되고, 인생 좌표의 역할을 한다. 하지만 우리는 그동안 수많은 외세의 침략을 받으면서 어떤 교훈을 얻었는가? 지금 거울 속에 보이는 옛 그림자들이 여전히 눈앞에 아른거리는 이유는 무엇인가? 김훈의 《남한산성》은 기억하고 싶지 않은 비참한 역사 속에서 발견한 또 다른 우리들의 자화상이다.

 《남한산성》은 병자호란이라는 역사적 사실을 기반으로 한 치밀한 구성과 거침없는 문장으로 팽팽한 긴장감을 유지한다. 어찌 보면 이 소설을 쓴 이유가 그 당시 가장 힘들었을 민중들의 혼을 위로하는 살풀이처럼 느껴진다. 패배한 역사, 비굴한 역사를 다시 한 번 되새기는 행위는 또 다른 고통이다. 반면에 새로운 세상을 꿈꾸는 사람들에게는 중요한 이정표가 될 수도 있을 것이다. 전란은 어쩌면 필연적으로 겪을 수밖에 없는 조선의 운명이었는지 모르겠지만 그 당시 인조를 비롯한 위정자들의 책임이 가장 크다. 국제 정세에 효과적으로 대처하지 못한 친명배금 정책의 실패가 주요 원인이었다.

정묘호란(1627년)을 겪은 지 불과 9년 만에 청나라의 12만 대군이 압록강을 건너 차디찬 겨울 눈보라와 함께 조선 땅으로 쳐들어왔다. 바로 병자호란이라는 비극의 서막이었다. 그동안 제대로 방비를 갖추지 못한 채 헛된 척화사상에 빠져 여진족(만주족)을 미개한 오랑캐라고 무시했던 조정은 정묘호란 때처럼 다시 강화도로 파천하려 했으나, 청나라(후금)군 선봉대에 길이 막혀 남한산성으로 도망갈 수밖에 없었다.

《남한산성》은 1636년 12월 14일부터 이듬해 1월 30일까지 47일 동안 청나라군에 포위된 상태에서 성 안에서 벌어지는 우리 조상들의 치열한 삶의 기록이다. 결사항쟁을 주장하는 척화파 김상헌, 화친을 주장하는 주화파 최명길, 그리고 그 사이에서 우유부단한 인조와 고단한 삶을 사는 민중들의 이야기다. 삶과 죽음의 기로에 서서 "죽어서 살 것인가, 살아서 죽을 것인가? 죽어서 아름다울 것인가, 살아서 더러울 것인가? 누구를 위한 항쟁이고, 누구를 위한 화친인가?"를 묻는다.

파천한 남한산성에는 행동은 없고, 오직 말과 말의 싸움만 가득하고, 조선의 앞날은 풍전등화와 같았다. 설상가상으로 성 안은 춥고 식량은 모자라며, 말들은 먹을 풀이 없었다. 비와 눈이 모질게 내려 얼어 죽는 병사들이 속출하는 최악의 상황이 지속되었다. 청나라 장수 용골대는 삼전도에 진을 치고 성 밖을 둘러싼 채 항복을 요구하고 있었다. 결국 인조는 1월 30일 성을 나와 삼전도에서 오랑캐 황제에게 세 번 절하고, 아홉 번 머리를 조아리는 치욕의 역사를 만든다.

항복의 조건으로는 청과 조선은 군신의 관계를 맺을 것, 명나라와 국교를 단절할 것, 세자와 다른 왕자 및 대신들의 자제를 볼모로 보낼 것, 명나라를 정벌할 때 조선은 원병을 보낼 것, 조선인 포로가 만주에서 도망치면 다시 속환할 수 있도록 할 것, 조선은 성을 보수하거나 쌓지 말 것, 매년 한 번씩 청나라에서 정하는 일정한 양의 세폐를 바칠 것 등이다. 말로 형언할 수 없이 굴욕적이고 감당하기 어려운 조건들로 이루어져 있었다.

《남한산성》은 잊고 싶은 삼전도의 치욕을 기억하게 하지만 현재도 여전히 진행형이 될 수 있음을 다시 한 번 상기시킨다. 잊고 싶은 역사, 잊어버리고 사는 치욕의 역사는 오늘날 우리의 또 다른 삶을 반추하는 계기가 될 것이다. 이 책을 다 읽고 나니, 작가가 서문에서 밝힌 "나는 아무 편도 아니다. 나는 다만 고통 받은 자들의 편이다"라는 말이 강하게 와닿는다.

인간의 마음을 읽는
지혜가 필요하다

군주론 | 니콜로 마키아벨리 지음, 권혁 옮김, 돋을새김

권력은 인간 탐욕의 산물이자, 거부할 수 없는 욕망의 분출구이다. 인간에게 권력은 주어지는 것이 아니라 다양한 상호작용을 통해서 끊임없이 만들어가는 것이다. 통치 전략은 권력 기반을 공고히 하고자 하는 배경에서 파생된 것으로 지배자는 피지배자를 효과적으로 관리하기 위한 수단과 방편이라고 할 수 있다. 마키아벨리는 피렌체를 위해서 공직에서 근무하기를 원했으며, 《군주론》을 집필한 목적은 권력의 언저리에서 밀려난 후 다시 군주의 마음을 얻기 위해서였다.

그는 서문에서 산맥과 고지대의 특성을 살펴보기 위해서는 낮은 곳에 있어야 하고 평원을 살펴보기 위해서는 산꼭대기에 있어야 한다고 밝힌다. 즉 백성의 본성을 잘 파악하기 위해서는 군주가 되어야 하고, 군주의 본성을 잘 파악하기 위해서는 백성이 되어야 한다는 것이다.

다양한 해석과 논란을 불러일으키는 군주론이 주는 의미는 시대마다 다르다. 다만 《군주론》이 과정과 절차의 정당성보다는 결과를 중시하여 비정한 권모술수도 거리낌 없이 제시했다는 것은 분명하다. 마키아벨리는 오직 군주의 입장에 서서 치열한 권력투쟁에서 상대를 제압하고, 권좌를 지키기 위한 전략을 제시하고 있다. 권력을 위해서는 수단과 방법

을 가리지 말라는 의미의 마키아벨리즘이라는 용어도 이 때문에 생겨났다. 이처럼 오늘날에도 여전히 《군주론》이 읽히는 이유는 어떻게 권력을 쟁취하고, 유지할 것인가에 대한 길을 제시해주기 때문이다. 마키아벨리는 군주가 어떤 덕목을 갖춰야 한다고 했을까?

첫째, 여우의 지혜와 사자의 힘을 갖춰라. 군주는 여우와 사자의 성품을 활용해야 한다. 함정과 간계를 알아차리기 위해서는 여우가 되어야 하고, 어떤 상대라도 용맹하게 맞서 제압하려면 사자가 되어야 한다. 사자의 용맹함과 여우의 지혜는 상황에 따라 상호보완적으로 필요하다. 너무 강한 것은 결국 꺾이기 마련이라 상황 변화에 따른 유연함과 더불어 효과적인 대처가 필요하다.

둘째, 지도자의 자질은 그 부하를 보면 안다. 통치자가 어느 정도의 지혜를 갖추었는지 알고 싶다면 우선 그 주변에 있는 인물들을 살펴보면 알 수 있다. 조언을 해줄 측근의 선택은 군주에게 무척 중요한 일이다. 그들이 훌륭한 재능을 갖추었는지 혹은 그 반대인지는 군주의 지혜에 따라 결정되기 때문이다. 측근의 권한과 역할은 매우 제한적이지만 그 지도자의 보이지 않는 얼굴이 될 수 있기 때문에 신중히 선택해야 한다. 또한 측근의 비리가 결국 지도자를 파멸로 이끌 수 있기 때문에 과도한 권한을 주어서도 안 된다.

셋째, 어떻게 사는가와 어떻게 살아야 하는가를 분명히 구별하라. '어떻게 사는가'는 그냥 보이는 현상과 현실이다. '어떻게 살아야 하는가'는 꼭 해야 하는 명분과 당위성이다. 꼭 해야 하는 일을 등한시하는 군주는 권력을 보존하기 어렵다. 꼭 해야 하는 것을 행할 때는 사사로운 감정이나 이해관계를 떠나서 대의적 관점에서 대응을 해야 한다.

상황이나 상대가 어떠하든지 언제나 선하게 행동해야 한다고 주장하는 사람은 선량하지 않은 사람들에게 둘러싸여 몰락한다. 이율배반적인 것 같지만 결국 승리자가 정의가 되는 세상의 이치 때문이다. 사람의 마음을 쉽게 헤아릴 수 없지만 지도자는 사람의 마음을 읽는 지혜가 필요하다. 사람의 마음을 읽는 것이야말로 조직의 성패를 좌우하기 때문에 지도자라면 반드시 갖춰야 할 능력이다.

절대 권력은 절대적으로 부패한다

1984 | 조지 오웰 지음, 정회성 옮김, 민음사

과거 이명박, 박근혜 정부 시절 사이버 망명이 급증했었다. 국가가 개인의 사생활을 엿보고 있다는 사실에 국민들이 공포와 불안감을 느끼고 좀 더 자유롭게 의사를 표현하고 나눌 수 있는 공간으로 이동했기 때문이다. 개인의 사적 영역이 특정 권력에 의해서 악용될 경우 국민의 기본권이 침해당하고, 개인들은 자기검열에 빠져서 자유로운 의견을 나눌 수 없게 된다. 개인의 삶이 존중받지 못한 사회는 창의성을 저해하고, 불신만 조장할 뿐이다.

《1984》는 조지 오웰이 작품을 완성했던 19'48'년의 거꾸로 표기다. 작품은 암울한 미래를 예측하고, 개인의 모든 사생활을 통제하고자 하는 국가권력의 모습을 그리고 있다. 기성사회의 부정적인 부분을 극단적으로 확대하여 암울한 미래의 모습을 그린 디스토피아 형태의 대표적인 문학작품이다. 소설 속 배경이 되는 가상의 국가 오세아니아는 텔레스크린, 헬리콥터, 사상경찰 등이 개인의 모든 생활을 감시하는 시스템을 갖추고 있었다. 사람들은 자신이 내는 소리가 모두 도청을 당하고, 캄캄한 때 외에는 동작 하나하나까지 감시당하며 살아야 하는데, 오랜 세월 그렇게 생활하다보니 어느새 습관이 되어 별 저항 없이 무감각하게 받아들인다.

여느 때와 마찬가지로 인민의 적인 골드스타인의 얼굴이 스크린에 나타났다. 그는 최초의 반역자요, 당의 순수성을 처음으로 모독한 인간이었다. '증오'가 시작된 지 30초도 안 되어 사무실에 있는 사람들의 반 이상이 일제히 고함을 질러대고 분노를 표출한다. 증오가 절정에 달할 즈음에 사람들은 이내 안도의 한숨을 내쉬었다. 빅브라더의 얼굴이 스크린에 나타났기 때문이었다. 그가 한 말은 두서너 마디의 격려사에 불과했지만, 그의 말을 듣고 있다는 사실 하나만으로도 서로의 신의를 회복할 수 있었다. 그가 화면에서 물러나자 대문짝만한 당의 세 가지 슬로건이 스크린에 나타났다. '전쟁은 평화, 자유는 예속, 무지는 힘.' 이는 당의 이중적 사고의 표현이다.

1984년 오세아니아는 유라시아, 이스트아시아와 동맹과 전쟁을 되풀이하지만 공식적으로는 동맹국이 바뀌는 일은 절대로 없었다. 국경에서의 사소한 분쟁을 대규모 전쟁으로 확대재생산 하면서 이목을 분산시키고 통치체제를 공고히 하는 선전도구로 사용한다. 또한 터무니없는 통계 수치가 텔레스크린에서 계속 쏟아져나왔다. 작년에 비해 식량, 의복, 주택, 가구, 취사도구, 연료, 선박, 헬리콥터, 서적, 유아 등 모든 것이 늘어났지만, 그 상태 그대로이거나 줄어든 것은 질병과 범죄와 정신병뿐이었다.

주인공 윈스턴은 당의 필요에 의해서 과거를 현재의 상황에 맞추어 조작하는 업무를 맡고 있었다. 그는 틈틈이 터치스크린을 피해서 죽음을 무릅쓰고 불법적인 일기를 쓴다. 나중에는 형제단에 가입하여 반체제 운동을 시작한다. 그는 상점의 위층 방에서 오세아니아에서 금지된 골드스타인이 지은 《과두적 집단주의의 이론과 실제》라는 위험한 책을 탐독하고 줄리아와 은밀한 사랑을 나누고 지낸다.

그가 저지른 불법적인 행위에 대하여 그림 뒤의 텔레스크린에 의해서 적발되고 사상경찰들에 의해 체포된다. 이후 가장 혹독하다고 소문난 101호실에서 고문당하고 모든 것을 상실해버린다. 자기를 함정으로 내몬 이가 오브라이언이었다는 사실에 분노하지만 결국에는 애정부 피고석에 앉아 모든 죄를 고백하고, 그가 알고 있는 모든 사람들을 공범자로 만든다. 그때 무장한 간수가 뒤로 나타났다. 그리고 그가 오랫동안 기다렸던 총알이 그의 머리에 박혔다. 아이러니하게도 그는 죽음 앞에서 빅 브라더를 사랑하게 된다. 국가란 무엇인가? 국민을 보호하는 것이 최우선이 목표일 것이다. 하지만 표현의 자유가 없고, 사상이 통제되고, 개인의 사생활이 전혀 보호받지 못하는 사회는 독재로 가는 길이다.

일본, 아는 만큼 보인다

국화와 칼 | 루스 베네딕트 지음, 박규태 옮김, 문예출판사

국화는 일본 왕실을 상징하고, 칼은 사무라이를 의미한다. 제목《국화와 칼》은 국화(평화)를 사랑하면서 칼(전쟁)을 숭상하는 일본인들의 이중적인 행태를 우회적으로 표현한 것이기도 하다. 하지만 책의 후반부에서 국화는 정신적 자유를 스스로 제약하는 작위적인 의지, 칼은 자기 행위에 책임질 줄 아는 인간을 뜻하기도 한다. 일본인들은 평소에는 예의바르고 유순해보이지만 언제든지 날카로운 칼날을 꺼낼 수 있는 잔인함을 동시에 가진 겉과 속이 다른 민족으로 알려져 있다.

일본은 우리와는 지리적으로는 매우 가깝지만 심리적으로는 너무나 먼 나라이다. 침략과 식민지 수탈에 대해서 아무런 반성 없이 공영과 공생을 외치는 모순된 행동을 보면 분노를 넘어 참담하기까지 하다. 우리가 일본을 극복하고 진정 승리하기 위해서는 그들의 행동방식과 궤적을 제대로 이해하고 철저히 대비해야 한다. 그렇지 못하면 또다시 치욕의 역사를 되풀이할 수밖에 없다.

저자 루스 베네딕트는 문화인류학을 전공한 학자로서 문화인류학 관점에서 일본 문화의 원형을 찾고자 했다 특히, 일본을 직접 방문하지 않고 문헌과 면접을 통해서 객관적 시각으로 집필한 것으로 알려져 있다.

이러한 과정을 통해서 일본인의 특징을 기술하였는데 그중에서 온, 온가에시, 기리, 기무, 닌죠에 대한 정의가 인상 깊다. 일본에서 온가에시(보은, 報恩)는 갚아야 하는 나름의 빚이다. 온(은혜)을 갚는다는 뜻의 온가에시는 온과 완전히 별개로 생각한다. 온가에시는 덕목이지만 채무로서의 온은 덕목으로 간주되지 않는다. 일본에서의 덕이란 어떤 사람이 적극적으로 보답 행위에 몸을 바칠 때 시작된다는 말이다. 온가에시가 우리나라의 보은의 의미와 어느 정도 유사하지만 정확히 일치하지는 않는 것 같다. 일본인이 잘 쓰는 말에 기리(의리)보다 쓰라린 것은 없다는 표현이 있다. 사람은 모름지기 기무(의무)를 갚아야 하듯이 기리를 갚아야 한다. 기리는 올바른 도리, 사람이 좇아야만 하는 길, 세상에 대한 변명 때문에 본의 아니게 하는 일 따위로 나와 있다. 기무란 어떤 사람에게 그것이 아무리 어려운 요구라 해도 반드시 수행해야 하는 것으로써 가까운 혈육과 일왕에 지는 의무를 가리킨다.

닌죠(인정)는 일본의 도덕률은 의무에 대한 극단적인 변제와 철저한 자기부정을 요구한다. 일본인들은 자기 욕망의 만족을 비난하지 않는다. 그들은 육체적 쾌락은 좋은 것, 함양할 만한 것이라고 생각하기 때문이다. 또한 술에 취하는 것도 일본에서 용서받을 수 있는 닌죠 가운데 하나이다.

몇 가지 행동양식과 관련해서 일본인들은 자신의 행동이 세계의 다른 나라 사람들에게 어떻게 비칠 것인가가 중요하게 여기고 민감하게 반응한다. 허례의식과 체면을 중시하는 경향이 있음을 알 수 있다. 일본의 거리에서 무슨 사고가 일어났을 때 거기에 모인 군중이 수수방관하는 것은 단지 자발성이 결여되어서가 아니다. 이는 경찰이 아닌 사사로운 사람이 제멋대로 참견을 하면 그 행위가 당사자에게 온(은혜)을 입히는 것이라고 여기기 때문이다.

일본에서 일왕이 어떤 위상을 가진 존재인가를 살펴보면, 1945년 8월 14일 그의 육성으로 항복 선언이 방송으로 나간 후에는 모든 사람이 그것에 승복했다. 누구하나 그의 뜻을 거역하려 하지 않았다. 미군이 아침에는 소총을 겨누면서 착륙했지만 점심때는 총을 치워버렸고 저녁때는 이미 장신구를 사러 외출할 정도였다고 한다.

오늘날 일본은 다른 나라의 동정을 면밀히 주시하고 있다. 자신들의 야욕은 좌절됐지만 만일 다른 나라에서 군국주의나 제국주의가 부활한다고 판단되면, 일본은 또다시 자신의 호전적 의지를 불태우면서 전쟁의 칼날을 드러낼 것이다. 우리가 평화를 얻기 위해서는 나라가 부강하고 국방이 튼튼해야 한다. 말로만 외치는 평화는 공허한 메아리가 될 뿐이다. 일본의 DNA가 쉽게 바뀌지는 않을 것이기에 그들을 제대로 알고 대응해야 한다.

나를 위한 국가는 없다

국가론 | 플라톤 지음, 이환 묶고 옮김, 돋을새김

소크라테스는 '훌륭한 사람들이 스스로 통치하기를 거부할 때 그들이 받는 가장 큰 재앙은 자기들보다 못한 자들에게 통치를 받는다'라고 역설했다. 우리가 정치에 무관심하고 참여하지 않으면 형편없는 사람들에 의해 지배를 받을 수 있다. 우리나라 권력의 기강과 도덕성이 단두대 아래 놓인 작금의 현실에서 국가와 정의를 되새겨본다.

국가의 성립은 인구 증가에 따른 체계적 관리를 위해서 필연적으로 대두되었다. 통치란 이를 효율적으로 다스리기 위한 수단으로 발전했다. 민중들의 피의 혁명 이후 권력은 국민 다수의 지지를 받고 권한을 위임받는 선거제도의 시스템으로 바뀌었다. 이는 불행하게도 정의가 승리하는 것이 아니라 다수의 선택이 승리하는 시대가 됐다. 염치없는 국가, 양심 없는 사회에서 권력이 타락하면 부패한 세력이 성장하고 그 언저리에 빌붙어 곁불을 쬐고 이익을 얻고자 하는 우매한 사람들로 가득해진다.

기원전 399년 소크라테스가 신성 모독과 더불어 그리스의 청년들을 타락시켰다는 죄목으로 독배를 마시고 죽는다. 이로 인하여 소크라테스의 제자였던 플라톤은 정치인이 되는 것을 포기하고 철학자의 길을 걷는다. 《국가론》은 소크라테스와 주변 인물들과의 질문과 대화의 내용을 플라톤이 정리한 것으로 방대한 분량과 형이상학적 개념이 가득하여 이해하기 쉽지 않다.

트라시마코스는 정의는 단지 강자의 이익에 불과하다고 주장한다. 반면 소크라테스는 정의로운 자는 누구에게도 해를 끼치지 않는 현명한 사람이라고 설명한다. 또한 정의란 각자의 역할과 소임을 다하는 것이고 이는 국가나 개인에 있어서도 동일한 잣대로 간주했다. 그리고 자신의 내면을 잘 조절하고 지배와 복종, 협력을 마치 조화로운 음정을 통해 아름다운 선율을 이끌어내듯이 음악 반주를 하는 것으로 생각했다.

소크라테스는 진정한 교육을 위해서는 이미 아이들 영혼 속에는 학습에 필요한 능력이나 기관이 잘 갖춰져 있기 때문에 장님의 눈에 빛을 넣어주는 방식 같은 주입식 교육을 해서는 안 된다고 지적하고 있다. 우리나라 교육은 예체능 과목을 등한시하고, 수업시간에 질문이 사라지고, 오직 대학 진학을 위해 성적에 따른 줄 세우기에 빠져 있다. 이런 교육 현실에서 소크라테스의 가르침은 시사하는 바가 크다.

소크라테스에 따르면 이상국가란 철학자들이 국가를 통치하지 않는 한, 혹은 통치자들이 철학을 공부해 국가를 다스리지 않는 한 실현되기 어렵다고 보았다. 이는 인간 세계를 행복하게 통치하려는 자는 밝은 눈으로 세상을 보고, 보이는 것만 보지 않고 그 이면을 제대로 이해할 수 있어야 한다. 그리고 가장 뛰어나고 훌륭한 사람에게 정치를 맡겨야 한다. 하지만 불행하게도 현실에서는 그들에게 기회가 주어지지 않는다. 국가 통치에 대한 정당한 비판을 배척하는 분위기에서 우리는 오직 복종과 침묵을 강요당하고 있다.

독일인 목사 마르틴 니묄러는 국가권력의 잘못에 대한 방관과 침묵은 결국에 자신을 향하는 비수가 된다고 지적한다.

나치가 공산주의자들을 덮쳤을 때,/ 나는 침묵했다./ 나는 공산주의자가 아니었기 때문이다./ 그다음에 그들이 사회민주당원들을 가두었을 때,/ 나는 침묵했다./ 나는 사회민주당원이 아니었기 때문이다./ 그다음에 그들이 노동조합원들을 덮쳤을 때,/ 나는 아무 말도 하지 않았다./ 나는 노동조합원이 아니었기 때문이다./ 그다음에 그들이 유대인들에게 왔을 때,/ 나는 아무 말도 하지 않았다./ 나는 유대인이 아니었기 때문이다./ 그들이 나에게 닥쳤을 때는,/ 나를 위해 말해줄 이들이/ 아무도 남아 있지 않았다.

정의가 사라진 국가와 사회에서 개인의 양심은 사치일 뿐이다.

신과 인간 그리고 초인

짜라투스트라는 이렇게 말했다 | F. W. 니체 지음, 사순옥 옮김, 홍신문화사

인간에게 신은 도달할 수 없는 불멸의 이상적 형상이다. 하지만 부조리한 세상에서 인간은 신이 되기도 하고, 신은 인간에 의해 비판의 대상이 되기도 한다. 니체가 말한 '신은 죽었다'는 다양한 의미로 해석되어 정의하기 쉽지 않다. 니체는 인간이 신이라는 장벽에 가로막혀 정신적으로 예속되었고 자유의지의 한계에 도달했다고 보았다. 따라서 내 삶 속에서 신을 죽이고, 초인이 되어야 비로소 진정한 인간다움을 회복할 수 있다고 주장했다.

짜라투스트라는 페르시아(이란)의 조로아스터교 예언자의 이름이다. 조로아스터교에 의하면 세상은 선과 악이 싸우는 투쟁의 현장이며, 인간은 타고난 이성과 자유의지로 한쪽을 선택해야만 한다. 이때 인간은 선을 선택하여 궁극에 도달할 수 있도록 노력해야 하며, 선택에 의해서 인간의 운명이 결정된다고 보았다. 《짜라투스트라는 이렇게 말했다》의 구성은 총 4부로 난해한 내용이 가득하다. 니체의 사상과 철학을 좀 더 이해하기 용이한 서설과 설교 부분을 중심으로 정리했다.

짜라투스트라는 10년 동안 산 속에서 생활하면서 자신의 영혼을 고취하고 고독을 즐겼다. 어느 날 아침 동틀 무렵에 태양을 향해 외쳤다. "그

대 위대한 별이여! 그대가 빛을 비추어준다 하더라도 그것을 받아들일 존재가 없다면, 행복이란 무엇이었겠는가!" 이후 짜라투스트라는 마을로 내려가 군중들 앞에서 말한다.

"초인은 대지를 의미한다. (…) 그대들에게 대지를 초월한 여러 희망에 대해 말하는 자들을 믿지 마라! 의식적이든 무의식적이든 그들은 독을 주는 자들이다. 그들은 인생을 경멸하며, 대지에서 질색하며 죽어가는 자이자 독을 자청는 자들이다. (…) 전에는 신에 대한 모독이 최대의 모독이었다. 신과 함께 이러한 모독자들도 죽었다."

"인간은 오염된 강물이다. (…) 자신이 오염되지 않기 위해서는 인간은 바다가 되어야 한다. 들어라. 초인이란 이러한 바다이며, 그 속에 그대들의 커다란 경멸마저도 가라앉게 할 수가 있다. (…) 이제 이렇게 말해라. 행복이란 무엇인가. 그것은 궁핍이며 불결이며 비참한 안일이다. 나의 행복은 생존 그 자체를 변증하지 않으면 안 된다. (…) 정의가 무엇인가. 나는 내가 뜨거운 불과 숯이 되지 않은 것을 본다. 그러나 정의로운 사람은 뜨거운 불이어야 하는 것이다."

"인간이란 동물과 초인 사이에 놓인 하나의 밧줄이고, 심연 위에 놓인 밧줄이다. 그 줄을 타고 건너가는 것도 위태롭고, 뛰어넘는 순간도 위태롭고, 뒤돌아보는 것도 위태롭고, 공포에 질린 채 그 위에 머물러 있는 것도 위태로운 일이다. 자신의 신을 사랑한다는 이유로 그 신을 징벌하는 자를 나는 사랑한다. 상처를 받고서도 영혼의 깊이를 깨달으며, 사소한 체험으로도 파멸할 수 있는 자를 나는 사랑한다. 그리하여 그는 나아가 다리를 건널 수 있기 때문이다."

짜라투스트라는 인간에게 그들의 존재 의미를 가르쳐 준다. 하지만 군중들은 그를 미치광이 취급하며 비웃는다. 짜라투스트라는 짐승들 사이에 있는 것보다 인간들 속에 있는 것이 더 위험하다는 사실을 깨달았다. 인간은 매우 불안한 존재이다. 불안함은 정신적 결핍을 초래하고, 이는 신의 영역에 한없이 바라만 보고 기대는 나약한 인간을 만들었다. 높은 산 아래 드리워진 차가운 그림자를 지우기 위해서는 태양을 없애기보다는 산을 허물어뜨려야 한다.

사소한 실수가 빚어낸
치명적 결과

깨진 유리창 법칙 | 마이클 레빈 지음, 김민주·이영숙 옮김, 흐름출판

작은 실수가 되풀이되고 더해지면 큰 화를 당한다. 대부분의 사람들이 직장생활을 하면서 중요하고 큰 업무는 조심스러워하지만, 전화 응대나 서랍 정리 같은 작은 것에는 소홀히 하는 경우를 흔히 볼 수 있다. 나 역시 이와 유사한 경험으로 낭패를 당한 적이 여러 번 있다. 부끄럽지만 과거 직장에서 중요한 업무를 잘 처리하여 나름 유능한 직원으로 인정받다가 직장 상사 몰래 출장 서류를 일부 조작한 것이 밝혀져 형편없는 사람 취급을 당한 적도 있고, 원칙적으로 예산 집행을 해야 하는데 편법적으로 처리하여 심한 곤혹을 당했던 기억이 있다. 이처럼 사소한 잘못이나 실수가 거듭되면 신뢰할 수 없는 사람으로 낙인찍히고 결국에는 부도덕하고, 능력 없는 직원으로 몰리기 십상이다. 《깨진 유리창 법칙》은 개인뿐만 아니라 조직과 국가의 처지에서 '깨진 유리창'을 방치하면 큰 혼란을 야기한다는 것을 경고한다.

깨진 유리창 법칙은 미국의 범죄심리학 전문가 제임스 윌슨과 조지 켈링이 1982년 처음 주장한 이론이다. 하나의 깨진 유리창이 있는 건물을 그대로 방치할 경우 멀쩡한 다른 유리창도 지나가는 행인들에 의해 연쇄적으로 파손되어 나중에는 그 지역이 범죄의 온상으로 될 수

있다는 주장이다. '아무도 관심을 갖지 않는다. 당신 마음대로 해도 좋다.' 이것이 깨진 유리창 이론의 핵심이다. 깨진 유리창을 미연에 방지하여 성공한 사례를 살펴보면 뉴욕시(줄리아니 시장)의 경우 강력범죄가 다른 도시에 비해 월등히 높았는데 이를 해결하기 위해서 지하철 낙서와 무임승차를 금지하고, 뉴욕 중심가 타임스퀘어 부근의 성매매와 허락 없이 차 유리를 닦고 돈을 요구하는 행위를 근절했다. 이후 놀랍게도 강력범죄가 75% 감소하는 결과를 가져왔다. 이는 사소한 문제를 사전에 차단함으로써 잠재적 범죄로 성장할 가능성을 없애버리는 전략이 성공한 것이다.

깨진 유리창으로 인한 피해를 최소화하기 위해서는 먼저, 과정과 절차의 중요성을 간과해서는 안 된다. 결과만 좋다면 어떠한 과정도 무시해도 괜찮다고 하는 생각을 버려야 한다. 다음은 무사안일과 무지함으로 현재의 상태를 방관하거나 방치해서는 안 된다. 큰 댐이 무너지는 것은 작은 틈새의 균열로부터 시작되기 때문이다.

우리나라를 극심한 혼란으로 빠뜨렸던 메르스 사태를 깨진 유리창 법칙에 적용해보면 예견된 불행의 참사다. 중동(바레인, 아랍에미리트, 사우디)을 여행하고 2015년 5월 4일 인천공항으로 입국한 최초의 의심 환자(68세)의 경우 메르스 감염을 의심하여 질병관리본부에 검사를 요청했지만 바레인이 메르스 발생 국가가 아니라는 이유로 묵살한 것이 깨진 유리창의 시작이다. 호흡기 질환 검사를 마치고 고위직 친척을 핑계 삼아 겨우 5월 19일 메르스 검사를 받았지만 이미 골든타임을 놓치고 주변에 있는 깨끗한 유리창들도 깨지기 시작한 시점이었다. 만약에 1번 환자에 대하여 적절한 조치를 시행했다면 큰 혼란을 미연에 방지했을 것이다.

깨진 유리창 법칙은 인간의 반사회성의 어두운 단면을 보여주고 있다. 집단 속 개인의 눈은 사사로움과 비정함으로 가득하다. 특히 사회적으로 불합리하고 부당한 일들이 자주 노출돼 별다른 문제의식 없이 사람들 뇌리에 각인될 경우 군중심리에 의하여 감각이 둔해져 모두가 부정을 일삼는 데 동참하고 눈을 감기 때문이다.

자본의 어두운 얼굴

난장이가 쏘아올린 작은 공 | 조세희 지음, 이성과 힘

1970년대는 산업화와 도시화가 급격히 이루어진 시절이었다. 이농 현상에 따른 농촌 지역의 황폐화와 더불어 무분별한 도시개발의 광풍 시대였다. 압축된 경제 성장으로 인한 폐단은 부의 불균형 심화와 사회적 소외계층을 잉태했다. 특히 도시 빈민은 재개발의 거친 소용돌이에 치여 점점 도시외곽으로 밀려나고 생존권마저 벼랑 끝에 몰린다. 사회적 안전망이 전혀 작동되지 않는 상태에서 도시 내 짙은 그늘로 남을 수밖에 없었다.

조세희 작가의 《난장이가 쏘아올린 작은 공》은 이 1970년대에 도시 빈민으로써 고난을 겪어야 하는 난장이 아버지와 가족의 고통과 좌절을 담고 있다. 난장이 가족이 살고 있는 낙원구 행복동이 재개발 사업지구로 선정되고 그들이 살고 있는 무허가 건물을 자진 철거하라는 철거 계고장이 전달되면서 불행의 그림자가 운명처럼 드리워진다. 무자비한 철거로 동네의 살고 있던 집은 하나둘씩 사라지고 아파트 딱지가 주어진다. 아파트 입주권이 있어도 가난한 사람들은 어쩔 수 없이 브로커들에게 입주권을 처분한다.

그동안 난장이 아버지는 칼갈이, 건물 창문 닦기, 수도 수리 등의 궂은 일을 하면서 생계를 유지하였으나, 병으로 인해 더 이상 일을 할 수 없게 된다. 결국 어머니는 인쇄 제본 공장에 나가고 영수는 인쇄소 공무부 조역으로 번 돈으로 최소한의 생활만 유지할 뿐이다. 영호와 영희는 더 이상 배움을 잇지 못하고 학교를 중단한다. 난쟁이 아버지는 승용차를 타고 온 정체불명의 사나이에게 입주권을 팔아버리고, 그 돈으로 명희 어머니의 전세금을 갚는 데 사용한다. 이때 부동산 투기업자들의 노골적인 농간으로 입주권 값이 폭등하기 시작한다.

영희는 승용차를 타고 온 투기업자의 사무실에서 일을 하면서 그로부터 순결을 강제로 빼앗긴다. 나중에 영희는 투기업자가 자기에게 했던 똑같은 방식으로 마취를 시키고, 금고 속에서 자기 집 대문에 달려 있었던 아파트 표찰권을 되찾아 행복동 동사무소로 향한다. 아파트 입주 신청을 마치고 가족을 찾아가지만 이미 아버지가 벽돌 공장의 굴뚝에서 자살했음을 알게 되고 절망한다. 마침내 영희는 큰 오빠 영수를 향해 "아버지를 난쟁이라고 부르는 악당은 죽여버려" 하고 절규한다.

작품 속 '난장이'는 키가 작은 아버지의 외형을 가리키는 것과 더불어 부조리한 사회에서 소외된 인간을 상징한다. 자본의 세상에서 한없이 연약한 존재인 가난한 서민들은 국가와 사회의 무관심으로 희망을 빼앗겨야 했다. 경제 불평등 구조는 약자들을 헤어날 수 없는 깊은 수렁으로 밀어넣는다. 또한 가녀린 영희의 경우에서 보듯이 순수성과 소중한 것을 빼앗기고 성적 도구로 몰락하면서도 살기 위해서 추악한 투기업자의 곁에 머물 수밖에 없다. 그녀는 잃어버린 행복을 되찾기 위하여 고군분투하지만 끝내는 속절없이 절망한다. 현실은 암울하고 서글픔이 가득하고 변화의 기미조차 보이지 않는다.

 권위와 독재의 시대에 도시 재개발은 실제 거주민들의 입장과 처지를 고려하지 않은 채 자본과 약육강식의 논리로 추진되었다. 당장 이주할 형편이 안 된 상태에서 길거리로 내몰리고, 변변치 못하는 일자리, 대물림된 가난의 질곡 아래에서 고통만 더할 뿐이다. 설령 아파트에 입주하려고 해도 입주비가 워낙 비싸게 책정되어 도저히 살 수 없는 형편이었다. 우리의 도시는 가진 자들의 탐욕의 공간, 인간의 헛된 욕망의 배출구로 전락했다. 하늘을 찌를 듯한 고층빌딩, 휘황찬란한 네온사인 아래 아무도 기억하지 않는 서민들의 한숨 소리만 넘쳐나고 있다.

사람 사는 세상을 꿈꾸다

동물농장 | 조지 오웰 지음, 도정일 옮김, 민음사

《동물농장》에 나오는 주요 인물(의인화된 동물)과 사건은 구소련을 모델로 하고 있으며, 공산주의 사회의 모순을 풍자하고 있는 것으로 알려져 있다. 하지만 약육강식과 부조리가 만연한 현대 사회에도 여전히 경종을 울려주는 작품이다. 정치권력이 바뀔 때마다 새로운 희망의 메시지를 전하지만 국민들의 삶은 여전히 절망적이고 암울하다. 정의는 살아 있는가? 많은 사람들이 영화로 상영된 〈레미제라블〉을 보면서 분노와 감동을 느끼면서도, 실상 영화보다 더 비참한 우리 주변의 사회문제에 대해서는 애써 침묵하는 것을 볼 수 있다. 유독 영화관에서만 불의에 저항하는 정의로움이 가득한 것 같다. 결국 정의가 사라진 폐쇄된 사회는 탐욕의 권력을 키우는 자양분이 될 것이고, 부패로 성장한 권력은 일그러진 모습으로 우리의 삶을 억압할 것이다.

농장에서 가장 똑똑한 메이저(돼지)는 동물들의 삶은 비참하고 고달픈 노예 상태임을 주지시키면서 어느 누구도 다른 동물들을 죽여서는 안 되고, 모든 동물은 평등하다고 주장했다. 그가 죽은 후 그의 가르침을 완벽한 사상 체계로 발전시킨 것은 나폴레옹, 스노볼, 스퀼러 세 마리 돼지들이었다. 이들은 쓰레기더미에서 주운 철자법 책으로 공부해서 문자를 읽고 쓸 수 있게 되었다. 나폴레옹은 메이너 농장을 동물농장으로 바꾸고, 동물주의 원리들을 일곱 계명으로 정리했다. 첫 번째, 두 발로 걷는 것은 적이다. 두 번째, 네 발로 걷거나 날개를 가진 것은 친구이다. 세 번째, 옷을 입어서는 안 된다. 네 번째, 침대에서 자서는 안 된다. 다섯 번째, 술을 마시면 안 된다. 여섯 번째, 다른 동물을 죽여선 안 된다. 일곱 번째, 모든 동물은 평등하다. 하지만 이러한 계명은 지켜지지 않고 변질되거나 악용되어 사용된다. 그중에서 가장 압권은 '네 다리는 좋고, 두 다리는 더욱 좋다'로 바뀐 계명이다.

그동안 농장에서 쫓겨난 존슨은 농장을 되찾기 위해서 여러 차례 시도하였으나 번번이 동물들에 의해서 좌절당한다. 그 무렵 풍차 건설 계획에 찬성하는 스노볼과 반대하는 나폴레옹의 불화가 본격화되지만 결국에는 나폴레옹의 개들에 의해서 스노볼이 쫓겨난다. 스노볼이 쫓겨난 후 나폴레옹이 풍차를 건설할 계획이라고 발표하자 동물들은 깜짝 놀랐다. 그가 왜 반대에서 찬성으로 바뀐 것인지 아무 설명이 없었다.

그해 내내 동물들은 노예처럼 일했지만 별 소용이 없었다. 야심차게 추진했던 풍차 계획은 자꾸 물거품이 되었고, 식량은 바닥나기 시작했다. 나폴레옹에게 저항했던 몇몇 돼지들을 시작으로 암탉, 거위, 양들이 사나운 개들에게 도살당했다. 나폴레옹은 점차 존슨의 모습을 그대로 따라서 행동하기 시작했다. 그는 농장 본채에서 생활했고, 침실에서 자고, 존슨의 옷을 입고, 담배도 피우기 시작한다. 어느 날 근처의 농장주 대표단이 동물농장 시찰을 왔는데 동물들로서는 돼지들을 더 무서워해야 할지 아니면 인간들을 더 두려워해야 할지 알 수 없는 지경에 이른다.

마침내 농장의 본채 안에서 술에 취한 인간과 동물들이 다툼이 시작되었다. 화난 목소리들이 서로 맞고함을 치고 있었고, 그 목소리들은 서로 똑같았다. 돼지들의 얼굴에 무슨 변화가 일어났는지 이제 알 수 있었다. 창밖의 동물들은 돼지에게서 인간으로, 인간에게서 돼지로, 다시 돼지에게서 인간으로 번갈아 시선을 옮겼다. 그러나 누가 돼지고 누가 인간인지, 어느 것인지 이미 분간할 수 없는 상태가 되었다.

메이너 농장은 존슨이 운영하던 동물농장 시절로 회귀했다. 이상적인 동물 사회를 꿈꾸던 혁명은 완전히 퇴색하고, 무자비한 탄압과 통치 수단만 동원될 뿐이었다. 권력의 속성은 강한 자가 약한 자를 지배하는 구조이다. 무지한 대중은 아이러니하게도 권력자들에게 견고한 지배논리를 만들어주기도 하고, 폭압에 길들여져 노예 같은 삶을 산다. 폭스우드 농장주 필킹턴의 연설 내용이 여전히 귓가를 맴돈다.

"동물농장의 주인 여러분, 당신들에게 다스려야 할 하급 동물들이 있다면, 우리 인간들에겐 다스려야 할 하층 계급들이 있습니다."

물질만능주의와 슬픈 부성애

고리오 영감 | 발자크 지음, 박영근 옮김, 민음사

우리 사회에 금수저, 흙수저의 용어가 새로이 등장하여 부의 불평등과 대물림의 세태를 반영하고 있다. 이제는 조부모 혹은 부모가 가진 재산의 척도에 따라 자식의 미래가 결정된다는 것이다. 삶의 가치가 거대한 자본의 허영심과 물질만능주의에 매몰되고 있다.

부모에게 자식은 자신의 분신이자, 또 다른 희망과 욕망의 대리인이다. 부모는 때론 자식을 소유물로 여기고 오직 자식의 행복을 기원하고 시행착오를 최소화한다는 그럴듯한 명분하에 그의 인생에 깊이 관여하고 싶어 한다. 부모의 입장과 자식의 입장은 확연히 구분된다. 먼저 세상을 경험해 본 부모는 다가올 세상 앞에서 한없이 작아지는 존재이다. 반면 자식은 나약하지만 새로운 세상과 맞서고 대립하려고 한다. 부모의 품에서 벗어나고 싶은 인간의 본능적 욕구가 작용한다.

오노레드 발자크(1799~1850)의 소설 《고리오 영감》의 시대적 배경은 19세기 프랑스 사회로 절대왕정의 해체, 산업혁명에 따른 자본가와 노동자계급 출현, 금융의 등장으로 인하여 물질만능주의가 급격히 팽창된 시기였다. 소설의 전개는 주로 두 인물을 중심으로 그려지고 있다. 하나의 축은 고리오 영감이고, 또 하나의 축은 으젠 드 라스티냐크이다.

고리오 영감은 졸부로서 오직 딸들의 장래만을 생각하고 모든 것을 헌신한 아버지이다. 고리오 영감은 젊은 시절 곡물 사업으로 부를 축적한 후 나름의 권력기반까지 갖춘다. 고리오 영감은 두 딸을 위해서 거액의 사교육비를 지출하고, 큰딸 아나스타지는 레스토 백작에게, 둘째딸 델핀은 은행가인 뉘싱겐에게 시집보내면서 재산의 반을 각자 지참금으로 소비했다. 설상가상 그녀들의 사치와 낭비벽으로 그의 모든 재산을 탕진하여 마침내 허름한 하숙집에 살게 된다.

라스니냐크는 출세를 위하여 갖은 수단과 방법을 동원하고, 먼 친척을 이용해서 파리 사교계로 진출하고자 한다. 특히 델핀에게 접근하여 재정적 후원을 받고 상류 사회로 진입하기 위해 애를 쓰지만 결국에는 허망함이 가득할 뿐이다. 그럼에도 불구하고 라스니냐크는 늘 파리와 한판 승부를 다짐한다.

고리오 영감은 뜨거운 부성애를 담아 딸들에게 고백한다. "나는 사십 년 동안 일했어. 등에 등 짐 지고 땀을 소나기처럼 흘렸어. 천사와 같은 너희들을 위해서 일생 동안 나는 궁핍했고 벅찬 일과 무거운 짐조차도 가볍게 생각하면서 살아왔다." 고리오 영감은 그토록 그리워하던 사랑하는 딸들을 못 본 채 숨을 거둔다. 그의 장례식은 딸들과 사위들의 무관심으로 너무나 초라했다. 그의 묘지로 가는 마차는 한 대뿐이었다.

생전에 고리오 영감은 "돈이 바로 인생이야. 돈이면 무엇이든지 할 수 있어"라고 부르짖었다. 이러한 사고방식 때문에 딸들의 결혼 생활은 불행했고 파산에 직면한다. 우리 주변에는 제2, 제3의 고리오 영감이 가득하다. 오직 자식의 성공과 출세를 위하여 돈으로 모든 것을 해결했지만 결국에는 버림받는 노인들이 꽤 많다. 부모의 수중에 돈이 떨어지면 자식은 더 이상 부모를 돌보지 않으려고 한다. 배금주의와 물질만능주의는 천륜과 인간의 존엄성마저 타락시키고 있다.

핏빛 산하, 눈물로 기록하다

징비록 | 류성룡 지음, 이재호 옮김, 역사의아침

조선은 임진왜란과 정유재란으로 인해 절대 절명의 국란의 위기를 맞이한다. 국가의 통치체제와 기강이 한순간에 무너지고, 위정자들의 무기력한 모습 속에서 백성들은 절망에 빠져 죽음을 맞이한다. 일본의 침략에 대해서 조선은 피할 수 없는 운명이었을까? 통신사로 일본을 다녀온 황윤길은 전쟁이 일어날 가능성이 많다고 보고했음에도 불구하고 조선 조정은 효과적인 대비책을 마련하지 못했다. 조선 조정은 일본의 군사력 팽창과 욕망을 간과했고, 설상가상 당파 싸움에만 힘을 쏟았다.

《징비록》은 임진왜란이 발생 전후의 일을 고스란히 담고 있다. 전란의 중심에서 총지휘관 역할을 했던 류성룡이 지난 전란을 회고하고 반성하여 뒷날의 근심을 없애기 위해 쓴 아픈 역사에 대한 피눈물의 기록이다. 류성룡은 서문에 이렇게 써놓고 있다.

아! 임진왜란은 실로 참혹했다. 수십 일 만에 한양, 개경, 평양을 잃었고, 팔도가 산산이 무너졌으며, 임금께서 난을 피해 한양을 떠나셨음에도 오늘날이 있게 된 것은 나라를 보존하라는 하늘의 뜻이다.

도요토미 히데요시는 1587년 일본을 통일한 후, 명나라를 치기 위해서 군사를 일으켰으니 길을 빌려달라는 명분하에 1592년 4월 14일 군인 16만 명을 동원하여 조선을 침략한다. 이후 부산성이 무너지고, 동래성(4월 15일), 상주(4월 25일), 충주(4월 28일)가 빠르게 함락되었다. 5월 2일에는 한강 방어선마저 붕괴되어 일본군은 한양에 입성한다. 이처럼 속절없이 일방적으로 패배한 이유는 군사 체계가 일시에 무너졌기 때문이다. 임란 당시 경상도 지역의 관군들은 대구에 집결하여 전열을 재정비하기로 약속된 상태였다. 하지만 한양에서 내려올 지휘관을 기다리다가 급박한 상황 변화로 군사들이 흩어져 반격할 시간을 놓쳐버렸다.

여기에 신립이 이끄는 8천여 군사들마저 탄금대에서 패배하자 선조는 4월 30일 도성을 버리고 피난길을 나선다. 이처럼 급박한 상황에서 이순신이 이끄는 수군의 활약과 명나라의 참전으로 전쟁의 양상은 급변하기 시작한다. 평양성에서 조선과 명나라 연합군의 승리, 의병들의 봉기, 행주산성에서 승리 등으로 조선은 점차 일본군을 몰아붙였다. 이 와중에 일본군은 강화 협상에 주력하면서 남해안 지역으로 후퇴하였다. 하지만 명나라와 일본의 강화 협상이 결렬되면서 다시 전운이 감돌고 1597년 다시 정유재란이 시작된다.

일본군은 속전속결 전략을 폈던 임진왜란 때와 다르게 남부 지역부터 샅샅이 점령하면서 올라가고자 했다. 일본군은 전라도 쪽으로 발길을 돌려 남원성을 피로 물들이고 전주성을 함락시켰다. 모함에 빠져 백의종군했던 이순신은 원균이 칠천도에서 패전하자 다시 삼도수군통제

사로 기용된다. 이때 일본군은 본국으로 철수하고자 울산·사천·순천에 머물고 있었는데 이순신은 명나라 수군과 연합하여 순천에 있던 고니시 유키나가의 퇴로를 차단하고 최후의 일전을 준비한다. 안전한 철수를 요청하는 일본군에게 이순신은 "이 원수는 결코 놓아 보낼 수 없다"고 거절하여 노량해전에서 크게 승리하지만 애석하게 전사한다. 이순신이 전사한 그날 운명처럼 류성룡 역시 영의정에서 파직 당한다. 이로써 핏빛 어린 7년 전쟁이 끝난다.

불행하게도 임진왜란과 한국전쟁의 종식 과정은 매우 유사하다. 임진왜란 당시 조선은 일본과 강화 협상에 강력 반대하고 있었기 때문에 끝까지 협상 과정에 참여하지 않는다. 한국전쟁 당시 남한 정부 역시 북한과 휴전을 반대하고 있어서 서명에 응하지 않는다. 하지만 우리의 의지와 상관없이 강화 조약과 휴전 협정은 성립되었다. 전쟁 때 주변국에 도움을 받았기 때문에 어쩔 수 없이 그들의 결정을 따라야 했다. 약소국의 비참함이다. 임진왜란이 발발한 지 318년 지나고, 조선은 류성룡이 그토록 경계하고자 했던 치욕의 아픔을 되풀이하는 경술국치(1910년)라는 또 다른 비극을 맞이한다. 《징비록》을 통해서 다시 한 번 뼈아픈 교훈을 되새겨보자. 역사를 망각한 민족에게는 미래가 없다.

너 자신의 무지함을 자각하라

소크라테스의 변명 | 플라톤 지음, 황문수 옮김, 문예출판사

나는 나를 잘 모른다. 정장을 입고 넥타이를 매고 출근하는데, 내가 멘 넥타이를 쳐다보고 사람들은 짧다거나 길다거나 지적하는 경우가 더러 있다. 짧다고 해서 고개를 숙이고 쳐다보면 길게 늘어져 보인다. 길다고 할 때도 나름 허리를 꼿꼿이 세워 쳐다보면 짧아 보이기만 한다. 이렇듯 단순한 행위에도 항상 자기 합리화와 무지의 세계에 매몰되어 아집에 쉽게 빠지기 마련인 존재가 인간이 아닌가 싶다.

《소크라테스의 변명》은 플라톤이 스승인 소크라테스의 철학적 사상과 올바른 삶을 널리 기리기 위해 쓴 것으로, 위대한 성인의 진면목을 엿볼 수 있다. 특히 소크라테스는 대화와 토론을 통하여 상대방을 각성시키고 무지를 깨닫게 해주는 산파술을 활용하여 아테네 시민들에게 가르침을 주었다. 소크라테스(? ~ 기원전 399년)는 당시 아테네에서 청년을 타락시키고 국가가 신앙하는 신들을 믿지 않고 다른 신을 믿음으로써 죄를 범하고 있다고 고발당하여 재판을 받는다. 고발을 주도한 이들은 시인들을 대신한 멜레토스, 장인 등과 정치가들을 대신한 아니토스, 웅변가들을 대신한 리콘이었다.

소크라테스는 법정에서 자신만을 위해서 변명하려는 것이 아니라고 설파한다.

신이 여러분에게 보내준 선물인 나를 처벌함으로써 여러분이 신에게 죄를 짓지 않도록 바로 여러분을 위해서 변명하려는 것입니다.

나아가 소크라테스는 위선적이고 무지한 정치가나 예술가, 무능한 전문가 같은 불의한 자들에 대해 아테네가 각성하도록 앞장 선 것이지 아테네를 부정하는 것이 아니라고 강변한다. 비판과 비난을 구분해야 한다. 건전한 비판은 새로운 자극과 생동감을 심어주기 때문에 자신이 일종의 등에(horse fly) 역할을 하고 있다고 주장한다.

청년들을 타락시킨다는 혐의와 관련해서 멜레토스가 아테네 모든 시민들이 청년을 바른 길로 선도하고 있다고 주장하자, 소크라테스는 말을 예로 들어 반론한다. 말을 훈련시키는 것은 말 잘 다루는 사람만이 하는 것이지 다수의 사람이 다루면 오히려 해를 끼친다는 것이다. 청년을 잘 이해하는 전문가만이 바르게 인도할 수 있다는 변론을 펼친다. 또 신을 부정하고 있다는 혐의에 대해서 소크라테스는 인간이 존재한다는 것은 믿으면서 인간은 믿지 않는 사람이 없듯이 정령이나 신의 힘은 믿으면서 정령이나 신의 존재를 부정할 수는 없다고 반박한다. 자신은 신을 부정한 적이 없다는 것이다.

이러한 논리적 반박에도 불구하고 소크라테스는 결국 사형을 선고받는다. 그는 죽음을 두려워하지 않고 흔쾌히 맞이하면서 그들에게 호의를 요청한다. 혹시 자신의 아들들이 덕 이상으로 재산이나 기타의 일에 관심을 가지거나, 보잘것없으면서도 훌륭한 척 거들먹거리면 꾸짖어달라고 부탁한다. 소크라테스는 법정에서 마지막 말을 전한다.

이제 떠나야 할 시간이 되었습니다. 각기 자기의 길을 갑시다. 나는 죽기 위해서, 여러분은 살기 위해서, 어느 쪽이 더 좋은가 하는 것은 오직 신만이 알 뿐입니다.

정의롭지 못한 국가에서 진리를 추구하고, 양심에 따라 행동한 소크라테스의 삶은 우리에게 시사해주는 바가 크다.

그는 시대에 맞서 정의를 실천하는 용기 있는 지식인이었다. 부조리가 판을 치고, 불의와 더러움이 가득하지만 어느 누구하나 목숨 걸고 꾸짖거나 비판하지 않는 것이 우리 현실이다. 우리가 기존 질서와 관념에 사로잡혀 늘 잠들어 있으면 무지한 자들에 의해서 정신적 노예로 전락하기 십상이다. '악법도 법이다'는 소크라테스가 한 말로 알고 있지만 실제로 그가 한 말이 아니다. '너 자신을 알라'라는 잠언 역시 델포이 신전에 새겨져 있던 말이라고 한다.

편견은 진실을 죽인다

앵무새 죽이기 | 하퍼 리 지음, 김욱동 옮김, 문예출판사

인간은 종교, 이념, 피부색, 지역 등에 얽매여 무수한 편견과 선입견에 매몰되어 진실을 제대로 보지 못한다. 한쪽 시각에 치우쳐 다름을 인정 못하고 이편, 저편을 나누고 자기들만 탐욕을 독점하고자 고의로 편견을 확대재생산하여 상대방을 비난하고 모욕을 준다. 맹목적 편견은 그 대상자의 가장 근본적인 자존감에까지 상처를 주어 삶의 절망에 이르게 한다.

인간의 내부에 자리 잡고 있는 편협한 이기심을 비판하는 《앵무새 죽이기》의 배경은 노예제도가 살아 있던 미국의 남부다. 흑인에 대한 인종 차별이 극심한 지역으로 백인과 흑인은 교회에서 함께 예배를 보지 않고, 술집과 버스 좌석도 따로 있던 시대였다. 주인공 스카웃의 아빠인 애티커스는 미국 남부의 메이콤이라는 오래된 작은 읍내에서 존경받는 변호사였다. 하지만 흑인을 변호하는 일을 맡게 되면서 어려움에 직면하게 된다.

흑인 톰 로빈슨은 백인 처녀 백인 처녀 메이엘라를 성폭행했다는 혐의를 받고 재판을 받게 된다. 재판이 진행될수록 로빈슨의 무고와 억울

함이 드러나지만, 그럼에도 불구하고 배심원단은 결국 로빈슨의 유죄를 선고한다. 실상은 백인과 흑인의 결혼이 허용되지 않는 시대의 규범 속에서 백인 배심원단의 반감이 작용했던 것이다. 호송 도중 톰 로빈슨은 도주하다가 총에 맞아서 죽음을 맞이한다. 이러한 죽음 역시 백인들에게는 한낮 웃음거리로 전락될 뿐이었다.

주인공 스카웃은 10월의 할로윈 행사에 열리는 연극에서 햄 역할을 맡고 참여한다. 공연이 끝나고 오빠(젬)와 집으로 오는 도중 숲속에서 누군가에 의해 습격을 받는다. 재판 당시 애티커스 변호사에게 앙심을 품고 있었던 밥 이웰이 저지른 것이다. 천만다행으로 절체절명의 순간에 부 래들리가 나타나서 애들을 구해준다. 밥 이웰과 부 래들리는 격렬하게 싸웠고 이 과정에서 밥 이웰이 죽는다. 보안관은 이 사건에 대해서 부 래들리를 처벌하지 않고, 밥 이웰이 자기 칼에 쓰러져 죽은 것으로 종결한다.

스카웃 집 근처에 살았던 부 래들리는 한순간의 실수로 외톨이가 되어 마을 주민들에게 멸시의 대상이었고 애들에게는 유령 같은 존재였지만 여러 해 동안 따뜻한 시선으로 스카웃과 젬을 지켜보고 나중에는 이들에게 도움을 준 것이다. 그날 저녁 애티커스는 스카웃에게 "우리가 궁극적으로 잘만 보면 대부분의 사람들은 다 멋지단다"라고 말한다.

소설 제목에 나오는 앵무새는 소리를 내어 울 때는 시끄럽지만 사람에게 아무런 해를 끼치지 않기 때문에 사냥꾼들이 총으로 쏘지 말아야 하는 존재이다. 톰 로빈슨은 백인들에게는 전혀 해를 주지 않는 흑인이었고, 부 래들리 또한 주변 사람들과 어울리지 못할 뿐이지 누구에게도 피해를 주지 않는 외톨이 백인이었다. 하지만 톰 로빈슨과 부 래들리는 다른 사람들의 편견에 의해 이상한 사람이 되어 곤궁에 처해진다. 잘못된 편견과 선입견은 사람들의 감각을 무디게 하고 판단을 흐리게 하여 선의의 피해자를 양산할 뿐이다. 상대방의 입장이 되어보지 않고서는 결코 그 사람을 진실로 이해할 수 없음을 다시 한 번 자각하게 하는 이야기다.

과거의 사실과
현재 역사가의 대화

역사란 무엇인가 | E. H. 카 지음, 김택현 옮김, 까치

역사란 무엇일까! 고려를 건국한 태조 왕건이 유훈으로 남겼다는 훈요십조의 기록은 역사적 사실일까? 아니면 위작일까? 훈요십조의 여덟째 항목 "차령산맥 남쪽과 금강외의 지역은 산세가 반역의 기상을 가지고 있으니 그곳 사람을 중용하지 말라"는 내용은 여전히 논란의 중심이 되고 있다. 먼저 고려사에 훈요십조가 기록된 경위가 의문투성이다. 거란의 침입으로 태조와 관련된 사초가 화재로 모두 멸실된 후 치적과 행적을 다시 기록하고자 할 때 경주 출신 최승로의 손자 최제안이 무신집권기 도방을 이끌었던 최항의 집 서고에서 훈요십조를 발견하여 조정에 바친 것으로 전하고 있다. 신라계의 도움으로 즉위한 현종 때 처음 등장한 출처 불명의 기록은 지금까지도 전라도 차별의 역사적 근거로 종종 거론되곤 한다. 역사를 기록하는 자의 주관적인 생각이나 불순한 의도에 의해 역사적 사실이 충분히 조작될 수 있음을 간과해서는 안 된다.

역사를 어떤 시선으로 봐야 하는지 두 가지 학설이 대립되고 있다. 랑케(1795~1885)는 역사를 자료에 충실하고 편견이나 선입견에 치우치지 않고 객관적 사실만 보아야 한다고 말한다. 또 역사가의 임무는 역

사 사실이 실제로 어떠했는가를 알리는 역할만 해야 한다고 주장했다. 반면 《역사란 무엇인가》의 저자 E. H. 카(1892~1982)는 역사가의 주된 임무는 실제의 일을 기록하는 것은 물론이고 이를 바탕으로 역사적 사실을 평가하고 비판하는 것이라고 말한다. 그는 역사적 사실이라는 것도 실은 역사가에 의해 새로이 만들어져 기록되는 것이라고 주장한다.

E. H. 카는 기존 학자들의 주장했던 역사관(역사, 역사가)에 대해서 반론을 제기했다. 첫째, 역사 사실은 순수한 형태로 존재하지 않고, 존재할 수도 없다. 따라서 역사책을 볼 때, 최초의 관심사는 기록된 사실들이 아니라 그 책을 쓴 역사가에 관한 것이 되어야 한다. 둘째, 역사가는 자신이 다루고 있는 사람들의 마음과 그들의 행위의 배후에 있는 의도를 상상하고 이해할 필요가 있다. 만일 역사가가 자신의 서술 대상이 되고 있는 사람들의 마음과 어떤 식으로든 접촉할 수 없다면 역사는 쓰일 수 없다. 셋째, 오직 현재의 눈을 통해서만 과거를 조망할 수 있고 과거에 대한 이해에 도달할 수 있다. 역사가는 그가 살고 있는 시대에 속하는 사람이며, 인간의 실존 조건 때문에 자신의 시대에 얽매일 수밖에 없다.

역사를 기록하는 역사가는 자신의 해석에 맞추어 사실을 만들고, 사실에 맞추어 자신의 해석을 만드는 끊임없는 과정을 거친다. 또한 현재와 과거 사이의 상호관계 측면에서 역사가는 현재의 일부이고 사실은 과거에 속하기 때문에 역사가와 역사적 사실은 상호 필수적이다. 자신의 사실을 가지지 못한 역사가는 뿌리가 없는 존재이고, 자신의 역사가를 가지지 못한 사실은 죽은 것이며 무의미하다. E. H. 카는 특히 진보로서의 역사적 측면을 강조하면서 미래의 진보 능력에 대한 믿음을 상실한 사회는 과거의 진보에 대한 관심도 포기한다고 주장했다. 역사란 무엇인가라는 질문에 대해 E. H. 카는 "역사란 역사가와 사실 사이의 상호작용의 부단한 과정이며, 현재와 과거와의 사이의 끊임없는 대화"라고 정의한다.

도전과 응전

역사의 연구 | A. J. 토인비 지음, 홍사중 옮김, 동서문화사

나를 성장시킬 천적이 필요하다. 토인비의 역사 인식을 제대로 이해하기 위해서는 그가 비유적으로 자주 언급했다고 한 청어와 물메기(곰치)의 상관관계를 이해할 필요가 있다. 옛날부터 영국 사람들이 즐겨 먹는 청어는 대서양 북해에서 주로 잡히는데 런던까지 장거리를 운반하는 동안 대부분 죽는 경우가 많았다. 이때 청어를 잡아넣은 수조에다 물메기를 한 마리 넣으면, 그중에서 몇 마리는 물메기의 먹잇감이 되지만 그 통에 있는 수백 마리의 청어들은 잡아먹히지 않으려고 도망다니기 때문에 생생하게 살아남는다고 한다. 때로 고통과 시련은 생존의 에너지를 부여한다. 청어와 물메기 이야기는 도전과 응전의 의미를 생각할 때 한 번쯤 떠올려볼 만하다.

토인비의 저서 《역사의 연구》는 전체 12권에 이르는 대작이다. 집필하고 간행한 기간 또한 30여 년에 걸친 대장정이었다. 1934년에 1~3권, 1939년에 4~6권, 1954년에 7~10권, 1960~61년에 11~12권을 간행되었다. 이를 서머벨이 축약본으로 엮은 것이 오늘날 주로 읽히는 《역사의 연구》이다.

토인비는 21개 문명의 발생, 성장, 쇠퇴, 해체의 과정을 다양한 역사적 사실과 사례를 들어서 설명하고 있다. 그리고 세계국가, 세계교회, 영웅시대, 문명의 공간적 접촉, 문명의 시간적 접촉, 역사에서의 자유와 법칙을 통해서 서유럽 문명을 전망했다. 이러한 구성을 통해서 알 수 있듯 토인비는 결론적으로 서유럽 문명의 미래를 그려보고자 했다.

'문명의 발생'에서는 이집트, 수메르, 미노스, 중국, 마야 및 안데스 문명에 대하여 고찰하고 있는데, 이들 문명은 대체적으로 척박한 환경 속에서 새로운 문명을 개척했다고 평가한다. 특히 황하문명의 경우 양쯔강에 비해 훨씬 열악한 자연 조건임에도 이를 극복하고 이루어냈다는 사실을 강조한다.

'문명의 성장'에서는 개인이나 소수자 또는 사회 전체가 어떤 도전에 응전하면, 그것이 최초의 도전으로 그치지 않고 다음 응전을 행하도록 요구한다고 보았다. 이런 도전과 응전을 거듭한 문명은 반드시 성장했다는 것이다.

'문명의 쇠퇴'에서는 소수의 창조적 능력의 상실, 거기에 호응하는 다수의 모방 철회, 그 결과로 인한 사회 전체의 사회적 통일의 상실이 문명의 몰락을 가져온다고 지적하고 있다.

'문명의 해체'에서는 지배적 소수자, 내적 프롤레타리아, 정신의 분열 때문에 문명이 해체된다고 보았다. 해체기 중국 문명의 경우에 지배적 소수자는 공자의 의례화된 유교론, 노자의 탈현실적인 도가사상 같은 철학을 탄생시켰다. 토인비는 두 철학 모두 당대 사회의 퇴보로 인한 위기의식의 결과물이라고 보았다. 토인비는 문명 해체기에는 구세주로서의 창조적 천재, 칼을 가진 구세주, 타임머신을 가진 구세주, 왕의 가면을 쓴 철학자, 인간으로 변신한 신이 등장한다고 했다.

우리나라는 역사적으로 끊임없는 외세 침략에 고통을 당했다. 지정학적 위치에 따른 필연성을 감안하더라도 주체성 없이 이웃 국가의 성장과 몰락에 의해 나라의 운명이 흔들려왔다. 하지만 강대국의 틈바구니 속에서 나라의 존립을 유지할 수 있었던 것은 시련 앞에서 포기하지 않는 끈끈한 생명력과 용기 있는 응전 덕분이다. 우리의 삶 역시 도전과 응전의 연속이다. 매번 실패하고, 상처받고, 흔들리기 마련이지만 주저앉거나 자포자기해서는 안 된다. 아픔과 시련에 어떻게 대응하느냐에 따라서 삶이 달라지기 때문이다. 청어에게 천적 물메기가 필요하듯 우리 인생 또한 마찬가지다. 상처 없는 성장은 없다.

조조, 유비, 손권의 CEO 리더십

삼국지 경영학 | 최우석 지음, 을유문화사

삼국지에 관한 책을 읽을 때마다 매번 경이로움과 전율을 느낀다. 그 깊이가 무궁무진하고 세상의 이치와 인생철학이 고스란히 깃들어 있다. 또한 인간의 내면을 통찰력 있게 담고 있어서 다양한 사건에 따른 각 인물들의 처세 방식을 읽을 수 있다. 《삼국지 경영학》은 조조, 유비, 손권을 기업 CEO의 유형과 대비하여 그려내고 있다.

조조에 대한 나쁜 이미지는 나관중이 지은 《삼국지연의》에서 촉나라를 긍정적으로 기술하면서 그를 의리 없고, 냉혹한 인간으로 묘사했기 때문이다. 하지만 조조는 난세의 시대에는 한 사람의 뛰어난 활약이 전체 판세를 좌우한다고 여기고 비록 적일지라도 능력 있는 순욱, 가후 등을 가신으로 등용한다. 또한 관도대전에서 원소와 내통한 비밀 편지를 얻고서도 모두 불살라 앞으로 일어날 수 있는 정치적 내분을 잠재운다. 조조의 위대함은 그가 남긴 유언 "내가 죽은 후 일선 장수들은 임지를 떠나지 말고 맡은 직분을 충실히 지켜라. 장례도 화려하게 하지 말고 검소하게 하라"고 당부한 대목에서도 확인할 수 있다.

당시 삼국 중에서 조조가 세운 위나라는 중국 14개 주 중에서 10개 주를 차지하고 있었다. 이에 비해 오나라는 3개 주, 촉나라는 1개 주를 거느리고 있을 뿐이었다. 촉나라 유비는 결코 강하지는 않지만 부드러움으로 모든 것을 포용하는 능력이 있었다. 이것이 삼국 중 가장 열악한 여건 속에서 살아남는 이유이다. 유비는 평소 말수가 적고 기쁨이나 노여움을 얼굴에 나타내지 않았다고 한다. 어찌 보면 바보스럽다고 할 정도로 진실할 때가 많았는데 그 때문에 손해도 많이 보았으나 결과적으로는 큰 성공을 거두었다. 그리고 제갈공명을 얻기 위해서 삼고초려를 했듯이 인재를 영입하기 위해서 자신을 낮추고 예를 갖추고 정성을 다했다. 이를 통해 촉나라는 구멍가게에서 대기업으로 성장하게 되었다. 그는 죽음을 앞두고 제갈공명에게 "만약 내 자식이 도울 만하면 돕고 그렇지 못하면 직접 촉한의 주인이 되라"는 파격적인 유언을 남긴다.

기업은 3대를 넘기기 어렵고 나라도 3대째가 가장 고비라는 말이 있다. 초창기의 힘찬 에너지가 소진되고 기득권층의 저항이 생겨나기 때문이다. 손권의 아버지 손견은 37세 때 황조에게 죽고, 형 손책 역시 불행히 26세에 세상을 떠나고 만다. 손권은 19세의 젊은 나이로 오나라의 CEO가 된다. 손권은 감정을 컨트롤하는 능력이 탁월했다. 적벽대전을 승리를 이끌 때 그의 나이 27세에 불과했지만 실리적 영민함으로 전쟁에서 승리할 수 있었다.

손권은 유능한 인재를 알아보는 통찰력 있는 안목을 지녔고, 적재적소에 맞춰 사람을 쓰는 용인술을 펼쳤다. 노숙과 제갈근을 중용하였고, 적벽대전 때는 주유를 발탁하여 조조를 상대로 대승을 거두고, 형주성을 빼앗을 때는 여몽을 앞세워 승리한다. 특히 오나라의 운명이 걸린 위기에 직면했을 때는 주변의 반대에도 불구하고 40세의 젊은 장수 육손을 최고사령관으로 임명하여 유비를 상대로 한 이릉대전에서 큰 전과를 올린다.

조조, 유비, 손권은 주변 환경을 너무나 잘 활용하고 이용을 극대한 CEO들이다. 조조는 타고난 지략으로 천하대세를 잘 읽었고, 유비는 아무 가진 것 없이 인재를 잘 활용했고, 손권은 강동의 험한 지리적 이점을 이용하여 수성했다. 현대의 기업 CEO들도 문어발식 확장보다는 선택과 집중에 통해서 전문 영역에서 기업의 경쟁력을 극대화해야 한다. 끝으로 CEO는 직원들을 잘 만나야 하듯, 직원들 역시 CEO를 잘 만나야 한다. 천하의 인재가 CEO를 잘못 만나 아까운 재주를 미처 펴보지도 못하고 좌절하는 경우가 많기 때문이다.

천하에 인의를 당할 것이 없다

맹자평전 | 양구오롱 지음, 이영섭 옮김, 미다스북스

봄이 왔지만 사회 분위기는 여전히 한겨울이다. 어느 순간 정의가 사라져버렸다. 불의의 시대를 살기 위해서는 모두가 눈을 감아야 한다. 누가 희망을 이야기하는가? 탐욕스런 사회에서 희망은 도달할 수 없는 환상일 뿐이다. 맹자의 여민해락과 경세제민을 통해서 암울한 현재를 투영해본다. 정치가 길을 잃으면 우리의 삶은 더욱 거칠어질 뿐이다. 맹자 하면 성선설과 맹모삼천이 떠오른다.

성선설은 모든 사람은 측은지심을 갖고 있다는 전제에서 출발한다. 어린아이가 우물에 빠지면 누구나 안타까운 마음을 가지고 구하고자 한다. 여기에서 보듯이 사람은 본디 착한 본성을 가지고 있다는 것이다. 맹모삼천은 맹자의 어머니가 세 번의 선택 끝에 맹자가 공부하기에 이상적인 환경을 찾아낸 것을 말한다. 어린 시절 맹자가 살았던 집은 묘지 근처였다. 그는 늘 장례식 놀이를 하며 놀았다. 맹자 어머니는 이를 걱정하여 시장 근처로 이사를 했다. 그러자 맹자는 자연스레 물건을 사고파는 일에 관심을 갖는다. 맹자의 어머니는 시장도 좋은 조건이 아니라고 생각하여 고심 끝에 학교 근처에서 살기로 결심한다. 그 당시 학교는 지식교육뿐만 아니라 예의범절을 함께 가르치는 곳이었다. 맹자

는 비로소 예의에 흥미를 갖게 되고 규범에 맞는 행동을 했다고 한다. 인간이 얼마나 환경에 영향을 받고 있는지 알 수 있는 대목이다.

추나라에서 태어난 맹자는 일찍 아버지를 여의여 불우한 어린 시절을 보내야 했다. 하지만 어머니의 엄격한 가정교육 덕분에 유가사상의 영향을 받는다. 특히 베를 잘라 아들을 가르친 일이 큰 자극이 되었다. 유가의 창시자는 공자였지만 이론적 역량과 체계를 보다 발전시킨 것은 맹자였다. 맹자는 자신의 남이 하는 말을 잘 알고, 호연지기를 잘 기른다고 평가했다. 남의 말을 잘 아는 것은 타인의 관점에서 분석하고 비판하는 것이다. 호연지기는 정신의 수준을 높이고 정신의 힘을 길러서 외부의 지위나 세력 때문에 비굴하지 않고, 항상 자신의 인격적 독립성을 지키는 것이다. 맹자는 어떤 군주 앞에서도 당당함을 잃지 않았다.

맹자는 견고한 의지라는 품성은 태어날 때부터 갖는 것이 아니라 모진 고난과 역경의 과정을 거친 다음에야 비로소 형성되는 굳센 인격이라 생각했다. 사람은 시련을 통해서 성장하고 발전하기 때문이다. 맹자는 화합을 사회 역량의 근원으로 보았다. 집단 내부의 화해에 이르기 위해서는 반드시 남들과 함께 걱정하고 함께 즐겨야 한다. 이와 관련해서 맹자는 양나라 혜왕에게 이렇게 조언한다.

"임금이 백성들의 즐거움을 자신의 즐거움으로 여기고 즐거워하면, 백성들도 임금의 즐거움을 자신들의 즐거움으로 여기고 즐거워할 것입니다. 임금이 백성들의 근심을 자신의 근심으로 여기고 근심한다면, 백성들도 임금의 근심을 자신들의 근심으로 여기고 근심하게 될 것입니다."

맹자는 인정사상과 정치적 이상을 구현하고자 여러 나라를 떠돌아다니며 애쓰지만 결국 좌절한다. 그는 예순을 넘기고 마침내 현실의 정치 무대와 이별한다. 이후 제자들과 자신의 강론을 정리한 책 《맹자》를 남긴다. 맹자는 인정을 실현하기 위해서는 "도덕을 갖춘 사람을 존중하고, 능력 있는 사람을 기용해야 한다. 이러한 인재가 정부에서 자기 능력을 충분히 발휘할 수 있도록 해야 한다."고 주장했다. 이에 견주어보면 염치도 없고 뻔뻔하기 그지없는 우리나라 정치지도자들이 참 많다. 정치는 곧 삶이기에 정치가 어지러우면 우리네 삶도 현기증이 나서 힘들다.

정의는 더 이상 정의롭지 않다

정의란 무엇인가 | 마이클 샌델 지음, 김명철 옮김. 와이즈베리

동서양 및 시대를 초월하여 '정의'는 역사적으로 중요한 화두였다. 하지만 정의를 간단히 규정하고 설명하기란 쉽지 않다. 처한 환경과 상황에 따라서 매번 다른 모습을 하고 있기 때문이다. '정의(justice)'의 어원은 로마신화에 나오는 정의의 여신 유스티치아(Justitia)에서 나왔다. 정의의 여신상을 보면 두 눈을 안대로 가리고, 한 손에 칼을 다른 손에는 저울을 쥐고 있다. 눈을 가리는 것은 어느 편에도 치우침 없이 공정하게 판결한다는 의미다. 칼은 사회질서를 어기는 사람들에 대한 처벌과 응징을 의미한다. 저울은 인간관계의 다툼을 해소하는 조정의 의미를 가지고 있다. 정의 실현을 위한 법의 역할이 중요함을 상징한다.

과거 우리 사회에 '정의사회구현', '공정한 사회'가 국정 목표로 추진된 적이 있었다. 하지만 한참 지나고 보면 한낱 구호에 불과했음을 깨닫는다. 이를 주도한 지도층들은 온갖 부정부패와 비리를 저지르고, 미약한 국민들에게만 정의로움과 공정함을 요구했기 때문이다. 결국 사회적 가치 기준이 되는 정의가 정권 유지의 편의적 도구로 악용된 것이다.

마이클 샌델은 정의, 공동선, 시민의 의미 등 철학적 물음과 생각하는 즐거움을 많은 사람들에게 전달하기 위해 《정의란 무엇인가》를 썼다고 한다. 작가는 나와 타인, 조직, 사회, 국가 사이에 일어날 수 있는 인

간의 탐욕과 도덕적 딜레마를 여러 사례를 들어서 설명하고 있다. 정의로운 사회는 소득과 부, 의무와 권리, 권력과 기회, 공직과 명예가 자격 있는 사람들에게 잘 배분되는 것으로 보았다. 단 누가 무슨 이유로 그러한 자격을 갖는지 꼼꼼히 따져봐야 한다고 주장하고 있다.

《정의란 무엇인가》에서는 정의론의 쟁점이 되는 복지의 극대화, 자유의 존중, 미덕의 배양이라는 세 가지 견해를 철학자별로 다루고 있다. 벤담은 최대 다수의 최대 행복을 이야기하고, 존 스튜어트 밀의 남에게 해를 끼치지 않는 한 인간은 자신이 원하는 것을 자유롭게 할 수 있어야 한다고 주장하고, 칸트는 인간은 이성적 존재이기에 존중받아야 하는 존엄성을 지녔다고 말한다. 또 존 롤스는 자유롭고 평등한 사회가 정의로운 사회이라고 하고, 아리스토텔레스는 사람들에게 그들이 마땅히 받을 자격이 있는 것을 주는 것이 정의라고 주장한다.

누가 무엇을 받을 자격이 있는지 판단하려면, 어떤 미덕에 명예와 포상을 주어야 하는지 결정해야 한다. 샌델은 "정의란 공리나 복지의 극대화이고, 선택의 자유를 존중하는 것이며, 미덕을 키우고 공동선을 고찰하는 것이다"고 규정한다.

2012년 사회 정의에 관한 여론조사에서 우리 사회가 불공정하다고 74%가 응답했다. 이처럼 정의가 무너진 근본적인 이유는 법을 집행하고 정치를 하는 세력이 부패했기 때문이다. 이를 방관한 시민들 또한 공범이다. 적극적인 정치 참여를 통해서 바로 세워야 한다. 또한 개개인은 자신이 이로움과 옮음의 경계에 서 있을 때 정의를 추구해야 한다.

진정한 자유의 의미

자유론 | 존 스튜어트 밀 지음, 서병훈 옮김, 책세상

누구나 자유를 추구하면서도 진정 자유롭게 살기는 참 어렵다. 자유란 자신의 의지만이 아니라 외부 환경에 크게 좌우되기 때문이다. 우리나라의 경우 남북한이 분단된 특수한 여건 때문에 상황에 따라서 정치적 자유의 범위가 매번 미묘하게 변해왔다. 여전히 국가보안법이 존재하고, 검열이 엄존하는 닫힌 사회에서 자유는 이상한 방향으로 왜곡되기 마련이다. 서로의 편을 나누고, 다수 의견에 찬성하지 않는 소수 의견은 억압의 대상으로 전락했다. 이러한 폐단은 결국에는 획일적이고 복종적인 인간을 양성했다. 어떠한 정치체제에서도 인간의 보편적인 자유의지를 결코 제한해서는 안 될 것이다.

사전적 의미에서의 자유는 남에게 구속을 받거나 무엇에 얽매이지 않고 자기 뜻에 따라 행동하는 것으로 규정하고 있다. 반면 방종은 아무 거리낌 없이 제멋대로 함부로 행동하기에 타인에게 피해를 주는 것이다. 존 스튜어트 밀(1806~73)은 《자유론》의 서두에서 "사회가 개인을 상대로 정당하게 행사할 수 있는 권력의 성질과 그 한계를 살펴보고자 쓴 것"이라고 집필 동기를 밝히고 있다.

존 스튜어트 밀은 자유의 기본 영역을 세 가지로 정의했다. 첫째, 내면적 의식의 영역이다. 인간은 과학·도덕·신학 등 모든 영역에서 가장 넓은 의미에서의 양심의 자유, 생각과 감정의 자유, 절대적 의견과 주장의 자유를 누려야 한다. 둘째, 사람들은 자신의 기호를 즐기고 자기가 희망하는 것을 추구할 자유를 지녀야 한다. 각각의 개성에 맞게 자기 삶을 자기 좋은 대로 살아갈 자유를 누려야 한다. 셋째, 결사의 자유다. 어떤 목적의 모임이든 자유롭게 결성할 수 있어야 한다. 이 세 가지 자유가 원칙적으로 존중되지 않는 사회는 자유가 억압된 사회라고 지적했다.

작가는 생각과 토론의 자유를 가장 중요시하였기 때문에 전체 인류 가운데 단 한 사람이 다른 생각을 가지고 있다고 해서 그 사람에게 침묵을 강요하는 일은 옳지 않다고 봤다. 나아가 다른 의견을 가질 자유와 그것을 표현할 수 있는 자유를 네 가지 측면에서 고려했다. 첫째, 침묵을 강요당하는 모든 의견은, 어떤 의견인지 우리가 확실히 알 수는 없다 하더라도, 진리일 가능성이 있다. 둘째, 침묵을 강요당하는 의견이 틀린 것이라 하더라도 그것이 일정 부분 진리를 담고 있을지도 모른다. 셋째, 통설의 진리가 전적으로 옳은 것이라고 하더라도 그 진리의 합리적 근거를 제대로 이해하지도 느끼지도 못한다면 그저 하나의 편견에 머물 수 있다. 네 번째, 주장의 의미 자체가 실종되거나 퇴색되면서 사람들의 성격과 행동에 영향을 미친다. 즉 이성이나 개인적 경험에서 그 어떤 강력하고 진심어린 확신이 자라나는 것을 방해하고 가로막는다.

작가는 국가의 경쟁력은 개인에게서 나온다고 봤기에, 국가가 시민들의 내면적 성장과 발전을 중요하게 여기지 않고 사소한 실무 행정 능력이나 업무 처리를 위한 기능만을 우선시해선 안 된다고 했다. 그저 국가라는 손바닥 위에서 말을 잘 듣는 온순하고 왜소한 시민들을 만들고자 한다면 국가는 절대 크고 위대한 일을 성취할 수 없는 현실에 직면하게 될 것이라고 비판했다. 창조적인 발상은 자유로운 사고에서 비롯된다. 우리 사회는 도덕적, 관습적 기준에 벗어나지 않아야 한다는 고정관념에 사로잡혀 소신 있는 행동과 개성의 확대를 이루지 못했다. 인간의 자유의지를 고취하기 위해서는 다른 사람의 권리와 이익을 침해하지 않아야 한다. 즉 다른 사람에게 해만 끼치지 않는다면 개인의 자유는 절대적으로 보장되어야 한다. 이는 국가와 사회가 보다 더 성숙하고 발전하는 길이기도 하다.

덕을 높이고 생각을 깊게

퇴계와 고봉, 편지를 쓰다 | 김영두 옮김, 소나무

　월봉서원은 나에게 특별한 장소다. 삶의 고달픔이 더해지거나 흐트러진 마음을 다잡아야 할 때 꼭 찾아가는 곳이다. 그곳은 조선 중기의 선비이자 위대한 성리학자인 고봉 기대승의 영혼이 깃들어 있는 안식처이다. 눈 내리는 달밤의 얼음처럼 맑은 마음의 빙월당(氷月堂)에서 수북이 쌓인 세상의 번뇌를 끄집어내어 시름을 잊는다. 그리고 그가 잠들어 있는 백우산 자락 묘소 앞에서 다시 한 번 마음을 성찰한다.

　기대승은 호남 정신의 큰 줄기임에도 불구하고 그에 대한 평가는 미흡한 실정이다. 반면 그와 사단칠정을 논했던 퇴계 이황은 화폐에 등장할 만큼 너무나 잘 알려진 인물이다. 또한 고봉의 학문적 계승자라고 할 수 있는 율곡 이이는 오히려 주기론의 원류로 인식되고 있다. 고봉에 대한 아쉬운 평가는 학문의 절정기라고 할 수 있는 46세 이른 나이에 절명했기 때문이다. 퇴계와 고봉은 인간의 마음에 대하여 뜨겁게 논쟁했음에도 불구하고 상대를 지극히 존중했다. 26살 나이 차이와 지위를 초월한 두 사람은 명종 13년(1558)부터 선조 3년(1570)까지 무려 13년 동안 백여 편의 편지를 주고받았다.

맹자로부터 비롯된 사단(四端)은 인간이라면 누구나 가지고 있는 네 가지 본성을 말한다. 즉 수오지심(잘못을 부끄러워하고 불의를 미워하는 마음), 측은지심(남의 어려움을 불쌍해 하는 마음), 사양지심(남에게 양보하는 마음), 시비지심(옳고 그름을 가릴 줄 아는 마음)이다. 칠정(七情)은 《중용》의 〈예기〉에 나오는 말로 어떤 상황을 인식할 때 자연스럽게 나오는 인간의 일곱 가지 감정, 즉 기쁨(喜), 성냄(怒), 사랑(愛), 두려움(懼), 슬픔(哀), 미워함(惡), 욕망(欲)을 의미한다. 성리학에서 사단은 인의예지(仁義禮智) 안에서 발현된 것으로 항상 선하다. 반면 칠정은 외부의 영향으로 발현된 것으로 선할 수도 악할 수도 있다고 보았다. 이에 대하여 퇴계는 "사단은 이가 발현한 것이고, 칠정은 기가 발현한 것이다"라고 했다, 반면 고봉은 칠정이 사단을 내포하고 있다고 보았다. 이러한 성리학 논쟁은 차츰 주리론, 주기론의 확대되었다. 퇴계학파는 이상주의, 고봉학파는 현실주의를 지향했음을 짐작해본다.

퇴계는 벼슬자리를 물러나면서 선조에게 조정의 인재로 고봉을 천거한다. 계파가 다른 사람을 추천했으니 당연히 반발이 일었을 것이다. 퇴계는 고봉에게 보내는 편지에 "세상 사람들이 제게 사람을 알아보지 못하고서 잘못 천거했다고 다투어 말합니다. 하지만 저는 아직 잘못 천거했다는 뉘우침이 없다고 대답합니다. 그것은 제가 그대에게 바라는 것이 사람마다 다 같이 알 수 있는 그런 것이 아니기 때문입니다. 그런데 만약 그대가 평생 뛰어난 재주를 마구 써버리고 방탕한 습관에 묶이며, 술 때문에 괴로움을 당하고 놀이와 방종에 빠져서, 마침내 성현의 세계와 수만 리 멀리 떨어지게 된다면, 이는 곧 세상 사람들의 공격이 진실로 사람을 제대로 안 것이 됩니다. 그렇게 되면 제가 비록 잘못 천거한 것을 후회하지 않는다 해도 그럴 수 있겠습니까?"라고 쓴다.

이에 고봉은 답장을 통해서 "남들이 저를 잘못 천거했다고 한다는 말씀을 하셨는데, 저도 또한 처음부터 그렇다고 생각했습니다. 그러니 남들의 헐뜯음과 비웃음을 어찌 면할 수 있겠습니까? 그러나 제가 그렇게 자처하는 것은 다만 분수에 맞게 힘을 써서 만 분의 일이나마 그것을 면해보고자 합니다."

또한 고봉은 말을 삼가는 데 모자라고 몸을 단속하는 데 소홀한 병이 있다는 퇴계의 지적에 대해서, "평소에 스스로 알고 있던 것이라 늘 경계하고 반성했음에도 그런 말을 피할 수가 아마도 그것은 뿌리가 깊지도 두텁지 못한 까닭에, 일이 있을 때마다 이런 지경에 이르게 되는 것 같습니다. 비록 뿌리가 얕지만 그 위에 노력을 더한다면 아마 조금은 나아질 것입니다. 술에 대해서 말씀하셨는데, 근래에 병이 잦았기 때문에 끊었습니다"라고 반성하며 잘못을 바로잡고자 한다.

철학이 빈곤한 시대에 살고 있는 오늘날, 물질적 풍요에도 불구하고 사람들은 정신적 공허함으로 가득하다. 철학의 부재는 비상식적인 사회를 만들고 인간을 타락시킬 수밖에 없다. 노예화된 인간의 삶을 치유하기 위해서는 끊임없는 철학적 사유가 필요한 이유다.

인생독서를
독서하다

가현정
(도서출판 가현싶북스 대표)

　인생에서 가장 중요한 것은 사랑이기에 사랑이 없으면 삶도 없습니다. 사랑하는 대상의 우선순위로 타인이 아닌 자기 자신을 선택해야 함에 이의를 제기할 사람은 없으리라 생각합니다. 자신을 사랑하는 가장 확실한 방법은 독서를 통해 인내와 성찰로 변화와 성장의 삶을 살아가는 것이라고 말하는 사람이 여기 있습니다. 직장을 다니면서 퇴근 후나 주말을 활용해 북큐레이터로 활동하는 류재준 박사입니다.

　"인생에서 독서를 빼면 무엇이 남겠습니까?"

　그가 보내준 원고를 읽는 내내 떠올라 마음속을 떠나지 않던 질문입니다. 직장인으로서 분주한 일상을 보내면서도 매주 한 권의 서평 쓰기를 수년째 계속해온 원동력은 무엇일까 궁금했던 저에게 우문현답(愚問賢答)이 되어주었습니다. 소중한 삶을 위한 북큐레이션으로 많은 사람들의 책읽기 멘토를 자처하는 이유는 무엇인지 물었습니다.

"삶의 변화를 이끄는 독서의 힘을 알기 때문입니다. 곤경에 빠진 사람을 돕고, 사랑하는 사람들에게 마음을 표현하는 데 필요한 것은 바로 책 한 권입니다. 책 한 권의 가격은 얼마 되지 않지만 독서를 통해 얻는 효과를 생각해 보면 책이야말로 최고의 구호물품이자 선물이라는 것에 동의할 겁니다."

출판사를 설립하면서 세운 단 하나의 원칙은 '좋은 사람이 최고의 양서'라는 것입니다. 그렇기에 도서출판 '가현정북스'에서 책을 내고자 하는 사람은 반드시 좋은 사람이어야 합니다. 문장력이 뛰어난 사람들은 많지만, 정작 좋은 사람을 만나기란 쉽지 않았습니다. 이번에 기쁨으로 출간후기를 작성한 계기는 좋은 사람 류재준 박사를 만나게 된 덕분입니다.

"독서는 변명 가득한 삶에서 벗어나 주체적으로 나답게 살고 싶다는 생각을 하게했습니다. 무기력해지고 생의 의욕을 상실했을 때마다 나를 일으켜 세워준 것은 언제나 책읽기였습니다."

독서가 삶의 일부분이라고 말하는 저자 류재준은 평범한 직장인인 자신도 해냈기에, 누구나 독서를 삶의 부분으로 만들 수 있다고 합니다. 저자 또한 독서모임의 도움을 많이 받았기에 다양한 독서모임에서 계속 활동하고 있습니다. 독서모임이 여의치 않다면 소중한 삶을 위한 북큐레이션으로 인생 책 100권을 한 권에 담은 류재준의 《인생독서》를 독서하기를 권합니다.

| 책 제목으로 찾아보기 |

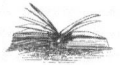

ㄱ — 15

가르시아 장군에게 보내는 편지 ··· 133
갈매기의 꿈 ··· 27
감옥으로부터의 사색 ··· 136
고도를 기다리며 ··· 85
고리오 영감 ··· 289
구토 ··· 121
국가론 ··· 274
국화와 칼 ··· 271
군주론 ··· 265
그 많던 싱아는 누가 다 먹었을까? ··· 143
그래도 계속 가라 ··· 130
그리스인 조르바 ··· 158
금오신화 ··· 82
깨진 유리창 법칙 ··· 280
꾸뻬 씨의 행복여행 ··· 193

ㄴ — 8

나는 누구인가 ··· 45
난장이가 쏘아올린 작은 공 ··· 283
날개 ··· 167
남한산성 ··· 262
노인과 바다 ··· 124
농담 ··· 100
누가 내 치즈를 옮겼을까? ··· 97
눈먼 자들의 도시 ··· 69

ㄷ — 8

달과 6펜스 ··· 170
당신들의 천국 ··· 209

더 리더 ··· 155
데미안 ··· 36
도덕경 ··· 185
독일인의 사랑 ··· 240
돈키호테 ··· 109
동물농장 ··· 286

ㄹ   1

라쇼몽 ··· 72

ㅁ   8

맹자평전 ··· 310
멋진 신세계 ··· 66
모리와 함께한 화요일 ··· 57
모모 ··· 51
몰입의 즐거움 ··· 196
무소유 ··· 182
무진기행 ··· 17
무탄트 메시지 ··· 255

ㅂ   3

베니스의 상인 ··· 212
변신 ··· 206
뿌리 이야기 ··· 42

ㅅ   11

사랑의 기술 ··· 200
사흘만 볼 수 있다면 ··· 173
삼국지 경영학 ··· 307
상실의 시대 ··· 225
생의 한가운데 ··· 219
설국 ··· 215
세계 최고의 여행기 열하일기 ··· 140
세일즈맨의 죽음 ··· 237
소크라테스의 변명 ··· 295
수레바퀴 아래서 ··· 152
술 취한 코끼리 길들이기 ··· 75

ㅇ — 20

아Q정전 ··· 91
앵무새 죽이기 ··· 298
어두운 상점들의 거리 ··· 39
어린 왕자 ··· 161
엄마를 부탁해 ··· 222
에티카 ··· 33
역사란 무엇인가 ··· 301
역사의 연구 ··· 304
연금술사 ··· 30
오만과 편견 ··· 246
월든 ··· 190
위대한 개츠비 ··· 228
유배지에서 보낸 편지 ··· 94
이기적인 유전자 ··· 243
이반 데니소비치, 수용소의 하루 ··· 112
이방인 ··· 21
인간 실격 ··· 176
인간의 마음 ··· 54
인생수업 ··· 146
1984 ··· 268

ㅈ — 13

자기 앞의 생 ··· 252
자유론 ··· 315
장자 ··· 188
절제의 성공학 ··· 127
젊은 베르테르의 슬픔 ··· 258
정의란 무엇인가 ··· 313
좁은 문 ··· 149
죄와 벌 ··· 103
주홍 글자 ··· 164
죽음의 수용소에서 ··· 88
징비록 ··· 292

지하생활자의 수기 ··· 203
짜라투스트라는 이렇게 말했다 ··· 277

ㅊ — 3

참을 수 없는 존재의 가벼움 ··· 115
창가의 토토 ··· 118
채식주의자 ··· 60

ㅋ — 1

크눌프 ··· 79

ㅌ — 3

탁류 ··· 249
태평천하 ··· 63
퇴계와 고봉, 편지를 쓰다 ··· 318

ㅍ — 3

파리대왕 ··· 179
파우스트 ··· 106
표해록 ··· 231

ㅎ — 3

항상 나를 가로막는 나에게 ··· 48
허삼관 매혈기 ··· 234
호밀밭의 파수꾼 ··· 24

작가 이름으로 찾아보기

ㄱ

가와바타 야스나리 ··· 215
고미숙 ··· 45
구로야나기 테츠코 ··· 118
(요한 볼프강 폰)괴테 ··· 106
김숨 ··· 42
김영두 ··· 318
김승옥 ··· 82
김시습 ··· 109
김훈 ··· 262

ㄴ

너새니얼 호손 ··· 164
노자 ··· 185
니체 ··· 277
니코스 카잔차키스 ··· 158
니콜로 마키아벨리 ··· 265

ㄷ

데이비드 케슬러 ··· 146
다자이 오사무 ··· 176

ㄹ

루쉰 ··· 91
루스 베네딕트 ··· 271
루이제 린저 ··· 219
류성룡 ··· 292
리처드 도킨스 ··· 243
리처드 바크 ··· 27

ㅁ

마이클 레빈 ··· 280
마이클 샌델 ··· 313
막스 뮐러 ··· 240
말로 모간 ··· 255
무라카미 하루키 ··· 225
미겔 데 세르반테스 사아베드라 ··· 109
미즈 노 남보쿠 ··· 127
미치 앨봄 ··· 57
미하엘 엔데 ··· 51
미하이 칙센트미하이 ··· 196
밀란 쿤데라 ··· 100

ㅂ

박완서 ··· 143
박지원 ··· 140
발자크 ··· 289
법정 ··· 182
베네딕트 데 스피노자 ··· 33
베른하르트 슐링크 ··· 155
빅터 프랭클 ··· 88

ㅅ 7

(장 폴)사르트르 · · · 121
사뮈엘 베케트 · · · 85
생텍쥐페리 · · · 161
스콧 피츠제럴드 · · · 228
스펜서 존슨 · · · 97
신경숙 · · · 222
신영복 · · · 136

ㅇ 19

아서 밀러 · · · 237
아잔 브라흐마 · · · 75
알렉산드르 솔제니친 · · · 112
알베르 카뮈 · · · 21
알프레드 아들러 · · · 48
앙드레 지드 · · · 149
앨버트 허버드 · · · 133
양구오룽 · · · 310
어니스트 헤밍웨이 · · · 124
에리히 프롬2 · · · 54 · 200
에밀 아자르 · · · 252
엘리자베스 퀴블러 로스 · · · 146
요한 볼프강 괴테 · · · 106
위화 · · · 234
윌리엄 골딩 · · · 179
윌리엄 서머싯 몸 · · · 170
윌리엄 셰익스피어 · · · 212
이상 · · · 167
이청준 · · · 209

ㅈ 9

장자 · · · 188
정약용 · · · 94
제롬 데이비드 셀린저 · · · 24
제인 오스틴 · · · 246
조세희 · · · 283
조셉 마셜 · · · 130
조지 오웰 (2작품) · · · 268 · 286
존 스튜어트 밀 · · · 315
주제 사라마구 · · · 69

ㅊ 3

채만식 (2작품) · · · 63 · 249
최부 · · · 231
최우석 · · · 307

ㅋ 1

E. H. 카 · · · 301

ㅌ 1

A. J. 토인비 · · · 304

ㅍ 6

파울로 코엘료 · · · 30
파트릭 모디아노 · · · 39
표도르 도스토예프스키 (2작품) · · · 103 · 203
프란츠 카프카 · · · 206
프랑수아 를로르 · · · 193
플라톤 · · · 274

ㅎ 5

하퍼 리 · · · 298
한강 · · · 60
헤르만 헤세 (3작품) · · · 36 · 79 · 152
헨리 데이비드 소로우 · · · 190
헬렌 켈러 · · · 173